人才强企

建设能源化工领域人才和创新高地

刘孝成 朱晨喆 等 著

石油工业出版社

图书在版编目（CIP）数据

人才强企：建设能源化工领域人才和创新高地 / 刘孝成等著. —北京：石油工业出版社，2024.6

ISBN 978-7-5183-6519-7

Ⅰ.①人… Ⅱ.①刘… Ⅲ.①能源工业-化学工业-人才培养-研究-中国 Ⅳ.①F426.2

中国国家版本馆CIP数据核字（2024）第006532号

人才强企：建设能源化工领域人才和创新高地
刘孝成 朱晨喆 等 著

出版发行：石油工业出版社
（北京市朝阳区安华里二区1号楼 100011）
网　　址：www.petropub.com
编辑部：（010）64523611　64523737
图书营销中心：（010）64523633
经　　销：全国新华书店
印　　刷：北京晨旭印刷厂

2024年6月第1版　2024年6月第1次印刷
740毫米×1060毫米　开本：1/16　印张：19.75
字数：238千字

定　价：80.00元
（如出现印装质量问题，我社图书营销中心负责调换）
版权所有，翻印必究

《人才强企：建设能源化工领域人才和创新高地》

编 写 组

刘孝成　朱晨喆　仇经纬　占德干
万　宏　张　煜　安　然　郝　玥
许　萍　张　震　胡　潼　吕沁容
张　彦

前　言

千秋基业，人才为本。2021年中央人才工作会议上，习近平总书记对深入实施新时代人才强国战略进行了顶层设计和系统谋划。党的二十大报告进一步强调人才对于中国式现代化建设的重要意义，为新时代做好人才工作提供了根本遵循。中国石油积极响应中央和国家提出的战略要求，深入实施人才强企工程，加快推动人才工作迈向新台阶。面对当前"双碳"发展目标和产业转型升级带来的能源化工领域人才争夺，建设人才和创新高地将为企业打造战略科技力量提供强大动力，推动人才链与创新链、产业链、价值链深度融合，加快构建国家在能源化工领域的战略支点和雁阵格局，为强化国家战略科技力量作出积极贡献。

本书以习近平新时代中国特色社会主义思想为指导，深入把握新时代人才强国战略，通过大量调研访谈和问卷调查，从理论和现实两个维度系统分析了中国石油建设能源化工领域人才和创新高地的重要意义。

全书共分为三章，第一章分析了中国石油建设能源化工领域人才和创新高地的时代背景，并基于大量文献研究，从理论上阐释了人才和创新高地的理论内涵和主要特征；第二章以模糊评价法为基础，采用OSM模型分层设计指标项，构建人才和创新高地评价体系，对中国石油当前人才和创新高地建设现状进行评估，并以此为基础与相关领域国际知名企业进行量化对标；第三章根据量化评估结果明确自身优势与不足、分析原因并研究形成了建设能源化工领域人才和创新高地的总体思路、具体举措和保障措施，提出构建由石油科技纵向人才雁阵和"3+N"横向人才方阵形成的"纵横交错"的石油特色科技人才战略格局，首席科学家"三自主"科研模式，打造引入国际同行评议的新型研发机构发展方案等观点，丰富了中国石油新时代人才观和人才强企工程的落地举措。

本书在理论层面阐释了人才中心和创新高地的理论内涵和主要特征，采用模糊综合评价法结合OSM模型构建了由5个维度、20个细分指标组成的人才中心和创新高地的评价指标体系。在研究方法层面，基于社会网络分析法、经济复杂度理论完成了关联程度比较计算，探索形成具有创新性的人才评价计算方法。在实践应用方面，充分借鉴国际先进企业人才管理经验，结合全国各地区及央企人才工作经验做法，提出了创新性对策举措，为企业人才队伍建设提供有益指导。

近年来，中国石油持续深化人才发展体制机制改革，着力全方位培养、引进、用好人才，目前已打造一支由24名两院院士、28名国家级专家、24名百千万人才工程国家级人选、约300名高层级专家领衔，约2000名中层级专家为核心骨干的高层次科技人才队伍，为加快实现高水平科技自立自强、推动建设基业长青世界一流综合性国际能源公司提供坚强的人才支撑和智力保障。

目 录

第一章 贯彻新时代人才强国战略 加速能源科技创新步伐 001

第一节 建设能源化工领域人才和创新高地的时代背景 003
第二节 建设能源化工领域人才和创新高地的内涵 014

第二章 中国石油能源化工领域人才和创新高地建设情况及对标分析 029

第一节 能源化工领域人才和创新高地评价指标构建 031
第二节 中国石油科研人才建设情况 076
第三节 中国石油科技人才建设情况 097
第四节 中国石油建设能源化工领域人才和创新高地对标分析 101

第三章 深入推进人才强企 奋进世界一流企业建设 173

第一节 能源化工领域人才和创新高地建设现状和问题原因分析 175
第二节 能源化工领域人才和创新高地建设总体思路与重点举措 184
第三节 能源化工领域人才和创新高地建设的保障措施 208

附 录 217

附录一 全国人才中心和创新高地建设动态汇编（2021.9—2022.9）..........219
附录二 国际先进企业人才战略的经验借鉴 272

第一章

贯彻新时代人才强国战略
加速能源科技创新步伐

党的十八大以来，面对错综复杂的国际局势和艰巨繁重的改革发展稳定任务，以习近平同志为核心的党中央立足中华民族伟大复兴战略全局，在中央人才工作会议上对新时代人才强国战略进行顶层设计和统筹谋划，以"建设世界重要人才中心和创新高地"的宏伟战略目标来引领新时代大改革、大发展、大布局。立足推动高质量发展和高水平科技自立自强，充分挖掘新时代人才工作发展的增长极、能量核和撬动点，形成了有序的时空战略结构布局，其基本内涵反映了国家战略进阶的根本需求。中国石油天然气集团有限公司（以下简称为中国石油）作为国有重要骨干能源央企，坚决贯彻新时代人才强国战略，大力实施人才强企工程，以推动企业高质量发展，蓄能发力牢牢端好能源饭碗，确保国家能源安全。为保证新时代"建设世界重要人才中心和创新高地"宏伟战略目标的有效落地，必须锚定建设能源化工领域人才和创新高地，积极抢占能源化工行业发展科技"智高点"，形成适应新时代要求的科技人才发展优势。

第一节 建设能源化工领域人才和创新高地的时代背景

一、贯彻新时代人才强国战略，彰显央企责任担当的政治自觉

（一）立足中华民族伟大复兴战略全局和世界百年未有之大变局，时代使命赋予新时代人才强国战略崭新内涵

当今国际力量对比深刻调整，国际环境日趋复杂，不稳定性不确定性明显增加，难预料因素明显增多。中华民族已开启全面建设社会主义现代化强国、实现向第二个百年奋斗目标的新征程，为了贯彻新发展理念、融入新发展格局、推动高质量发展，抢抓新一轮科技革命和产业变革机遇，必须深入推进人才强国战略，加快建设世界重要人才中心和创新高地。党的十八大以来，党中央深刻回答了为什么要建设人才强国、建设怎样的人才强国、怎样建设人才强国的重大理论和实践问题，推动新时代人才工作取得历史性成就、发生历史性变革。站在新的历史起点上，立足新发展阶段，党的十九大报告提出，"人才是实现民族振兴、赢得国际竞争主动的战略资源。要坚持党管人才原则，聚天下英才而用之，加快建设人才强国。"[1] 党的十九届五中全会在《中共中央关于制定国民经济和社会

---

[1] 共产党员网．习近平：决胜全面建成小康社会 夺取新时代中国特色社会主义伟大胜利——在中国共产党第十九次全国代表大会上的报告 [R/OL].2017-10-27.https://www.12371.cn/2017/10/27/ARTI1509103656574313.shtml.

发展第十四个五年规划和二〇三五年远景目标的建议》中明确提出"激发人才创新活力",充分发挥人才第一资源的作用,到2035年我国"进入创新型国家前列""建成人才强国"的战略目标[1]。2021年中央人才工作会议上,习近平总书记提出"深入实施新时代人才强国战略,全方位培养、引进、用好人才,加快建设世界重要人才中心和创新高地"的总体构想和战略布局,进一步提出"到2035年,形成我国在诸多领域人才竞争比较优势,国家战略科技力量和高水平人才队伍位居世界前列"[2]的愿景目标,为做好新时代人才工作提供了重大指引和根本遵循。党的二十大报告提出"深入实施人才强国战略""着力形成人才国际竞争比较优势"[3]并首次将科教兴国战略、创新驱动发展战略、人才强国战略放在了同等重要的位置进行集中论述并作出重要部署,尤其是更加突出强调坚持创新在我国现代化建设全局中的核心地位,科学规划了新时代我国现代化建设发展模式和发展赛道。

(二)百年峥嵘,人才筑路,新时代人才工作历经风雨砥砺,发展理念日臻完善

构建党管人才"大格局",健全有效工作运行体系是做好人才工作的重要保障;强化引才工作品牌,创新人才服务模式是破解地方人才集聚效率不足的有效办法;紧盯市场化方向,处理好付出与回报的关系是增强人才发展活力的必然要求;基于问题导向、目标

---

[1] 习近平. 中共中央关于制定国民经济和社会发展第十四个五年规划和二〇三五年远景目标的建议[N]. 人民日报,2020–11–4(1).
[2] 习近平. 深入实施新时代人才强国战略 加快建设世界重要人才中心和创新高地[N]. 人民日报,2021–9–29(1).
[3] 共产党员网. 习近平:高举中国特色社会主义伟大旗帜 为全面建设社会主义现代化国家而团结奋斗——在中国共产党第二十次全国代表大会上的报告[R/OL].2022–10–25.https://www.12371.cn/2022/10/25/ARTI1666705047474465.shtml.

导向，重点精准突破是人才体制机制改革的紧迫任务；强调产业聚焦、同频共振，推进人才与产业发展深度融合是有效发挥人才作用的重要途径；树立"生态竞争意识"，构筑人才创新创业生态系统是留住人才、使用人才和发挥人才作用的关键所在。

（三）功以才成，业由才广，新时代国有骨干能源央企人才工作在创新实践中勇毅前行

国有企业是中国特色社会主义的重要物质基础和政治基础，是党执政兴国的重要支柱和依靠力量。在我国科技创新不断跃升的道路上，国有企业始终发挥着顶梁柱和主力军作用，为推动社会发展、提升国家综合实力提供重要保障。中国石油作为国有重要骨干能源企业，坚持服务国家战略、保障国家能源安全和国民经济运行、发展前瞻性战略性产业，积极响应国家"双碳"政策，布局新产业、探索新模式、开发新技术，持续加强能源化工领域创新投入。在实现第二个百年奋斗目标的新征程上，在新时代人才强国战略的宏伟蓝图指引下，在国企"六个力量"使命定位的伟大号召中，坚持战略引领，努力成为党和国家最可信赖的能源骨干依靠力量，成为坚决贯彻执行党中央决策部署的重要能源保障力量，成为贯彻新发展理念、全面深化改革的重要能源创新驱动力量，成为实施"走出去战略""一带一路"建设等重大战略走深走实的绿色推动力量，成为更好地服务经济社会发展和改善民生的重要能源安全力量，成为推动能源革命走向胜利的重要奋进力量。充分释放"六个力量"的关键在人才，在于充分调动人才的积极性、主动性、创造性，不断优化人才总量和结构，提升人才素质和作用，改善体制机制和人才发展环境，建设好能源化工领域人才和创新高地，打造成为原创技术策源地和产业链链长，努力构建国家在能源化工领域的战略支点和雁阵格局，才能为强化国家战略科技力量作出更大贡献。

二、加速能源科技创新步伐，推动实现端牢能源饭碗的必由之路

党的二十大报告提出"立足我国能源资源禀赋，坚持先立后破，深入推进能源革命，加大油气资源勘探开发和增储上产力度，加快规划建设新型能源体系，加强能源产供储销体系建设，确保能源安全"。习近平总书记高度重视能源问题，多次对保障国家能源安全作出重要部署，强调"能源的饭碗必须端在自己手里"。我国是世界上最大的能源生产国和消费国，"能源的饭碗"关乎国计民生和国家安全。目前我国原油和天然气对外依存度已分别超过70%和40%，我国能源安全面临着供需、产销等方面的诸多挑战，尤其是近年来由于中美局势、全球疫情、俄乌冲突等因素影响，国际油价高位震荡运行，对我国能源安全和经济社会发展带来严重影响。另外，我国能源科技"卡脖子"问题突出，主要表现在：部分能源技术装备欠缺；能源技术装备长板优势不明显，能源领域原创性、引领性、颠覆性技术偏少，绿色低碳技术发展难以有效支撑能源绿色低碳转型；推动能源科技创新的政策机制有待完善等。我国同世界能源科技强国的差距明显，能源科技创新水平亟须增强，中国石油能源化工领域人才和创新高地建设面临多重挑战。

（一）解决能源安全问题的关键在于科技创新

新一轮科技革命和产业变革正在加速演进，科技和人才成为国际战略博弈主战场。习近平总书记指出，我国要实现高水平科技自立自强，归根结底要靠高水平创新人才。要更加重视人才自主培养；要更加重视青年人才培养；要在全社会营造尊重劳动、尊重知识、尊重人才、尊重创造的环境；要构筑集聚全球优秀人才的科研创新高地。以科技创新为主线的能源转型加速推进，我国能源科技革命

阶段性成果显著，为建设能源化工领域人才和创新高地提供了难得的发展机遇。绿色低碳是能源技术创新的主要方向，创新成果的应用将集中在化石能源清洁高效利用、新能源规模开发利用、核能安全利用、大规模储能等重点领域。世界主要国家都把能源技术视为新一轮科技革命和产业革命的突破口，制定了各种措施和配套政策抢占发展制高点。我国经过"十二五""十三五"两个五年规划期，能源技术创新能力显著提升，已经取得了多个"世界第一"和"国际领先"，掌握了一批具有自主知识产权的关键核心技术，建设了一批具有先进技术指标的精品能源示范工程，推广了一批具有国际竞争力的清洁高效能源装备产品，建立了较为完备的清洁低碳高效安全能源装备制造产业链，能源产业链、供应链安全保障水平不断提高。

（二）科技人才是企业科技创新的主体，也是保障能源安全的战略性资源

科技人才在一定程度上反映出一个企业的科技质量、创新水平和高质量发展能力。建设一支以高水平学术带头人和科技骨干为核心的科技队伍，才能为企业科技创新和高质量发展提供强有力的人才支撑。中国石油心系"国之大者"，践行责任使命、勇攀科技高峰，担当起能源科技攻关的主力军。目前，原油和天然气产量分别占国内产量的50%和60%以上，拥有每年2亿吨原油加工能力、1亿吨成品油生产能力以及600多万吨乙烯产量，具有一体化产业链优势，在能源化工领域发挥着极其重要的作用。中国石油聚焦科技自立自强，围绕产业链部署创新链，依靠创新链提升价值链，持续加大在新能源新材料等领域的科技攻关力度，着力打造核心技术竞争力，服务保障"两个大局"。持续加强应用基础研究和超前技术储备，努力在重点盆地高效勘探和油气田效益开发领域持续发挥支撑作用，在新能源技术创新、数字信息化建设领域争取更大作为，在工程技术降本增效领域取得更大成绩，成为科技创新"支撑当前、引领未来"的主力军。

三、深入推进人才强企，奋进世界一流企业建设的重要支撑

企以才治，业以才兴，中国石油在人才强企战略布局与举措上，加强人才工作顶层设计，十大人才工程搭台铺路，建成人才政策制度体系，为企业创新发展汇聚磅礴力量。立足"两个一百年奋斗目标的历史交汇点"，中国石油以习近平新时代中国特色社会主义思想为指导，在2021年7月召开的领导干部工作会议上作出大力实施人才强企工程的战略部署，强调以工程思维推进落实《人才强企工作行动方案》，更加注重人才强企工程的科学性，遵照人才发展规律开展创造性、构建性、设计性思维活动，旨在摒弃那些与人才发展规律不相符合的、不切实际的幻想。顶层战略设计的实现，需要底层实践探索，2021年12月中国石油印发《人才强企工程百问》，并制定了人才强企工程施工图、运行表和评分表。2022年领导干部工作会议进一步将"人才强企"明确为企业"四大战略举措"之首，举办"人才强企推进年"启动会，锚定建设国家战略科技力量和能源与化工创新高地目标，坚持人才引领发展的战略定位，全面提升人才价值，下大力气全方位培养引进用好人才，不断健全完善人才发展机制，打造规模、质量、结构、储备与战略目标精准匹配的一流人才队伍。

（一）下实下活人才大棋局，积极建设能源化工领域人才和创新高地的必要性

人才和创新高地是科技力量的积累，目的是达到人才强企战略

目标这一质的飞跃。人才竞争力直接决定企业竞争力，也决定吸引和集聚人才的影响力。优秀科技人才在企业的聚集可以吸引更多的人才闻讯而来，企业最终将因为拥有丰富的科技人才资源而获得人才资源的规模效应，进而累积到一定的数量。企业通过人才和创新高地建设吸引人才，带动企业优质高效发展，而企业优质高效发展又反过来促进人才集聚。人才强企从人才和创新高地起步，通过人才和创新高地建设实现人才强部门、人才强业务，先有一个人才和创新高地的隆起，进而从集团层面整体崛起，最终实现人才强企。所以，人才和创新高地是人才强企建设的切入点和有力抓手，人才强企是人才和创新高地建设的主要目标。人才和创新高地的建成，也是实现人才强企的重要标志。

（二）人才强企建设，要立足发展新阶段，将人才优势转化为创新发展第一动能

习近平总书记指出"发展是第一要务，人才是第一资源，创新是第一动力"[1]"人才是创新的根基，创新驱动实质是人才驱动"[2]。中国石油高质量发展首先是有创新含量、技术含金量的发展，特别是有人才智力成果支撑的内涵式发展。这样的发展才具备高价值性、延伸性、持续性和难以竞争性、难以模仿性，进而建构起企业发展路径的门槛，最终形成国家核心竞争力[3]。中国石油人才强企工程启动以来，人才意识得到明显增强，人才队伍建设迈上新的台阶，人

---

[1] 共产党员网.习近平：发展是第一要务，人才是第一资源，创新是第一动力[Z/OL].（2018-3-7）[2021-11-29]. http://www.xinhuanet.com/politics/2018lh/2018-03/07/c_1122502719.htm

[2] 共产党员网.习近平参加上海代表团审议[Z/OL].2015-3-5.https://news.12371.cn/2015/03/05/VIDE1425557701663409.shtml.

[3] 孙锐，孙彦玲.构建面向高质量发展的人才工作体系：问题与对策研究[J].科学学与科学技术管理，2021（2）：3-16.

才工作正在加速向前推进。通过构建能源化工领域人才和创新高地，为人才强企工程提供强大的目标引领和科学的理论支撑，以人才发展推动企业发展的质量变革、效率变革、动力变革，以人才优势支撑企业创新优势、发展优势和竞争优势，以人才安全保障国家能源安全，为中国石油建设成为基业长青世界一流综合性国际能源公司提供人才和智力保障。

（三）树立人才优势理念，让发展为价值理念而生

坚持人才为本理念，以高水平人才促高质量发展。广开进贤之路，坚持理论与实践相结合，发展终身教育，以识才的慧眼、爱才的诚意、用才的胆识、容才的雅量打造有利于人才发展的环境，从而达到"天下英才为我所用之"。当今世界正处在大发展大变革大调整时期，世界多极化、经济全球化深入发展，科技进步日新月异，知识经济方兴未艾，加快人才发展才能在激烈的国际竞争中赢得主动。

四、开创人才工作新局面，构筑人才竞争比较优势的必然选择

（一）人才流动趋势为中国石油建设能源化工领域人才和创新高地带来新机遇

将海外引才作为补充薄弱环节的重要举措，从落实创新战略和关键核心技术突破的高度谋划海外引才工作。近年来，国际石油公司的低碳转型发展为中国石油在传统油气领域吸引更多国际化人才创造了难得机遇。中国石油可把握机遇，加强顶层谋划，采取针对性措施，吸引和集聚一批急需紧缺人才，培育和塑造企业发展新优势。

（二）人才市场竞争加剧对中国石油建设能源化工领域人才和创新高地带来新挑战

世界范围内，经济先发国家率先推出超常规人才新政，利用全球人才资源作为本国经济社会发展的战略性资源。以中美为例，两国之间的人才竞争处于高度紧张状态，美国政府一方面在经济上对中国采取了贸易制裁、高科技企业制裁、产业政策施压，另一方面还改变移民和留学政策，限制来自中国的科技工程领域人才，限制中美间科技交流等，这些扼制背后的本质都是人才竞争。在国内，各地积极践行"引进一个人才、带来一个项目、形成一个产业（甚至产业集群）"理念，为加速形成经济发展新引擎，许多地方为引进人才提供人才支持基金、落户、住房以及子女就学、医疗健康等便利条件，实行税收优惠，为引进海外高层次人才提供个人和单位双补贴，建立一站式服务中心和一卡通服务机制等，引才揽才聚才"大招""新政"频出，"人才大战"日益升级。

（三）确立人才竞争比较优势是中国石油建成能源化工领域人才和创新高地的现实路径

企业间的动态博弈形成人才竞争比较优势，其本质是创新和发展，带来的是高科技和高附加值，进而提高经济生产力。传统的初级要素比较优势则是暂时的，而且处于不断衰退和老化中，很容易丧失和被取代。中国石油要以能源化工重点板块为突破，带动整体优势充分发挥。面对日趋激烈的国内外人才竞争，特别是"双碳目标和转型发展"带来的新能源新材料等领域的人才争夺，中国石油应把建设能源化工领域人才和创新高地作为战略发力点，不断推动人才竞争的有序发展，实现人才链与创新链、产业链、价值链深度融合，完善"生聚理用"人才发展机制，形成具有吸引力和国际竞争力的能源化工领域人才制度体系，破除人才引进、培养、使用、评价、流动、激励等方面的体制机制障碍，做好"用人"大文章，使引入的人才有用武之地，做到引得来、留得住、用得好，更好发挥人才作用，实现人才价值，持续强化中国石油人才竞争比较优势。

（四）人才竞争背后是制度竞争

坚持中国石油党组对人才工作的全面领导是中国石油人才工作取得成就、发生变革的根本保证。习近平总书记强调，"各级党委（党组）要完善党委统一领导，组织部门牵头抓总，职能部门各司其职、密切配合，社会力量广泛参与的人才工作格局。"集中力量办大事是中国特色社会主义制度的巨大优势，有助于组织协调各方面力量形成强大合力。"要建立'卡脖子'关键核心技术攻关人才特殊调配机制，制订实施专项行动计划，跨部门、跨地区、跨行业调集领军人才，组建攻坚团队。""要围绕国家重点领域、重点产业，组织产学研协同攻关""各级党委组织部门要在党委领导下，统筹推进人才工作重大举措。"坚持将"爱国奉献"作为人才培养的前提，强调"做好人才工作必须坚持正确政治方向，不断加强和改进知识分子工作，鼓励人才深怀爱国之心、砥砺报国之志，主动担负起时代赋予的使命责任"[①]。"党管人才"突出了党组全面领导实施人才强企战略，全面推动落实人才强企工程，以完成一系列改革任务，为建设能源化工领域人才和创新高地提供战略保障。

（五）人才是创新的根基，创新驱动实质是人才驱动

中国石油建设全球能源化工领域人才和创新高地要坚持实践导向，树立长远眼光，实现企业发展需要与人才价值追求的统一。企

---

① 习近平. 深入实施新时代人才强国战略 加快建设世界重要人才中心和创新高地[N]. 人民日报，2021-9-29（1）.

业之治在人才，人才是企业创新发展的第一资源。要促使人才生产力向现实生产力转化，把人才引领发展作为助推中国石油高质量发展的必要条件。建设基业长青世界一流综合性国际能源公司，必须大力实施人才强企工程，以工程思维推动能源化工领域人才和创新高地的建成，以一流的人才研发一流的技术、实施一流的管理、生产一流的产品、提供一流的服务、创造一流的业绩、塑造一流的品牌。

第二节 建设能源化工领域人才和创新高地的内涵

2021年12月，习近平总书记指出世界主要人才中心和创新高地的基本含义，"人类历史上，科技和人才总是向发展势头好、文明程度高、创新最活跃的地方集聚。16世纪以来，全球先后形成5个科学和人才中心"[1]。这一概述与汤浅光朝于20世纪60年代提出的世界科学中心的概念及其转移规律[2]是一致的，是习近平总书记立足新时代、面对新使命提出的新的历史论述。为了便于对这一概念形成清晰且明确的认识，笔者从世界科学中心概念发展入手，探究人才和创新高地的基本内涵。

一、人才和创新高地概念的历史演进

（一）萌芽阶段（1927—1961）：科学中心及其转移概念的提出

世界科学中心这一概念出现在1927年英国著名科学史家丹皮尔的著作《科学史及其哲学和宗教的关系》中。而对科学活动中心转移现象的描述，始于英国物理学家和科学学创始人贝尔纳。贝尔

---

[1] 习近平. 深入实施新时代人才强国战略 加快建设世界重要人才中心和创新高地[N]. 人民日报，2021-9-29（1）.
[2] 汤浅光朝. 解说科学文化史年表[M]. 张利华译. 北京：科学普及出版社，1984：42-136.

纳于 1954 年指出，在一定历史条件下，某些国家会在短暂时期内快速崛起，成为世界科学活动最活跃的国家，即"世界科学活动中心"，并引领着世界的经济发展与文明发展。他列出了自人类起源到 20 世纪 50 年代人类的科学和技术活动中心。[①]

贝尔纳认为科学的进步在时空上呈现非均衡性。从时间上看，科学活动在几个迅速进展的时期之间，隔有更长的停顿期甚至衰退期。从空间上看，科学活动中心在时间进程中、在世界范围内，通常是追随而非导致工商活动中心的转移而变迁。值得注意的是，贝尔纳从未讲过科学中心的单一性，而是反复强调科学中心的非单一性。

（二）形成阶段（1962—2015）：科学中心转移一般规律的形成

1962 年，日本学者汤浅光朝受贝尔纳的启发，在对《科学技术编年表 1501—1950》里记录的科学成果和《韦伯斯特人物传记》里编选的有代表性的科学家进行统计处理和研究之后，用定量化的成果指标限定了"世界科学活动中心"的范畴。他提出，当一个国家在一定时段内的科学成果数超过全世界科学成果总数的 25%，则该国在此时段内就成为世界科学中心。

在汤浅光朝提出科学中心转移的量化标准之后，许多学者对"汤浅现象"分别从"支持完善"和"质疑反思"两个角度开展了大量研究。其中支持完善的研究主要从科学中心转移的周期发展规律和转移机制进行分析，而质疑反思的研究则主要结合"汤浅现象"预言失效的问题，从科学中心转移的影响因素角度进行解释。

---

① 贝尔纳. 历史上的科学（卷一）：科学萌芽期 [M]. 伍况甫，彭家礼，译. 北京：科学出版社，2015：3-34.

1974年，中国科学学家赵红州根据《复旦学报》所载的《自然科学大事记》，独立地发现近代科学活动中心转移的现象，但周期略有不同。①

1998年，刘鹤玲提出，在众多影响科学中心转移的因素中，可以大致把这些因素分为科学家队伍的素质因素和相应社会的环境因素两个方面。②

1999年，傅正华在界定科学技术发展人文环境的基础上，详细分析了人文环境对科学技术发展的影响。③

2000年，冯烨、梁立明基于5种不同年表，分析了世界科学中心转移和学科发展之间的关系，从学科层次研究了科学中心转移机制。他们的研究从结论上再次验证了汤浅现象，也对某些方面提出了异议，如提出出现多个科学中心的现象。④

2005年，潘教峰等学者提出了世界科学中心转移的钻石模型，明确了经济繁荣、思想解放、教育兴盛、政府支持和科技革命对世界科学中心转移的贡献作用。⑤

进入21世纪，随着汤浅光朝的科学中心转移预言的失效，逐渐有学者开始重新对这一现象进行审视，并从科学发展规律角度进行批判。2005年，袁江洋对以汤浅光朝为代表的学者提出的科学中心转移概念及其规律表示质疑，认为仅仅基于计量考虑而忽视社会文化因素进行分析是盲目的，呼吁中国应正视国内科学的实际情

---

① 赵红州．《科学能力学引论》[M]．北京：科学出版社，1984：270-276．
② 刘鹤玲．世界科学活动中心形成的经济 – 政治 – 文化前提 [J]．自然辩证法研究，1998（2）：47-50．
③ 傅正华．科学技术发展的人文环境分析 [M]．武汉：湖北教育出版社，1999：11．
④ 冯烨，梁立明．世界科学中心转移的时空特征及学科层次析因（上下）[J]．科学与科学技术管理，2000（6）：4-11．
⑤ 潘教峰，等．国际科技竞争力研究报告 [M]．北京：科学出版社，2010：10-11．

况，并坚持走好自己的道路。[①]

实际上，回顾在此之前的研究，科学学先驱者贝尔纳、普赖斯关于中国科学将与发达国家并驾齐驱的预见。当代著名科学计量学家格兰采尔基于现代科学计量学的世界科学多中心论的预见，以及世界经济多极论的预见，都表明汤浅现象已经终结，取而代之是大国之间的博弈。科学、教育和创新活动作为主导大国博弈的世界经济竞争力的重要变量和强大动力，正成为大国博弈的核心竞争力。

尽管在汤浅光朝研究之后，支持和反思的声音反复存在，但这两种研究都无疑推进了科学中心转移理论的发展，加深了人们对转移机制的理解和认识，也为国家发展目标的制定提供了丰富的理论支持。

（三）发展阶段（2016—2020）：科学中心和创新高地概念的提出

通过几十年理论探索和发展，人们已充分认识到创新活动在科学发展中的重要意义。中国将创新要素摆在了科学中心建设的关键位置，并确立了建设世界重要科学中心和创新高地的宏伟目标。

2016年5月，中共中央、国务院印发《国家创新驱动发展战略纲要》，明确到2050年建成世界科技创新强国，成为世界主要科学中心和创新高地，为我国建成富强民主文明和谐的社会主义现代化国家、实现中华民族伟大复兴的中国梦提供强大支撑。其中，科技和人才成为国力强盛最重要的战略资源，创新成为政策制定和制度安排的核心因素。

2016年5月，在全国科技创新大会、中国科学院第十八次院士大会和中国工程院第十三次院士大会、中国科学技术协会第九次全

[①] 袁江洋.科学中心转移规律再检视[J].科学文化评论，2005（2）：60-75.

国代表大会上，习近平总书记强调，成为世界科技强国，成为世界主要科学中心和创新高地，必须拥有一批世界一流科研机构、研究型大学、创新型企业，能够持续涌现一批重大原创性科学成果。

在 2018 年 5 月中国科学院第十九次院士大会、中国工程院第十四次院士大会上，在《求是》杂志 2021 年 3 月发表的文章中，习近平总书记反复强调，中国要强盛、要复兴，就一定要大力发展科学技术，努力成为世界主要科学中心和创新高地。

科学中心和创新高地概念的提出是对科学中心理解的完善，更进一步强调创新对于人类进步发展的重要意义，也为人才和创新高地的概念提出奠定了重要基础。

（四）深化阶段（2021 年至今）：人才和创新高地概念的提出

随着实践活动的不断加深，人们越来越认识到人才是推动科学发展的主要因素，人才在科学中心和创新高地的形成过程中发挥着决定性作用。

习近平总书记在 2021 年人才工作会议上首次提出"深入实施新时代人才强国战略，加快建设世界重要人才中心和创新高地"，并在 2021 年 12 月发表在《求是》杂志的文章中总结了全球先后形成的 5 个科学和人才中心，进一步阐释"人才中心和创新高地"基本含义。

中国石油在新时代人才强国战略下，提出加快建设"能源化工领域人才和创新高地"的宏伟目标。与此同时，全国各省区市纷纷提出建立符合自身发展的"人才中心和创新高地"的发展目标。湖北省提出要以超常规举措精准引才、系统育才、科学用才、用心留才，举全省之力打造全国重要人才中心和创新高地。① 浙江提出超常规落实人才强省、创新强省首位战略，推动全省人才工作全面进步、整体跃升，加快打造世界重要人才中心和创新高地的战略支点。② 安徽省提出要聚焦赋能强化"两个坚持"、实现"两个更大"，坚定不移实施人才栽树工程，加快形成天下英才荟萃江淮、创新成果并跑领跑、养人生态近悦远来的生动局面，奋力打造具有重要影响力的人才中心和创新高地。③ 河北省提出坚持"三六八九"工作思路，构建形成具有全球竞争优势的京津冀人才一体化发展新格局，实现人才强省目标。④ 苏州市提出要以现代化的理念、标准、思路谋划和推进人才工作，努力打造长三角乃至全国重要的人才中心和创新高地。⑤ 青岛市提出要突出青岛特色，着力打造全球有影响力的海洋人才中心城市，建设国际人才交流合作重要枢纽平台，构建一流人才发展生态，为我国建设世界重要人才中心和创新高地贡献青岛力量。⑥

近2年来，学术界也围绕世界重要人才中心和创新高地的概念开启了新的研究步伐。其中，著名学者王通讯参照科学中心概念给出了人才中心的量化界定条件：重要科学人才数量在世界占比应不低于25%，重要科研成果占比应不低于30%，重要科学家平均年龄

---

① 凤凰网湖北. 举全省之力打造全国重要人才中心和创新高地！湖北省委人才工作会议举行 [Z/OL].（2021-12-1）[2022-5-26]. https://hb.ifeng.com/c/8BZcVDCDQ5R.
② 何冬健. 我省为2022年科技创新谋篇布局 超常规落实人才强省创新强省首位战略 [N]. 浙江日报，2022-1-12（2）.
③ 朱胜利. 栽好人才树 走好创新路 [N]. 安徽日报，2021-12-18.
④ 四建磊，尹翠莉，刘冰洋. 深入贯彻落实新时代人才强国战略部署 为加快建设经济强省美丽河北提供有力支撑 [N]. 河北日报，2021-10-31（1）.
⑤ 中共苏州市委组织部. 苏州召开领导干部会议：努力打造全国重要人才中心和创新高地 [Z/OL].（2021-10-09）[2022-5-26]. http://www.szzzb.gov.cn/NewsView/8276.html.
⑥ 识才育才聚才：青岛"新政"激励海洋英才 [N]. 青岛日报，2022-9-7（3）.

似不应高于 50 岁。[①]

由于概念提出时间较短，人才中心和创新高地的相关理论研究还处于起步阶段，概念界定、规律认识等方面都有待更多学者的研究，需要对更多的理论实践活动进行去粗取精、去伪存真。因此，认真分析人才和创新高地的含义及其发展规律，有助于全面理解和把握其含义，对于后续研究工作的开展具有重要理论指导意义。

二、人才和创新高地形成和转移的规律性认识

根据人才和创新高地建设的理论研究与实践探索，可以看出，地区或组织的发展往往由众多因素推动，其中较为重要的因素包括经济、文化、政治、科技、教育、人才、创新等。这些因素之间存在着相互关联、相互耦合的作用，并非某一因素可以完全决定社会发展的进程。事实上，在社会发展的不同历史时期，推动促进生产的主要因素是也不完全相同。

（一）思想解放和经济繁荣是人才和创新高地建立的先导

人才和创新高地的建立，思想解放和经济繁荣往往具有先导作用。

在思想方面，意大利的文艺复兴、法国的启蒙运动、德国的哲学突破分别推动了国家的文化发展，使得自由民主等观念深入人心，科学知识得到广泛普及，文化上达到空前繁荣。文艺复兴革命利用人性反对神性，崇尚金钱和知识而不再重视血统和出身，宣扬纵欲主义对抗禁欲主义，不仅为自由的科学讨论提供了文化环境，而且通过对人本身和宇宙的关注直接对科学的发展产生了影响。在启蒙运动中，思想家不承认任何外国的权威，以往的一切社会形

---

① 王通讯. 人才学新论 [M]. 北京市：蓝天出版社，2005：124-125.

式、国家形式和传统观念都被抛弃，一切现存的宗教、自然观、社会、国家制度等都受理性的批判。启蒙运动中提出的人权口号，是对王权、神权和特权的否定，他们在经济自由、政治平等、政体、国家机构、法制等方面提出的主张，为后来的法国大革命作了充分的思想准备，并且成为后来资本主义社会行之有效的立国原则，为科学理性的阐扬营造了思想文化氛围，也发扬光大了法国科学中的唯理论传统。古典哲学的发展，造就了康德、谢林、黑格尔等哲学巨匠，德国唯心主义辩证法得到了尽情的发展。古典哲学中的辩证法思想，客观上为自然科学向综合理论过渡提供了哲学背景，也为德国继法国之后成为世界上第四个科学活动中心提供了思想基础。

在经济方面，英国的资本主义带来需求刺激、美国的经济腾飞为人才提供了优渥的发展土壤，为科技创新提供了充足的物质基础。贝尔纳曾提出，"科学所遵循的轨道与商业和工业的轨道相同""在时间的进程中，科学活动中心曾经推移过，通常是追随而非导致商业和工业活动中心的迁徙"。[①]经济腾飞的起始阶段往往与科学活动中心建立有着密切联系，科学活跃时期之前，总有一个经济活跃时期作为先导。

16世纪英国形成的第一期圈地运动高潮，为英国资本主义生产准备了资本财富、自由劳动者和国内市场。1694年成立的英格兰银行一度是各国仿效的中央银行。17世纪后期和18世纪初期，保险业和证券、股票、债券交易在英国也很发达。英国是资本主义生产发展较早的国家，通过生产、商业和金融活动，城市资产阶级的财富和人数都得到增长。美国在经济得到充分发展之后成为科学活

---

① 贝尔纳. 历史上的科学（卷一）：科学萌芽期[M]. 伍况甫，彭家礼，译. 北京：科学出版社，2015：19.

动中心。19世纪80年代之后，美国新垦殖的耕地面积就超过了英、法、德3国耕面积的总和，农业得到大发展。美国利用英国等国大量输出资本的机会，充分利用外资，1890年引进外资就达35亿美元。从19世纪初，美国积极从欧洲引进了纺织机、蒸汽机、内燃机、发电机、汽车、新式炼钢法，大大提高了生产力水平；到1894年，美国的工业总产值跃居世界第一位。

（二）政治制度的支持是人才和创新高地发展的保障

政治制度对人才和创新活动的支持发挥着关键影响。主要包括三个方面：一是要有促使本国人才迅速成长的教育制度和吸引他国人才最优的科研环境；二是要注重科技成果的转化和应用，实现高新技术产业化，积累雄厚的物质基础，推动经济、社会和文化全面发展；三是要制定独创的科学发展战略和鼓励原始创新的科技政策，大力倡导自由探索的学术氛围。

以英国资产阶级革命的成功为例，给英国自然科学的发展提供了制度保障。英国资本主义发展初期，王室与资产阶级结成互利的联盟，资产阶级则以王室颁布的法律和建立的社会秩序来保护自己的经济利益。但是，随着中产阶级的进一步发展，就需要摆脱王室对商业的种种限制，摆脱对宗教信仰的种种约束，由此受到王室的反对。王室开始强迫人们接受英国圣公会教义，并企图进行无国会的统治。在苏格兰人为宗教信仰而举行起义时，国王又试图召开国会以获得镇压起义的经费，从而引发英国资产阶级革命。英国资产阶级革命的开始早于它的科学兴隆的开始时间，是促进科学发展的重要条件。

德国的开明君主专制制度为德国科学的复兴提供了政治保障，教育和科研体系具有稳定的自我增长空间而不受过多干预，使得先进的、有利于自然科学发展的制度得以存续并释放自己的潜力。德国于1807年颁布的《十月法令》废除了农奴制，并保障买卖贵族土地、从事手工业和经商的自由，后来对国家行政机构和市政机构进行改革，逐步扩大了新兴资产阶级的权力。这些改革很快在普鲁士取得成效，并为1848年革命做了准备。长时段的资产阶级改革和革命进程与长达110年的科学兴隆期相联系。

美国政治上的独立标志着它的民族利益得到承认，同时也创造出一个在封建包袱最少的社会基础上建立新的社会秩序的机会。1861年至1865年爆发的南北战争中北方的胜利，为美国资产阶级革命画上句号，同时形成的政治格局也为美国的科学发展创造了必要的发展条件。美国科技和教育的崛起是在此之后一系列制度创新与组织创新的结果，其中的大学自治制度发挥了极为重要的作用。通过学习欧洲先进教育制度建立起完善的研究型大学体系，通过人才引进使美国短时间内成为世界科学研究强国。

（三）过度依赖传统动能和文化发展的滞后性是人才和创新高地丧失和转移的动因

科学活动中心的丧失和转移，往往是由于地区或组织过度依赖以往发展方式，文化发展滞后于世界先进水平。科学活动中心转移符合"木桶理论"中的短板效应，社会的发展水平不仅取决于最先进的影响因素，而恰恰取决于最为落后的影响因素。如果某项短板低于世界其他国家普遍水平，将导致科学中心转移。如16世纪的意大利，随着布鲁诺被教会烧死、《天体运行论》成为禁书、伽利略被判终身监禁等事件发生，经济衰落、政治分裂、外患不断以及教会的镇压，使意大利的科学逐渐衰落，从而退出了科学活动中心。20世纪的德国，由于纳粹的文化专制和反犹太主义日益盛行，导致其科学活动中心地位以史无前例的速度转移到了美国。

三、人才和创新高地的概念界定

如何理解和阐释人才和创新高地的含义并界定其范围,不但能填补学术界和产业界的空白,而且对提高后续评价建设水平、研究建设目标、提出建设思路具有重要理论支撑作用。

(一)人才高地的界定

目前,各类研究中对"人才高地"尚未形成统一明确的定义。可以基于人才发展理论和产业集群理论来界定"人才高地"的内涵。

从人才学视角看,人才发展理论提出,当今人力资本时代下,后发国家要通过人才优先发展实现现代化追赶,要坚持人才以用为本的发展方针,促进改革创新,为人才发展提供根本动力。这一理论明确了"人才高地与创新发展"之间的辩证关系。

从经济学视角看,20世纪90年代由美国哈佛商学院的竞争战略和国际竞争领域研究权威学者迈克尔·波特提出,在一个特定区域的一个特别领域,集聚着一组相互关联的公司、供应商、关联产业和专门化的制度和协会,通过这种区域集聚形成有效的市场竞争,构建出专业化生产要素优化集聚洼地,使企业共享区域公共设施、市场环境和外部经济,降低信息交流和物流成本,形成区域集聚效应、规模效应、外部效应和区域竞争力。[1] 产业集群的产生和发展,其中人才由于具备主观能动性,通过驾驭物质资源而促进产业集聚,并在产业集聚过程中起主导作用。因此,产业集聚的产生过程,往往会有人才集聚形成人才集群。如经济高地、政治高地、文化高地等概念主要是指一定区域范围内,在经济、政治、文化等某方面处于高水平地位,发挥引领带头作用的地区。

---

[1] 迈克尔·波特.国家竞争优势[M].李明轩,邱如美,译.北京:华夏出版社,2002:31.

综合分析，"人才高地"即在某一地区或领域中，有着频繁的人才交流、发展等活动，人才显著集中特别是高水平人才集聚，对外部人才具有强大的集聚效应和吸引能力的区域或组织。人才高地对于推动某一国家或某一领域的经济和科技发展发挥着引领作用。人才高地的形成，一方面是经济、科技、社会发展长期领先于周围地区所导致的必然结果；另一方面，又赋予该高地赖以依托和生存的城市新的发展活力和内涵，使城市不断扩大，社会生产力在新的起点上进一步向前发展，并达到新的发展高度。

（二）创新高地的界定

"创新高地"作为普遍使用的概念为人熟知，但从理论研究角度并没有形成严格定义。为了对这一概念认知清晰，我们从语义学角度出发，分别研究"创新"和"高地"两个词语的概念，结合区域创新系统理论进而得出"创新高地"的概念和内涵。

"创新"是指人类为了满足自身需要，不断拓展对客观世界及其自身的认知与行为的过程和结果的活动。具体讲，创新是指为了一定目的，遵循事物发展规律，对事物整体或部分进行变革，从而使其得以更新与发展的活动。"高地"通常指地势高的地方，在这里主要指某一方面居于水平较高的位置。

区域创新系统理论提出，在一定的地理范围内，经常地、密切地与区域企业的创新投入相互作用的创新网络和制度的行政性支撑安排。[①]

由此可见，创新高地是指由于创新要素深度融合构成的创新网络和行政性支撑安排形成创新密集区域，是科学活动中心持续发展

[①] See Cooke P.Regions in a Global Market:The Experience of Wales and Baden-Wurttemberg[J].Review of International Political Economy,1997.4（2）:349-381.

的必要形态，对上下游产业和学科具有强烈的辐射带动作用。

（三）人才和创新高地的含义和特征

从辩证关系上看，人才高地能够推动高水平创新成果产出，在一定范围内成为创新高地，而创新高地的形成会进一步增强人才高地的集聚能力，让人才高地地位更加稳固。两者缺一不可，是相互促进、相辅相成的关系。

从"人才高地"和"创新高地"两个概念的理解和阐释可以看出，"人才和创新高地"是指在某一区域或领域范围内，人才充分集聚、创新活动密集、人才创新环境良好的地区或组织，具有持续集聚整合各类创新要素的能力，发挥着较强的产业辐射带动作用，主要包含以下5个特征（图1-1）：

图1-1　人才和创新高地特征示意图

1. 人才实力强

反映人才队伍建设情况，主要表现在人才队伍的规模和质量方面，以人才数量多、结构好、质量佳、潜能大为优。

2. 人才效能高

反映人才创新创效水平，主要表现在人才创新成果和创效能力方面，以产出成果多、产出价值高、产出效能强为优。

3. 人才发展环境优良

反映支持保障人才创新创效活动的各类条件，主要表现在硬件条件和软件条件方面，以研发平台优越、经费投入充足、工作环境适宜为优。

4. 凝聚整合能力突出

反映整合外部创新要素的能力，主要表现在人才交流和创新合作方面，以交流合作广泛、频繁为优。

5. 辐射带动作用显著

反映创新成果的影响力，主要表现在创新技术或产品的开发和应用方面，以成果影响力大、产业应用广为优。

从系统论角度理解，可以将人才和创新高地视为一个系统。其中人才是输入系统的资源，创新创效产出是系统输出的成果，创新环境是系统的内部结构，凝聚整合和辐射带动是系统与系统外环境的交互能力。可见，人才实力是衡量向系统输入的资源质量，价值产出是衡量系统输出的成果水平，环境支持是衡量系统对输入资源的加工能力，凝聚整合和辐射带动是衡量系统通过与外界交互而持续壮大自身实力的拓展能力。

第二章

中国石油能源化工领域人才和创新高地建设情况及对标分析

中国石油与世界知名的石油公司、化工企业和工程技术服务企业在人才实力、价值产出、环境支持、凝聚整合和辐射带动等方面存在一定的差距。本研究以定量分析方法进行多维度分析，还构建了一套衡量人才和创新高地建设的评价体系，并分别在油气和新能源领域、炼化和新材料领域、工程技术服务领域各选择3家国际知名企业作为对标对象。

第二章 中国石油能源化工领域人才和创新高地建设情况及对标分析

第一节 能源化工领域人才和创新高地评价指标构建

一、中国石油建设能源化工领域人才和创新高地的研究范畴

中国石油作为中国最大的油气生产和供应商，在国内油气行业居于主导地位。随着 2021 年 4 月中国石油实施总部改革，将各类业务重新进行划分调整，成立了油气和新能源、炼化销售和新材料、支持和服务、资本和金融四大业务板块。其中油气和新能源板块包括勘探与生产、天然气销售、国际油气业务、新能源和工程技术服务业务；炼化销售和新材料板块包括炼油化工、销售、新材料和国际贸易业务；支持和服务板块包括工程建设、装备制造、研究咨询、平台共享、后勤服务等支持服务业务；资本和金融板块包括财务公司、银行信托、保险等金融业务。板块调整更加明确了集团发展战略定位，有力推动了中国石油转型发展进程。

对于能源化工领域人才和创新高地研究，重点聚焦于科技创新方面人才工作，结合中国石油业务板块和油气上下游产业划分进行研究。从能源发展的历史经验来看，能源革命往往需要工程技术和装备技术的创新突破才能得以实现，工程技术创新突破也支撑了能源化工领域的创新突破，因此着重从能源、炼化和工程技术三个领域进行研究（图 2-1）。由于金融领域涉及的金融科技人才，其发挥作用与其他三类科技人才有较大不同，在本次研究中不作为重点，

待今后再作专题研究。

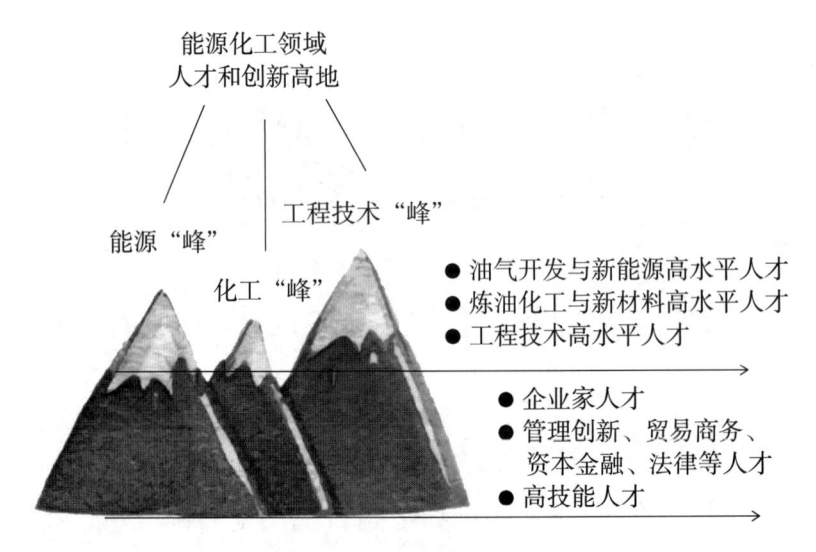

图 2-1　重点关注领域及关键人才队伍

（一）油气和新能源领域

能源领域既包含传统油气勘探和开发，也包含地热能、光伏、风能、氢能等新能源的开发和利用。能源领域的可持续发展是中国石油作为国有重要骨干企业发挥能源"压舱石"作用的最重要职责和使命。

在传统油气能源方面，中国石油一直是我国最大的油气生产商和供应商，其中国内油、气产量分别占全国总产量的近52%和67%，发挥着保障国家能源安全主力军作用。"十三五"期间，石油人牢记习近平总书记关于大力提升国内勘探开发力度、保障国家能源安全的政治嘱托，积极践行"四个革命、一个合作"能源安全新战略，深入实施七年行动方案，切实扛起保障国家能源安全的责任和使命。2021年中国石油国内油气产量当量突破2.1亿吨，天然气产量当量连续2年突破1亿吨。中国石油始终把保障能源安全作为重中之重，努力多找油气资源，努力实现把饭碗端在自己手里，掌握保障国家能源安全的主动权。

在新能源方面，中国石油已明确以"双碳"目标硬约束为导向的绿色低碳转型发展路径，将新能源业务纳入主营业务之中，制定新能源新业务发展规划，明确"清洁替代、战略接替、绿色转型"三步走总体部署。中国石油成立新能源新材料事业发展领导小组，加强新能源新业务发展战略规划和业务管理体系构建，加快拓展地热、风光发电、氢能，以及充（换）电站等新能源业务。成立深圳新能源研究院，加强技术研发投入，为新能源事业的发展提供技术支持。"十四五"期间，中国石油将向"油气热电氢"综合型能源公司转型，规模化发展地热、分布式风电和光伏发电、集中式风光气电融合等业务；加强氢能、CCS/CCUS、新能源服务支持战略布局；超前储备一批清洁低碳关键核心技术。将继续做强做优油气主业，加快发展新能源事业，实现绿色低碳转型。

（二）炼化和新材料领域

炼化领域是中国石油业务价值链中承上启下和增值创效的重要环节，是实现收入和提升品牌价值的主渠道。炼化领域既包含传统油气炼化加工产业，还包含功能性合成树脂、高性能合成橡胶、特种纤维、高端碳材料等新材料生产加工业务。

在传统炼化方面，中国石油是中国最大的石油产品生产商之一，拥有13个千万吨级炼油基地。公司生产合成树脂、合成纤维原料及聚合物、合成橡胶、尿素、有机和无机六大类数千种牌号化工产品。其中，乙烯、合成树脂、合成橡胶等产品生产能力在国内位居前列。

"十三五"期间，我国炼化市场格局深刻变化，炼化工艺和产品清洁化、高端化成为大势所趋，"减油增化""提质增效"的呼声持续高涨。面对日益升级的竞争形势，中国石油突出创新引领，加大攻关力度，炼化领域涌现出一大批标志性成果，为中国石油油品质量升级、产品结构优化和经济技术指标改善提供了技术支撑，引领了炼化业务转型升级、提质增效和高质量发展。

在新材料方面，中国石油积极推进新材料业务，成立上海新材料研究院，加大科技创新力度，启动多项技术攻关，积极开展化工新产品新材料研发。积极转变经营理念，分区域制定化工产品营销策略，推动"中油e化"上线运行，积极开拓化工产品高端市场和终端渠道。2021年，公司乙烯、合成树脂、合成橡胶及尿素等产量同比继续增长，功能性合成树脂、高性能合成橡胶、特种纤维、高端碳材料等新材料产量大幅增长。中国石油坚持大力实施新材料产业提速工程，提升产业链运行效率和价值创造能力。

（三）工程技术服务领域

工程技术服务领域既包含能源领域工程技术服务业务，也包含炼化领域工程技术服务业务。无论是在石油勘探开发上游领域还是炼油化工下游领域，工程技术服务的重大突破始终是能源行业科技发展、甚至是能源技术革命的重要动力。

一国钻井技术的进步程度，往往反映这个国家石油工业的发展状况。美国从20世纪80年代开始出现的水平井钻井技术，能够将钻井的成本降低1.5～2倍，产量则是直井的4～8倍。20世纪90年代发展起来的多分支井钻井技术，能够提高采收率，改善油田开发效果，在更好地动用储量的同时比水平井更节省投资。1990年以后普遍采用的欠平衡压力钻井技术，其中一些方法能够将水平井产量提高10倍。这些工程技术的创新和应用支持美国成为世界上累计采油量最多的国家。特别是近年来美国的页岩气革命，通过水力压裂技术将以前页岩中无法提取的石油和天然气进行开采，一举使美国从油气进口大国转变为油气出口大国。

在现代能源工业的发展中，工程技术服务领域发展越来越成为一支重要的力量，有效支撑能源行业发展和能源转型。

二、人才和创新高地评价指标体系构建

（一）理论依据和建构方法

构建人才和创新高地评价指标体系的目的是建立一套系统完善的综合指标衡量标准，对中国石油及其对标公司进行全方位的定量评价，通过量化指标体系得出综合评价结果。由于人才和创新高地的内涵以定性为主，需要将定性评价转化为定量评价，同时人才和创新高地的概念是一个多维度概念，还需要在多种影响因素的共同作用下给出总体评价。基于以人才和创新高地评价指标体系的目的、内涵特征和结果要求，本次研究选取模糊综合评价法构建指标体系。

模糊综合评价法是基于模糊数学的综合评价方法。该综合评价法根据模糊数学的隶属度理论把定性评价转化为定量评价，即用模糊数学对受到多种因素制约的事物或对象做出一个总体评价。它具有结果清晰、系统性强的特点，能较好地解决模糊的难以量化的问题，适合各种非确定性问题的解决。

运用模糊综合评价法构建评价模型，主要包含以下几个评价标准。评价指标：对评价某个问题的具体内容；评价指标值：评价内容的具体值；平均评价值：评价值之和与评价数的比值；权重：评价指标的重要程度；加权平均评价值：平均评价值与权重之积；综合评价值：同一级评价指标的加权平均评价值之和。因此，最终评价指标体系除了包含一级指标和二级指标外，还应当包括单个评价得分、平均评价得分、指标权重、加权得分、综合得分等共计6项内容。

基于理论依据，本研究主要运用模糊综合评价法作为评价模型建构的底层逻辑与方法，同时采用OSM模型作为指标体系设计过程

中确定核心内容的方法，以 MECE 法则作为指标选取和排列的主要依据，遵循 SMART 原则对二级指标进行梳理、检验和完善，根据专家打分法的结果作为指标权重的设置标准，在对指标进行整理和标准化处理后，最终以评分形式输出评价结果。

（二）评价维度与细分指标

本次研究的指标选取在人文地理学中"世界科学活动中心"、区域经济理论中"人才高地"、人才学中"科学中心"等概念的理论研究基础上，按照"人才和创新高地"的含义及特征，确定指标体系中指向人才和创新高地的五个核心评价维度，分别为：人才实力、价值产出、环境支持、凝聚整合、辐射带动。参照 OSM 模型中"目标层—策略层—度量层"的层次，将一级指标作为目标层内容，根据 MECE 法则选定"数量、质量、空间、时间"作为策略层内容。通过对目标层一级指标进行 4 个维度的策略分解，形成可衡量的 4 个二级指标，作为度量层内容。在此基础上，建构具有 5 个一级指标、20 个二级指标的人才和创新高地评价指标体系，如图 2-2 所示。

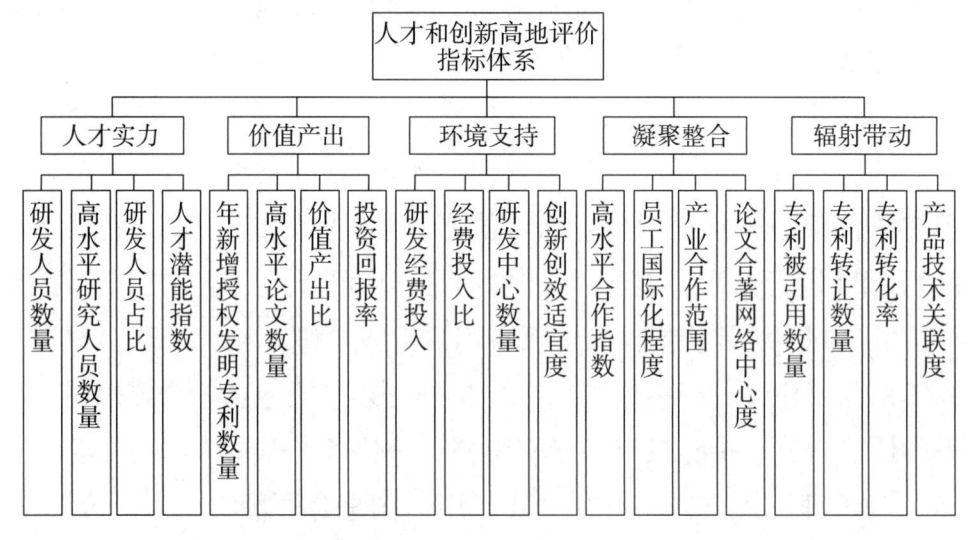

图 2-2　能源化工领域人才和创新高地评价指标体系

1. 人才实力

人才实力是指企业在一定时间内所拥有的人才综合素质能力及人才队伍建设情况。按照策略层的四个维度，人才实力以人才数量多、结构好、质量佳、潜能大为优。本研究选取研发人员数量、高水平研究人员数量、研发人员占比和人才潜能指数4个二级指标。

2. 价值产出

价值产出是指企业在一定时间内生产产品、提供服务和研发技术所产生的价值总和，反映人才创新创效水平。按照策略层的4个维度，价值产出以产出成果数量多、产出价值高、产出效率和效能强为优。本研究选取年新增授权发明专利数、高水平论文数量、价值产出比和投资回报率4个二级指标。

3. 环境支持

环境支持是指帮助或有利于人们获得最佳作业活动能力的外部因素，包括物质、文化等多项因素，反映支持保障人才创新创效活动的各类条件。按照策略层的4个维度，环境支持以研发平台优越、经费投入充足、投入比例高、工作环境适宜为优。本研究选取能源转型投入、研发经费投入、经费投入比和创新创效适宜度4个二级指标。

4. 凝聚整合

凝聚整合从内部看是指企业内部各成员与组织因共同的利益和价值目标凝结为有机整体的能力，从外部看是指企业对外建立整体形象、整合各种外部资源的能力，反映企业整合内外部创新资源要素的能力。按照策略层的4个维度，凝聚整合以交流合作的数量多、程度深、范围广和频繁密切为优。本研究选取高水平合作指数、员工国际化程度、产业合作范围与论文合著网络中心度4个二级指标。

5. 辐射带动

辐射带动是指企业发展所带动的相关产业链（包含技术、产品、服务等）或周围区域产生联动增长的间接价值效应，反映企业创新成果具有的影响力。按照策略层的4个维度，辐射带动以成果影响力大、产业应用广为优。本研究选取专利被引用数量、专利转让数量、产品技术关联度、专利转化率4个二级指标。其中，二级指标的数据含义见表2-1。

表2-1　人才和创新高地二级指标数据含义表

序号	一级指标	二级指标	数据含义
1	人才实力	研发人员数量	企业研发员工总数
2		高水平研究人员数	顶级期刊发表论文人数
3		研发人员占比	研发人员占企业员工总数比例
4		人才潜能指数	人才熟练潜能、成长潜能和转型潜能的综合表现
5	价值产出	年新增授权发明专利数	国际专利库收录发明专利数量
6		高水平论文数量	顶级期刊发表论文数
7		价值产出比	每万人发明专利数量
8		投资回报率	每百万美元科研投入产出专利数
9	环境支持	能源转型投入	企业全球研发中心总数
10		研发经费投入	企业全球研发经费投入
11		经费投入比	企业全球研发经费投入占整体经营投入的比例
12		创新创效适宜度	创业生态系统中开展创新创效活动的现实资源环境条件与最适资源环境条件之间的贴近度
13	凝聚整合	高水平合作指数	顶级期刊发表论文合作次数
14		员工国际化程度	企业员工所属国家数量
15		产业合作范围	企业产业合作国家和地区数量
16		论文合著网络中心度	顶级期刊成果在国际期刊社会网络中的地位程度
17	辐射带动	专利被引用数量	国际专利库收录的被引用专利数
18		专利转让数量	国际专利库收录的外部转移专利数
19		专利转化率	国际专利库收录的转让数占总申请数比例
20		产品技术关联度	产品技术在国际产业中的关联度和影响力

（三）数据来源与处理方法

1. 数据来源

（1）公开资料或数据

对可直接获取的可量化数据进行收集整理，从公司年报、官网、第三方数据库等进行搜索直接获取。

（2）大数据爬虫

针对储存在专业数据库但不能直接获取或信息复杂需要分类提取的数据，购买专业数据库并运用 Python 等工具进行大数据抓取。

（3）问卷调查

针对定性指标进行大规模专家问卷调查，并用 Likert 量表进行定量转化。

2. 数据处理方法

（1）直接引用法

对于直观数据进行直接引用。

（2）社会网络分析法

运用 Gephi 软件进行中心度分析，主要用于论文合著网络中心度的测算。

（3）关联度算法

基于经济复杂度理论中产品空间的概念，运用 Python 软件对本次选取的十个产品在全球贸易网络中的关联程度进行比较计算，主要用于产品技术关联度测算。

（4）均值统计法

在指标单位、权重、维度均统一的情况下对各项指标进行平均值计算，主要用于问卷调查数据结果整理。

一级指标和二级指标所有数据的来源和处理方法见表 2-2。

表 2-2 人才和创新高地指标体系数据来源与处理方法情况表

序号	一级指标	二级指标	数据获取方法	数据处理方法
1	人才实力	研发人员数量	官方网站、企业年报	直接获取
2		高水平研究人员数	运用 Python 语言进行大数据爬虫，在 SPE 和 ACS 等专业数据库进行数据抓取	直接获取
3		研发人员占比	官方网站、企业年报	直接获取
4		人才潜能指数	专家打分法问卷调查	均值统计
5	价值产出	年新增授权发明专利数	按照"标准申请人"和"公司树"在 incoPat 合享专利数据库进行大数据检索	统计分析
6		高水平论文数量	运用 Python 语言进行大数据爬虫在 SPE 和 ACS 等专业数据库进行数据抓取	统计分析
7		价值产出比	官方网站、企业年报	直接获取
8		投资回报率	官方网站、企业年报	直接获取
9	环境支持	能源转型投入	官方网站、企业年报	直接获取
10		研发经费投入	官方网站、企业年报	直接获取
11		经费投入比	官方网站、企业年报	直接获取
12		创新创效适宜度	专家打分法问卷调查	均值统计
13	凝聚整合	高水平合作指数	运用 Python 语言进行大数据爬虫，在 SPE 和 ACS 等专业数据库进行数据抓取	Gephi 软件社会网络分析
14		员工国际化程度	官方网站、企业年报	直接获取
15		产业合作范围	官方网站、企业年报	直接获取
16		论文合著网络中心度	运用 Python 语言进行大数据爬虫，在 SPE 和 ACS 等专业数据库进行数据抓取	Gephi 软件社会网络分析
17	辐射带动	专利被引用数量	按照"标准申请人"和"公司树"在 incoPat 合享专利数据库进行数据检索	统计分析
18		专利转让数量	按照"标准申请人"和"公司树"在 incoPat 合享专利数据库进行数据检索	统计分析
19		专利转化率	按照"标准申请人"和"公司树"在 incoPat 合享专利数据库进行数据检索	统计分析和计算
20		产品技术关联度	利用国际海关产品数据库搜集各公司主要产品海关代码	Python 软件关联度算法

第二章　中国石油能源化工领域人才和创新高地建设情况及对标分析

以论文合著网络中心度为例，运用大数据爬虫对近5年美国石油工程师协会（Society of Petroleum Engineers）数据库和美国化学学会（American Chemical Society）数据库的百万条数据进行抓取、筛选和整合，得到上万条有效数据，运用社会网络分析法和Gephi软件进行合著网络中心度分析，形成指标结果和对标分析表（表2-3），绘制社会网络簇状图，得到3个方面的全球论文合著情况，如图2-3所示。

表2-3　论文合著网络合作中心度对标分析表

序号	公司名称	论文合著网络中心度指数（标准化后）	关联数	排名
1	中国石油（CNPC）	0.63962	114	2
2	荷兰皇家壳牌石油公司（Shell）	1	143	1
3	英国石油公司（BP）	0.247492	46	4
4	巴西国家石油公司（Petrobras）	0.446673	80	3

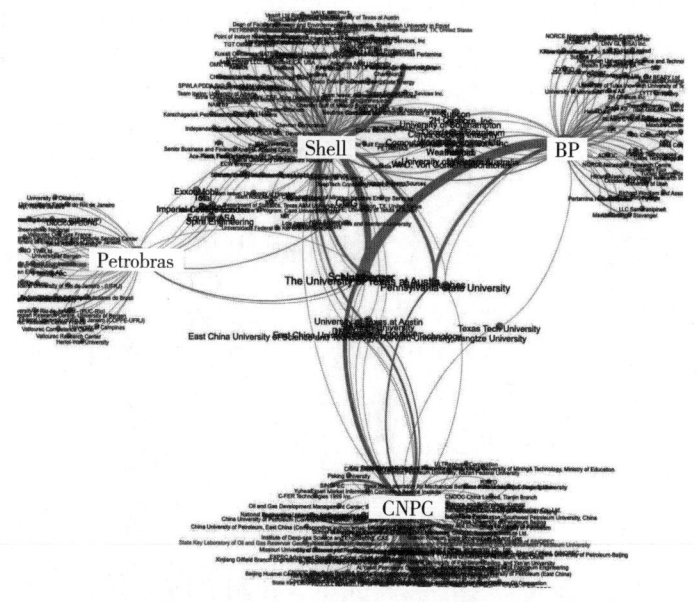

图2-3　油气和新能源领域论文合著网络中心度簇状图[①]

---

① 本图只体现中国石油、荷兰皇家壳牌石油公司、英国石油公司、巴西国家石油公司4家企业的关键节点。

（四）指标权重设置

按照以上思路，我们确立了由 5 个维度、20 个细分指标构成的人才和创新高地的指标评价体系基本框架。由于不同维度和不同二级指标对人才和创新高地建设的影响效力不同，需要对指标框架赋予权重。本次指标赋权采用专家打分法，通过发放问卷和专家访谈对行业内多方面资深专家进行调查和咨询，专家根据各项指标的重要程度进行评估和评分，形成人才和创新高地指标体系的对应权重，见表 2-4。

表 2-4　人才和创新高地指标体系及权重

序号	一级指标	一级指标权重	二级指标	二级指标权重
1	人才实力	0.22	研发人员数量	0.18
2			高水平研究人员数	0.29
3			研发人员占比	0.26
4			人才潜能指数	0.27
5	价值产出	0.20	年新增授权发明专利数	0.25
6			高水平论文数量	0.24
7			价值产出比	0.25
8			投资回报率	0.26
9	环境支持	0.21	能源转型投入	0.21
10			研发经费投入	0.27
11			经费投入比	0.26
12			创新创效适宜度	0.26
13	凝聚整合	0.19	高水平合作指数	0.27
14			员工国际化程度	0.23
15			产业合作范围	0.24
16			论文合著网络中心度	0.26
17	辐射带动	0.18	专利被引用数量	0.23
18			专利转让数量	0.25
19			专利转化率	0.27
20			产品技术关联度	0.25

三、对标情况

中国石油拥有能源化工领域的全产业链,从油气和新能源、炼化和新材料到工程技术服务,每个领域在全球范围都有许多与其相似的企业,需要从不同领域出发分别寻找与其业务相似的标杆对象进行对标。在对标对象选取上坚持以下3个原则:

一是突出行业领先性。参评的公司处于所在领域的先进位置,是行业内的优秀企业,对中国石油建设成为基业长青世界一流综合性国际能源公司具有指引帮助作用。

二是突出业务相似性。选取的对标公司从事的业务领域要与中国石油各领域业务有很强的相似性,对下一步业务发展具有重要参考意义。

三是突出数据可得性。选取的对标公司相关数据具有真实性、时效性,并且这些数据能够通过企业年报、可持续发展报告、官方网站及咨询报告等相关材料获取。

(一)对标企业

根据以上3个基本原则,兼顾3个领域参评公司的数量平衡,分别选取3家外部企业作为参评对象。

1. 油气和新能源领域

根据美国《石油情报周刊》2021年对全球50大石油公司排名情况,在综合排名前20的石油公司里,综合科技创新和科技人才的全球影响力、油气和新能源领域相似性等因素,选取对标企业。一是选取拥有不同科技体系的荷兰皇家壳牌石油公司(以下简称为壳牌)和英国石油公司(以下简称BP)这2个排名前两位的国际石油公司对标,二是选取与中国石油整体规模相似、业务布局类似的巴西国家石油公司(以下简称为巴西石油)对标。选取的2家国际石油公司和1家国家石油公司在技术创新和科技人才方面都具有重要的全球影响力,同时这3家公司的业务范围与中国石油的整体业务布局和范围具有较好的可比性。

2. 炼化和新材料领域

根据美国《化学与工程新闻》(C&EN)发布的2021年全球化工企业50强名单,择优选取排名靠前的公司。综合考虑业务相似性、技术领先性和行业知名度,综合选取对比企业。一是对于国内炼油、化工领域对标公司,选取与中国石油主营业务类似,炼化科技实力国内领先、世界先进,拥有我国炼化领域自主知识产权技术最多,同时全球第二的石油化工企业——中国石油化工集团有限公司(以下简称为中国石化)。二是在国外对标公司选取上,针对中国石油传统的炼油、石油化工领域,选取一家在国际炼油、石油化工技术领域久负盛名的技术策源地公司,全球正在使用的炼油技术大部分要来自该公司的原始创新——霍尼韦尔环球油品公司(以下简称为霍尼韦尔UOP)。三是针对中国石油目前重点开发攻关的化工新材料、高端化学品领域,选取一家历史悠久、全球领先的化工公司,该公司要在传统化学品(石油化学品、中间体)、特性化学品、新材料(特性材料、单体)等领域具备国际领先的研发及生产能力,也是全球排名第一的化工企业——巴斯夫股份公司(以下简称为巴斯夫)。该公司不仅是全球石油化工生产中精细化程度最高的企业之一,也是全球石化生产技术储备最多的公司之一。

3. 工程技术服务领域

在工程技术服务领域,选择斯伦贝谢公司(以下简称为斯伦贝谢)、哈里伯顿公司(以下简称为哈里伯顿)、贝克休斯公司(以下简称为贝克休斯)3家国际油服公司进行对标分析。

斯伦贝谢是全球能源行业领先的技术和服务提供商,以领先的技术、多元化的人才队伍和国际化的企业规模，成为全球知名油田服务公司。哈里伯顿是世界上最大的能源行业产品和服务供应商之一，主体业务覆盖油气藏勘探开发全周期、全流程，帮助客户在储层全生命周期内实现价值最大化，在资产全生命周期内优化生产。贝克休斯是美国一家为全球石油开发和加工工业提供产品和服务的大型服务公司，拥有涵盖能源和工业价值链的多样化设备和服务能力。

选取的这3家国际油服公司在油气工程技术创新和科技人才方面具有全球影响力，同时与中国石油工程技术服务业务上具有较好的一致性。

（二）对标结果

根据人才和创新高地指标评价体系进行数据收集，中国石油在油气和新能源领域、炼油化工和新材料领域，以及工程技术服务领域的数据对标结果如下。

1. 油气和新能源领域

中国石油在油气和新能源领域数据与壳牌、BP和巴西石油的数据对标结果见表2-5。

表2-5 油气和新能源领域关键指标对标分析表

序号	一级指标	二级指标	壳牌	BP	巴西石油	中国石油
1	人才实力	研发人员数量（万人）	0.74	0.2	0.14	3
2		高水平研究人员数量（人）	2801	1050	1063	1669
3		研发人员占比（%）	4.36	2.93	2.77	2.71
4		人才潜能指数	84.22	83.78	74.44	74.44
5	价值产出	新增授权发明专利数量（件/年）	717	155	127	1661
6		高水平论文数量（篇）	1349	632	429	551
7		价值产出比（件/万人）	17	24	19	15
8		投资回报率（件/百万美元）	0.75	0.43	0.22	0.48

续表

序号	一级指标	二级指标	壳牌	BP	巴西石油	中国石油
9	环境支持	能源转型投入（亿元/年）	200	2000	1292	388
10		研发经费投入（亿元/年）	64	24.2	38.3	208.4
11		经费投入比（%）	0.53	0.2	1.1	0.85
12		创新创效适宜度	85.05	83.62	74.48	70.95
13	凝聚整合	高水平合作指数（次）	194	110	50	187
14		员工国际化程度（个）	110	90	30	30
15		产业合作范围（个）	70	72	8	30
16		论文合著网络中心度	1	0.45	0.25	0.64
17	辐射带动	专利被引用数量（次）	383664	190010	10657	131405
18		专利转让数量（次）	5793	3049	254	7747
19		专利转化率（%）	8.01	11.09	6.2	0.1
20		产品技术关联度	73.58	95.47	73.58	95.47

其中，凝聚整合维度中的高水平合作数、员工国际化程度、论文合著网络中心度的对标内容是结合大数据爬虫技术，利用Python软件在SPE（Society of Petroleum Engineers）数据库中对2016—2021年所发表的所有论文（包括期刊论文和会议论文）的相关数据（包括论文的作者及作者单位）处理后获得的最终数据。

2. 炼化和新材料领域

中国石油在炼油化工和新材料领域的数据与中国石化、霍尼韦尔UOP和巴斯夫的数据对标结果见表2-6。

表 2-6 炼化和新材料领域关键指标对标分析表

序号	一级指标	二级指标	中国石化	霍尼韦尔UOP	巴斯夫	中国石油
1	人才实力	研发人员数量（万人）	4	0.1	1	3
2		高水平研究人员数量（人）	543	34	401	718
3		研发人员占比（%）	8	25	9.1	2.71
4		人才潜能指数（得分）	81.90	89.52	91.43	80.24
5	价值产出	新增授权发明专利数量（件/年）	5868	375	4458	1661
6		高水平论文数量（篇）	381	19	285	414
7		价值产出比（件/万人）	88	937	401	15
8		投资回报率（件/百万美元）	2.7	3.6	2.9	0.48
9	环境支持	能源转型投入（亿元/年）	21	30	70	2
10		研发经费投入（亿元/年）	144.1	6.9	152.1	208.4
11		经费投入比（%）	0.6	3.5	3.3	0.85
12		创新创效适宜度	81.73	89.69	89.39	76.63
13	凝聚整合	高水平合作指数（次）	182	3	129	207
14		员工国际化程度（个国籍）	50	19	90	40
15		产业合作范围（个国家）	16	80	90	30
16		论文合著网络中心度	0.77	0	0.17	1
17	辐射带动	专利被引用数量（次）	167353	167353	926240	131405
18		专利转让数量（次）	3087	4278	20499	7747
19		专利转化率（%）	0.1	24.76	0.84	0.1
20		产品技术关联度	186.12	187.58	209.14	183.30

其中，凝聚整合维度中的高水平合作数、员工国际化程度、论文合著网络中心度的对标内容是结合大数据爬虫技术，利用 Python 软件在 ACS（American chemical Society）数据库中对 2016—2021 年 6 年所发表的所有论文（包括期刊论文和会议论文）的相关数据（包括论文的作者及作者单位）处理后获得的最终数据。

3. 工程技术服务领域

中国石油的中油技服与世界三大工程技术服务公司——斯伦贝谢、贝克休斯、哈里伯顿，由于业务范围和服务内容非常相近，因此在该领域中国石油的对标内容选取了中油技服的相关数据作为基础，见表2-7。

表2-7 工程技术服务领域关键指标对标分析表

序号	一级指标	二级指标	斯伦贝谢	哈里伯顿	贝克休斯	中国石油
1	人才实力	研发人员数量（万人）	8.6	4.09	5.5	11.2
2		高水平研究人员数量（人）	6988	2617	2428	520
3		研发人员占比	15%~20%	15%~20%	15%~20%	5%~10%
4		人才潜能指数（得分）	83.73	78.93	80.53	76.80
5	价值产出	新增授权发明专利数量（件/年）	590	2257	1490	438
6		高水平论文数量（篇）	3346	1563	1371	180
7		价值产出比（件/万人）	319	202	557	32
8		投资回报率（件/百万美元）	4.73	2.29	5.15	1.6
9	环境支持	能源转型投入（亿元/年）	54	12	17	9
10		研发经费投入（亿元/年）	40.02	21.32	41.06	19.07
11		经费投入比（%）	2.46	2.1	2.87	1.4
12		创新创效适宜度	84	80.46	80.8	72.11
13	凝聚整合	高水平合作指数（次）	544	173	155	89
14		员工国际化程度（个国籍）	160	130	150	40
15		产业合作范围（个国家）	120	70	120	80
16		论文合著网络中心度	1	0.35	0.30	0.16
17	辐射带动	专利被引用数量（次）	489099	397568	243571	40000左右
18		专利转让数量（次）	7886	10228	4634	2700
19		专利转化率（%）	16.72	18.39	17.37	0.1
20		产品技术关联度	194.85	193.38	198.25	204.97

其中，凝聚整合维度中的高水平合作数、员工国际化程度、论文合著网络中心度的对标内容是结合大数据爬虫技术并利用 Python 软件在 ACS（American chemical Society）数据库中对 2016—2021 年 6 年所发表的所有论文（包括期刊论文和会议论文）的相关数据（包括论文的作者及作者单位）处理后获得的最终数据。中国石油的数据以作者单位为中油技服及所属公司的相关论文信息为基础获取。

四、评价分析

根据人才和创新高地指标评价体系进行数据收集，对原始数据进行标准化处理，得到统一度量的各项指标评分，并对二级指标的结果进行百分制处理，形成 20 个以百分制为标准的二级指标分值，再对 20 个二级指标得分进行加权处理，最终形成指标体系结果。

（一）油气和新能源领域

根据人才和创新高地评价指标体系设置的指标权重对原始数据进行测算，得出油气和新能源领域中国石油与壳牌、BP、巴西石油在人才和创新高地建设方面的标准化数据及排名，见表 2-8。

表 2-8　油气和新能源领域人才和创新高地建设排名情况

序号	企业名称	总体得分	综合排名
1	壳牌	80.02	1
2	中国石油	62.62	2
3	BP	61.99	3
4	巴西石油	43.84	4

其中，油气和新能源领域 4 家公司一级指标和二级指标的具体得分情况见表 2-9。

表2-9 油气和新能源领域人才和创新高地建设情况比较

序号	一级指标	一级指标得分				序号	二级指标	二级指标得分			
		壳牌	中国石油	BP	巴西石油			壳牌	中国石油	BP	巴西石油
1	人才实力	18.65	16.34	12.20	11.29	1	研发人员数量	4.51	18.29	1.22	0.85
						2	高水平研究人员数量	28.92	17.23	10.84	10.98
						3	研发人员占比	25.36	15.76	17.04	16.11
						4	人才潜能指数	27.43	24.25	27.29	24.25
2	价值产出	15.45	13.15	10.58	7.30	5	新增授权发明专利数量	10.60	24.57	2.29	1.88
						6	高水平论文数量	23.64	9.65	11.07	7.52
						7	价值产出比	17.92	15.81	25.30	20.03
						8	投资回报率	26.50	16.96	15.19	7.77
3	环境支持	10.64	15.23	11.63	14.32	9	研发经费投入	9.87	26.73	3.73	5.90
						10	经费投入比	12.36	19.82	4.66	25.65
						11	研发中心数量	2.11	4.10	21.11	13.64
						12	创新创效适宜度	26.50	22.11	26.06	23.21
4	凝聚整合	19.59	11.59	13.76	4.40	13	高水平合作指数	26.70	25.74	15.14	6.88
						14	员工国际化程度	23.11	6.30	18.91	6.30
						15	产业合作范围	23.37	10.02	24.04	2.67
						16	论文合著网络中心度	26.14	16.72	11.68	6.47
5	辐射带动	15.69	6.30	13.82	6.52	17	专利被引用数量	22.90	7.84	11.34	0.64
						18	专利转让数量	25.25	1.48	13.29	1.11
						19	专利转化率	19.17	0.24	26.54	14.84
						20	产品技术关联度	19.51	25.31	25.31	19.51
合计		80.02	62.61	61.99	43.83			—			

1. 一级指标分析

中国石油在油气和新能源领域综合得分为 62.61，在 4 家公司中位于第二位，整体处于中等偏上水平。壳牌综合得分 80.02 具有领先地位。BP 得分 61.99 与中国石油实力相近，巴西石油 43.83 分综合实力在 4 家公司中最弱。通过绘制雷达分析图，反映了各维度指标的具体情况，如图 2-4 所示。

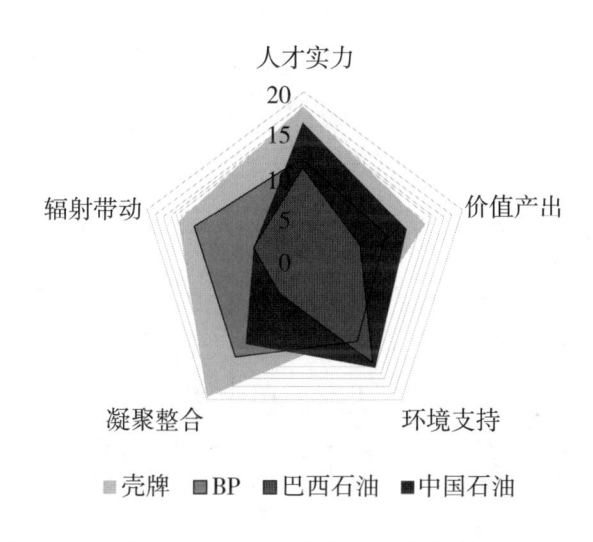

图 2-4　油气和新能源领域一级指标情况雷达图

由图 2-4 可以看出，中国石油一级指标的环境支持维度在 4 家公司中表现最为突出，人才实力和价值产出 2 个维度上仅次于壳牌，凝聚整合和辐射带动维度上的整体竞争力不足。这表明，中国石油在人才整体实力、科研产出价值和企业对科研的投入支持等方面，体现为良好水平，但对全球资源凝聚整合能力和对全球产业经济的影响力仍有待提升。

壳牌作为油气和新能源领域领先的国际知名公司，在人才实力、价值产出、凝聚整合和辐射带动 4 个维度均位居第一，表现出强劲的综合实力。BP与中国石油在整体实力上非常接近，中国石油在人才实力、价值产出和环境支持上优于BP，而BP在凝聚整合、辐射带动这2个维度的表现上较中国石油更为突出。

分析表明：中国石油应当继续保持在人员、资金等方面的支持力度和强度，更加注重加强质量和效率，进一步发挥集约优势、提升规模效益。在重视企业内部能力建设的同时，应当更加关注对全球人、财、物等重要资源的有效吸收和利用，加强在国际领域的科研对外合作，以科技实力促进产业结构优化升级，激活技术、产品和服务在全球产业链中的虹吸效应，强化对外凝聚力、影响力和话语权。

2.二级指标分析

在人才实力维度上，中国石油得分16.34，在4家公司中位于第二位，与排名第一的壳牌（18.65）实力相近。BP（12.20）排名第三，巴西石油（11.29）在4家公司中实力最弱。通过绘制雷达分析图，反映人才实力维度具体情况，如图2-5所示。

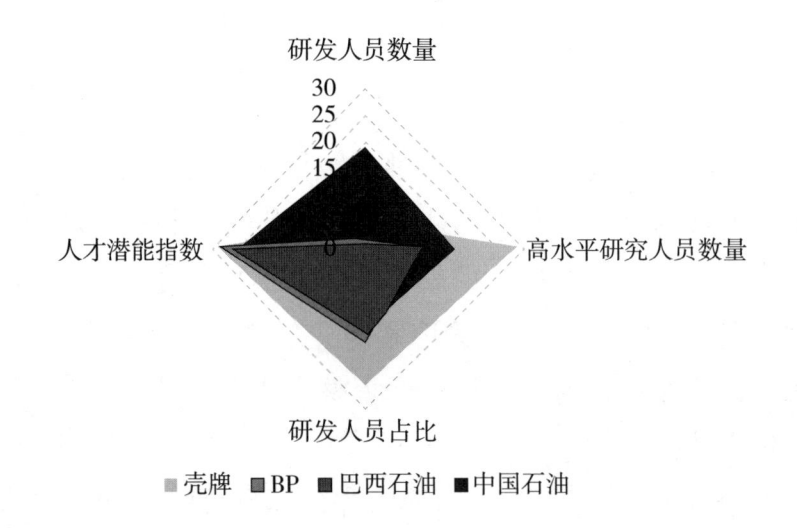

图2-5 油气和新能源领域在人才实力维度的二级指标情况

由图 2-5 可以看出，在人才实力维度中，中国石油主要在人员数量上明显占优，但在高水平研究人员数量、研发人员占比和人才潜在能力 3 个指标上均与排名第一的壳牌存在较大差距。这表明，中国石油在人才实力上仍存在"大而不优、强而不精"的特点，未来的关注点应当更多放在将人员数量优势转化为科技人才质量优势上。

在价值产出维度上，中国石油得分 13.15，在 4 家公司中位于第二位，与排名第一的壳牌（15.45）实力相近。BP（10.58）排名第三，巴西石油（7.30）在 4 家公司中实力最弱。通过绘制雷达分析图，反映人才实力维度具体情况，如图 2-6 所示。

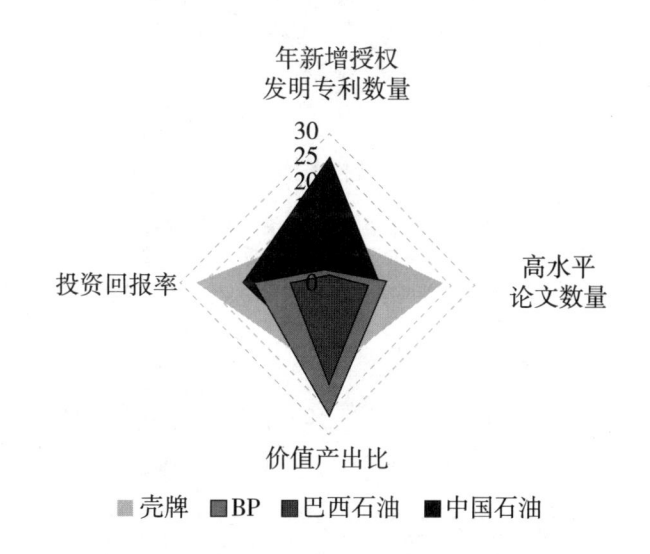

图 2-6　油气和新能源领域在价值产出维度的二级指标情况

由图 2-6 可以看出，在价值产出维度上，中国石油的发明专利数量最高，但高水平论文数量与排名第一的壳牌相差较大，价值产出比和投资回报率在 4 家公司中处于中等甚至偏下水平。这表明，中国石油应用技术的研发数量大，但高水平理论成果的研究产出少，科研成果效率和质量有待进一步提升。

在环境支持维度上，中国石油得分15.23，在4家公司中位于第一位，巴西石油（14.32）排名第二，BP（11.63）和壳牌（10.64）实力相近，分列第三、四名。通过绘制雷达分析图，反映人才实力维度具体情况，如图2-7所示。

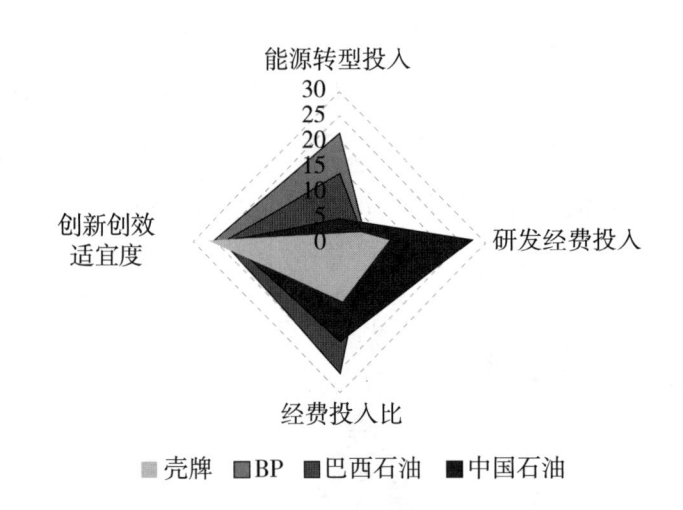

图2-7 油气和新能源领域环境支持维度的二级指标情况

由图2-7可以看出，在环境支持维度上，中国石油的研发经费投入最高，经费投入比例处于第二位且表现较好，但在新能源转型投入和创新创效适宜度这2个方面处于中等偏下水平，且新能源转型投入与BP和巴西石油相差很大。这表明，中国石油对于研发的重视程度很高，但在新能源和创新环境营造上的支持力度仍需加强，具有创新性和前瞻性的投入尚有不足。

在凝聚整合维度上，中国石油得分11.59，在4家公司中位于第三位。壳牌（19.59）排名第一且具有较大领先优势，BP（13.76）排名第二，巴西石油（4.40）在4家公司中实力最弱。通过绘制雷达分析图，反映人才实力维度具体情况，如图 2-8 所示。

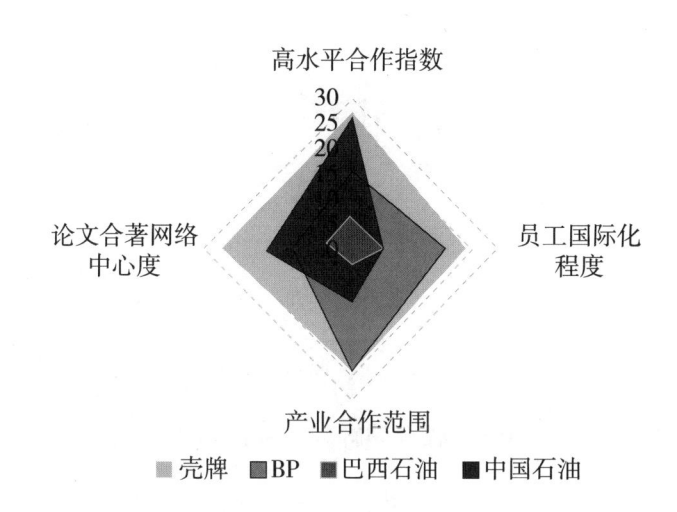

图 2-8　油气和新能源领域在凝聚整合维度的二级指标情况

由图 2-8 可以看出，在凝聚整合维度上，中国石油的高水平合作数和论文合著网络中心度表现较好，仅次于壳牌，但在员工国际化程度和产业合作范围这 2 项指标上居于壳牌和 BP 之后。这表明，中国石油在理论研究上取得了突出的成绩，能够充分整合全球油气和新能源领域的研究人员和成果，但在吸收国际化员工和推进产业国际化的程度上仍与世界顶尖公司存在差距。

在辐射带动维度上，中国石油得分 6.30，在 4 家公司中位于第四位。壳牌（15.69）继续保持领先优势排名第一，BP（13.82）以较小差距排名第二，巴西石油（6.52）排名第三。通过绘制雷达分析图，反映人才实力维度具体情况，如图 2-9 所示。

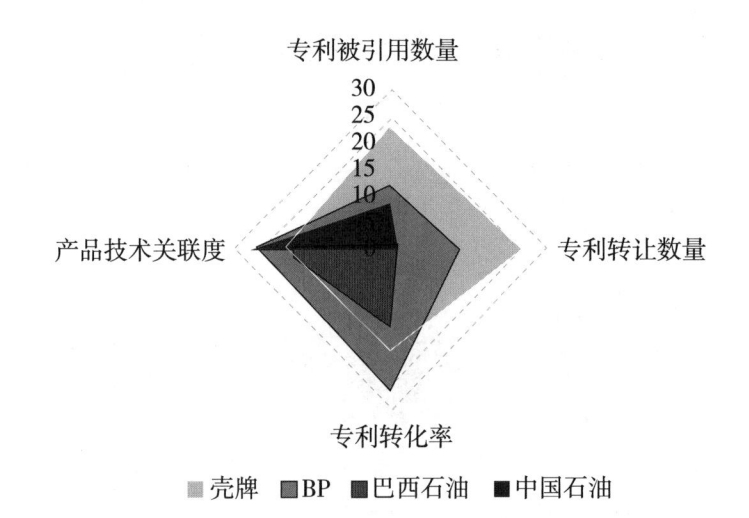

图 2-9　油气和新能源领域辐射带动维度的二级指标情况

由图 2-9 可以看出，在辐射带动维度上，中国石油在产品技术关联度上表现最好，但在专利相关的被引数量、转让数量和转化率 3 个指标上相较于壳牌和 BP 处于劣势。这说明，虽然现有的产品能够反映出中国石油在油气和新能源领域全产业链上的重要影响力，但自身前沿应用技术对全球相关产业的影响仍显不足，总体来说对全球油气和新能源相关行业的辐射带动影响力仍旧有限。

3. 小结

根据以上对于油气和新能源领域一级和二级指标的分析，能够看出中国石油在油气和新能源领域呈现"成果突出、短板明显"的特点，详情如图 2-10 所示。

"成果突出"体现在：5 个一级维度中人才实力、价值产出和环境支持已达到领先或接近领先水平，表明中国石油科技研发规模大、实力强，企业支持力度大。而二级指标中的研发人员数量、年新增授权发明专利数量和研发经费投入则远超另外 3 家公司，为中国石油在油气和新能源领域建设人才和创新高地打下坚实的人力和经济基础，并已取得了良好的应用技术产出成果。

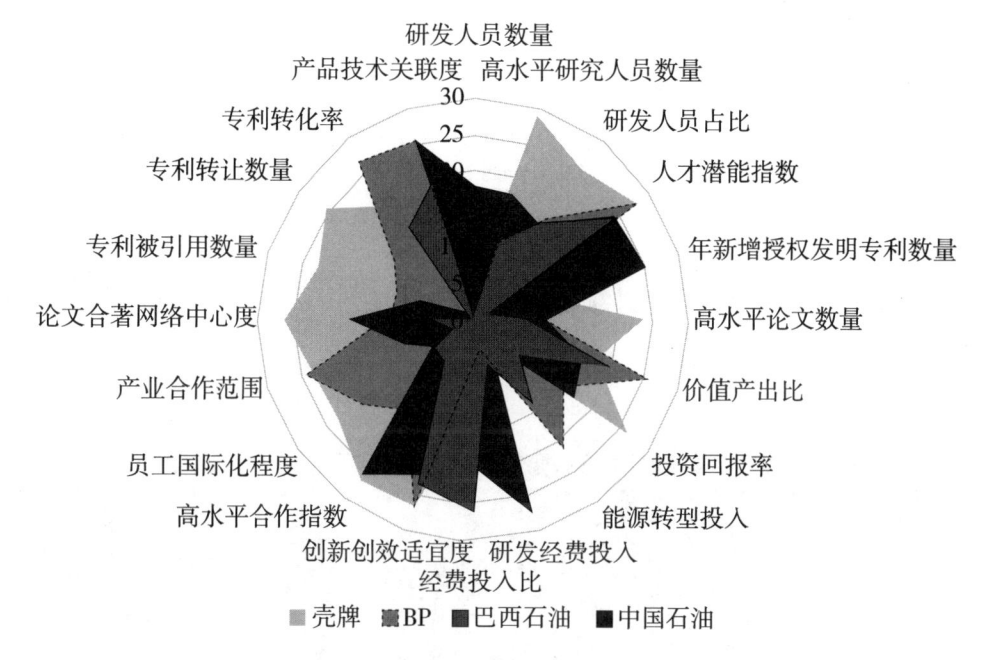

图 2-10 中国石油在油气和新能源领域二级指标总体情况雷达图

"短板明显"体现在：5 个一级维度中代表企业科技长远影响力的凝聚整合和辐射带动 2 个维度与世界领先公司仍有不小差距。在二级指标中，体现应用技术水平的质量维度如专利相关指标，体现国际影响力的结构性维度如员工国际化程度与产业合作范围指标等均为突出短板。这些短板会制约中国石油的长远发展。

（二）炼化和新材料领域

根据指标权重对原始数据进行测算，得出炼化和新材料领域中国石油与中国石化、霍尼韦尔 UOP、巴斯夫在人才和创新高地建设方面的标准化数据及排名，如表 2-10 所示。

表 2-10 炼化和新材料领域评价得分和排名情况

序号	企业名称	总体得分	综合排名
1	巴斯夫	71.59	1
2	中国石化	57.87	2
3	中国石油	53.94	3
4	霍尼韦尔 UOP	51.25	4

其中,炼化和新材料领域 4 家公司一级指标和二级指标的具体得分情况如表 2-11 所示。

表 2-11 炼化和新材料领域人才和创新高地建设情况比较

序号	一级指标	一级指标得分 巴斯夫	一级指标得分 中国石化	一级指标得分 中国石油	一级指标得分 霍尼韦尔UOP	序号	二级指标	二级指标得分 巴斯夫	二级指标得分 中国石化	二级指标得分 中国石油	二级指标得分 霍尼韦尔UOP
1	人才实力	12.41	15.76	15.02	11.69	1	研发人员数量	4.57	18.29	13.72	0.46
						2	高水平研究人员数量	16.15	21.87	28.92	1.37
						3	研发人员占比	9.23	8.11	2.75	25.36
						4	人才潜能指数	27.43	24.58	24.08	26.86
2	价值产出	13.18	13.46	6.78	10.69	5	新增授权发明专利数量	18.66	24.57	6.95	1.57
						6	高水平论文数量	16.27	21.75	23.64	1.08
						7	价值产出比	10.83	2.38	0.41	25.30
						8	投资回报率	21.35	19.87	3.53	26.50
3	环境支持	19.10	11.17	11.77	13.00	9	研发经费投入	19.51	18.48	26.73	0.89
						10	经费投入比	24.19	4.40	6.23	25.65
						11	研发中心数量	21.11	6.33	0.60	9.05
						12	创新创效适宜度	26.41	24.15	22.64	26.50

续表

序号	一级指标	一级指标得分				序号	二级指标	二级指标得分			
		巴斯夫	中国石化	中国石油	霍尼韦尔UOP			巴斯夫	中国石化	中国石油	霍尼韦尔UOP
4	凝聚整合	13.46	11.95	14.03	5.27	13	高水平合作指数	16.64	23.48	26.70	0.39
						14	员工国际化程度	23.11	12.84	10.27	4.88
						15	产业合作范围	24.04	4.27	8.01	21.37
						16	论文合著网络中心度	4.45	20.02	26.14	0.07
5	辐射带动	13.44	5.53	6.34	10.60	17	专利被引用数量	22.90	4.14	3.25	4.14
						18	专利转让数量	25.25	3.80	9.54	5.27
						19	专利转化率	0.90	0.11	0.11	26.54
						20	产品技术关联度	25.31	22.52	22.18	22.70
合计		71.59	57.87	53.94	51.25			—			

1. 一级指标分析

中国石油在炼化和新材料领域综合得分53.94，在4家公司中位于第三，整体处于中等偏下水平。巴斯夫（71.59）以绝对优势位列第一，中国石化（57.87）位于第二，霍尼韦尔UOP（51.25）综合实力在四家公司中最弱。通过绘制雷达分析图，反映出各维度指标具体情况，如图2-11所示。

由雷达图可以看出，中国石油在一级维度凝聚整合上的表现在4家公司中最为突出，在人才实力这个维度上仅次于中国石化，但在价值产出、环境支持和辐射带动维度上的整体竞争力不足。这表明，中国石油在对全球资源的凝聚整合能力强劲，人才整体实力水平较高，但从现有科研产出价值水平、企业对科研的投入支持力度和对全球产业经济的影响力等角度看仍有较大提升空间。

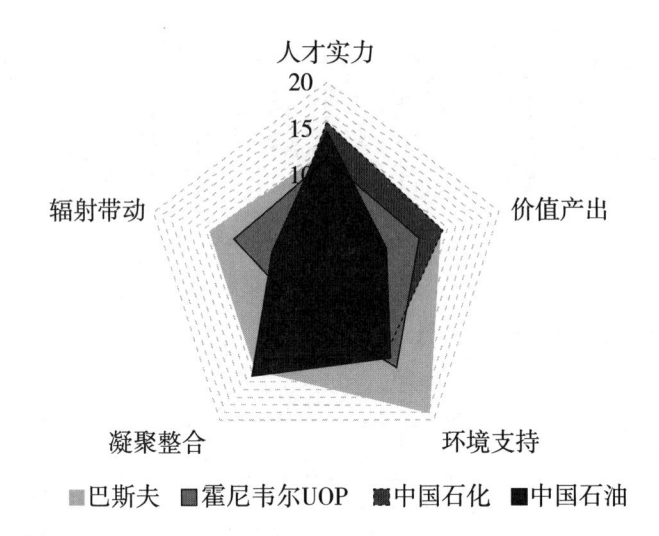

图 2-11 炼化和新材料领域一级指标情况雷达图

巴斯夫作为炼化和新材料领域的国际知名公司，在环境支持和辐射带动 2 个维度取得第一，在价值产出和凝聚整合 2 个维度排名第二，展现出强劲的综合实力。中国石化则在人才实力和价值产出 2 个维度排名第一，显示出较高的竞争力。中国石油在整体实力上与中国石化接近，甚至在环境支持、凝聚整合和辐射带动 3 个维度上略强于中国石化，但在人才实力尤其是价值产出维度上落后。霍尼韦尔 UOP 在环境支持和辐射带动 2 个维度上位于第二，表现出公司体量小、重研发、专项强的特点。因此，在炼化和新材料领域 4 家公司各有所长，巴斯夫综合实力最强。

以上数据和分析表明：中国石油在炼化和新材料领域具有良好的人才资源基础，并且具有较高竞争力的资源整合能力，这是未来建设人才和创新高地的重要资源能力保障。要继续重视人才队伍建设，深入挖掘和利用全球科技资源为我所用。同时，中国石油存在科研产出价值质量不高、环境支持力度不够、对全球产业影响力很弱的现实问题，虽然有科研人员和大量的资源投入，但是成果产出低，成果转化力弱，缺乏产业影响力。要深入剖析制约价值产出质量和效率的关键问题，补齐科研支持短板，加快研发具有世界领先优势和影响力的产品和技术。

2. 二级指标分析

在人才实力维度上，中国石油得分15.02，在4家公司中位于第二，与排名第一的中国石化（15.76）实力相近。巴斯夫（12.41）排名第三，霍尼韦尔UOP（11.69）在4家公司中实力最弱。通过绘制雷达分析图，反映人才实力维度具体情况，如图2-12所示。

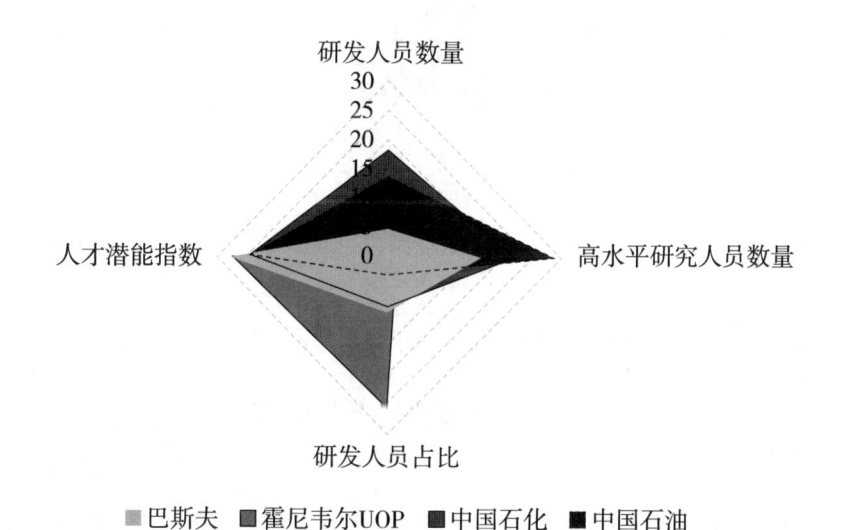

图2-12 炼化和新材料领域人才实力维度的二级指标情况

由图2-12可以看出，在人才实力维度中，中国石油主要在高水平研究人员数量上明显占优，研发人员数量具备一定优势，但在研发人员占比和人才潜在能力2个指标上表现不佳。这表明，中国石油在人才实力上存在"数量占优、结构不佳、发展潜力尚未充分激活"的特点，应把关注点更多放在如何将人员数量优势转化为科技人才质量、结构和发展优势上。

在价值产出维度上,中国石油得分 6.78,在 4 家公司中位于末位,且与其他 3 家公司差距较大。中国石化(13.46)排名第一,巴斯夫(13.18)紧随其后排名第二,霍尼韦尔 UOP(10.69)排名第三。通过绘制雷达分析图,反映人才实力维度具体情况,如图 2-13 所示。

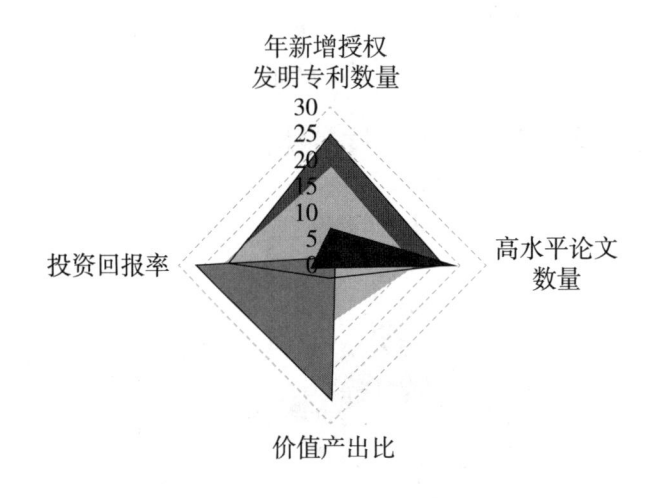

图 2-13 炼化和新材料领域价值产出维度的二级指标情况

由图 2-13 可以看出,在价值产出维度上,中国石油高水平论文数量最高,但年新增授权发明专利数量、价值产出比和投资回报率 3 项指标在 4 家公司中处于中等甚至偏下水平。这表明,中国石油在炼化和新材料领域虽然高水平基础理论研究成果数量突出,但应用技术研发实力不强,科研成果的效率、质量和可持续发展能力均有待进一步提升。

在环境支持维度上,中国石油得分 11.77,在 4 家公司中位于第三位,与排名第一的巴斯夫(19.10)差距较大。霍尼韦尔 UOP

（13.00）排名第二，中国石化（11.17）位于第四。通过绘制雷达分析图，反映人才实力维度具体情况，如图 2-14 所示。

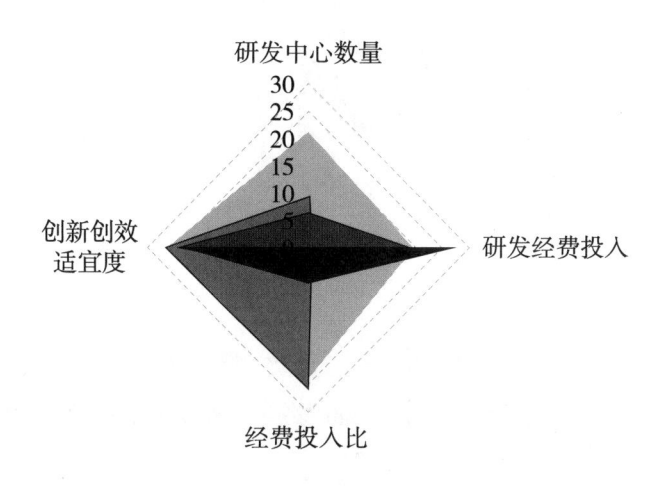

图 2-14　炼化和新材料领域环境支持维度的二级指标情况

由图 2-14 可以看出，在环境支持维度上，中国石油研发经费投入最高，但在研发中心数、经费投入比例和创新创效适宜度 3 个方面表现均不佳，且研发中心数量和经费投入比与巴斯夫和霍尼韦尔 UOP 相差非常大。这表明，中国石油对于研发的重视程度较高并给予了数量可观的资金支持，但从规模上仍与科研发展需求不相匹配，在研发中心和平台建设、研发软环境上的支持力度仍需进一步加强。

在凝聚整合维度上，中国石油得分 14.03，在 4 家公司中位于第一位。巴斯夫（13.46）排名第二，中国石化（11.95）排名第三，霍尼韦尔 UOP（5.27）在 4 家公司中实力最弱。通过绘制雷达分析图，反映人才实力维度具体情况，如图 2-15 所示。

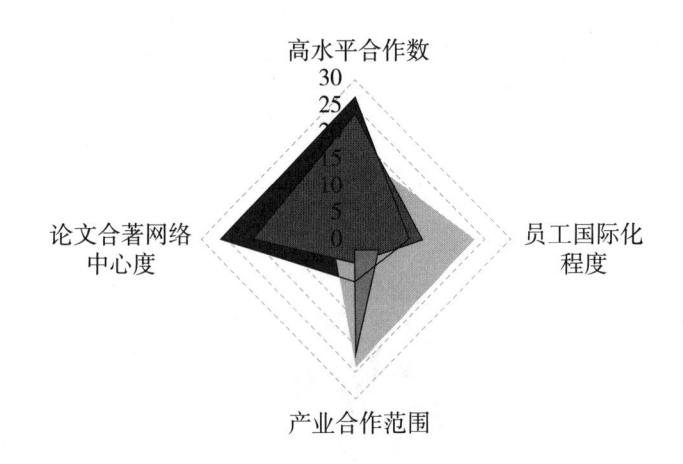

图 2-15 炼化和新材料领域凝聚整合维度的二级指标情况

由图 2-15 可以看出，在凝聚整合维度上，中国石油高水平合作数和论文合著网络中心度表现最好，但员工国际化程度和产业合作范围这 2 项指标呈现中等偏下水平。这表明，中国石油在理论研究上取得了突出成绩，能够充分整合全球炼油与化工领域的研究人员和科研成果，但在吸收国际化员工和推进产业国际化的程度上仍与世界顶尖公司存在差距。

在辐射带动维度上，中国石油得分 6.34，在 4 家公司中位于第三位，与排名第一的巴斯夫（13.44）差距较大。霍尼韦尔 UOP（10.60）排名第二，中国石化（5.53）排名第四，与中国石油情况相近。通过绘制雷达分析图，反映人才实力维度的具体情况，如图 2-16 所示。

由图 2-16 可以看出，在辐射带动维度上，中国石油与专利相关的 3 项指标和产品技术相关的指标均表现一般。这说明，中国石油对炼化和新材料领域应用技术的推动作用从规模、质量和结构上都相对有限，也尚未形成对全球炼化和新材料领域相关产业的突出影响力。

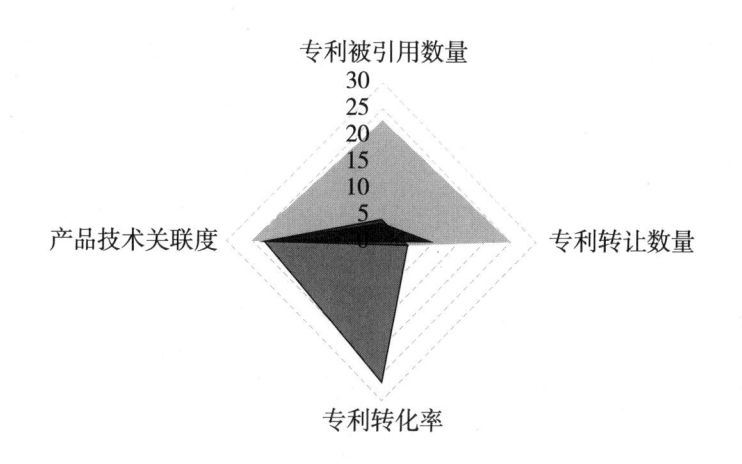

图 2-16 炼化和新材料领域辐射带动维度的二级指标情况

3. 小结

根据以上对于炼化和新材料领域一级和二级指标的分析,能够看出中国石油在炼化和新材料领域呈现"优势显现、短板明显"的特点,如图 2-17 所示。

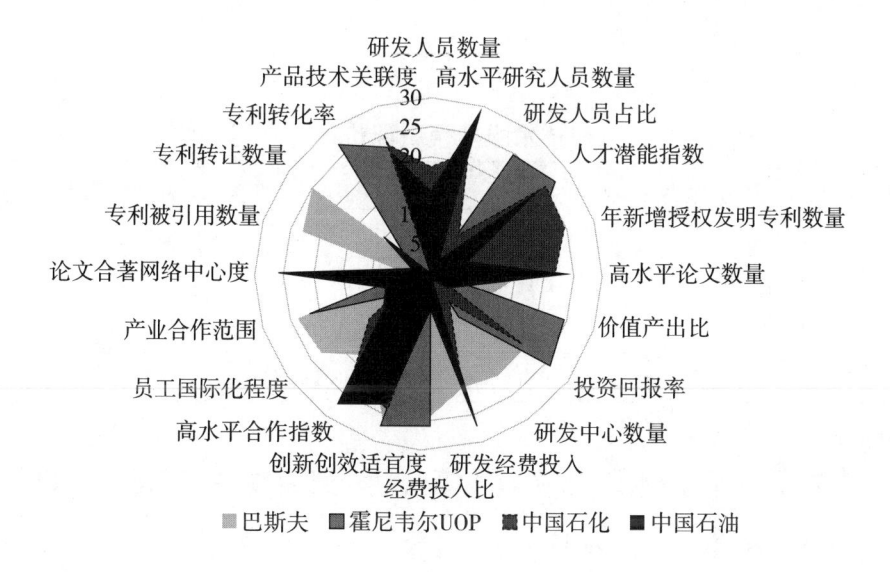

图 2-17 中国石油在炼化与新材料领域二级指标总体情况雷达图

"优势显现"体现在：中国石油在人才实力维度中的高水平研究人员数量、价值产出维度中的高水平论文数量、环境支持维度中的研发经费投入、凝聚整合维度中的高水平合作指数等指标表现优异，居于4家公司首位或前列，体现出中国石油高水平研究人员多、高水平研究产出强、研发支持力度大、全球高水平研究资源整合能力突出等规模和质量优势。

"短板明显"体现在：中国石油在价值产出、环境支持和辐射带动这3个一级维度中的多个二级指标均落后于其他3家公司，形成不可忽视的差距，体现出研发人员比例不高、人才潜能尚未充分发挥、价值产出比不高、投资回报率不佳、研发中心较少、创新创效的环境支持不够、专利的质量有待提升、产品结构有待优化等结构性和发展可持续性问题。

（三）工程技术服务领域

根据指标权重对原始数据进行测算，得出工程技术服务领域中国石油与斯伦贝谢、哈里伯顿、贝克休斯在人才和创新高地建设方面的标准化数据及排名，如表2-12所示。

表2-12 工程技术服务领域评价得分和排名情况

序号	企业名称	总体得分	综合排名
1	斯伦贝谢	90.36	1
2	贝克休斯	73.39	2
3	哈里伯顿	66.08	3
4	中国石油	38.28	4

其中，工程技术服务领域4家公司一级指标和二级指标的具体得分情况，如表2-13所示。

表2-13 工程技术服务领域人才和创新高地建设情况比较

序号	一级指标	斯伦贝谢	贝克休斯	哈里伯顿	中国石油	序号	二级指标	斯伦贝谢	贝克休斯	哈里伯顿	中国石油
1	人才实力	20.71	15.31	14.87	12.35	1	研发人员数量	14.04	8.98	6.68	18.29
						2	高水平研究人员数量	28.92	10.05	10.83	2.15
						3	研发人员占比	25.36	25.36	25.36	11.48
						4	人才潜能指数	27.43	26.39	25.86	25.16
2	价值产出	13.53	15.26	11.11	3.09	5	新增授权发明专利数量	6.42	16.22	24.57	4.77
						6	高水平论文数量	23.64	9.68	11.04	1.27
						7	价值产出比	14.49	25.30	9.18	1.45
						8	投资回报率	24.34	26.50	11.78	8.23
3	环境支持	20.03	17.70	13.13	10.72	9	研发经费投入	26.06	26.73	13.88	12.42
						10	经费投入比	21.99	25.65	18.77	12.51
						11	研发中心数量	21.11	6.65	4.69	3.52
						12	创新创效适宜度	26.50	25.49	25.39	22.75
4	凝聚整合	19.72	12.05	9.93	5.98	13	高水平合作指数	26.70	7.61	8.49	4.37
						14	员工国际化程度	23.11	21.67	18.78	5.78
						15	产业合作范围	24.04	24.04	14.02	16.03
						16	论文合著网络中心度	26.14	7.75	9.06	4.17
5	辐射带动	16.37	13.09	17.04	6.14	17	专利被引用数量	22.90	11.40	18.62	1.87
						18	专利转让数量	19.47	11.44	25.25	6.67
						19	专利转化率	24.13	25.07	26.54	0.14
						20	产品技术关联度	24.06	24.48	23.88	25.31
合计		90.36	73.39	66.08	38.28			—			

1. 一级指标分析

中国石油在工程技术服务领域综合得分 38.28，在 4 家公司中居于末位。斯伦贝谢（90.36）综合得分具有绝对领先地位，贝克休斯（73.39）和哈里伯顿（66.08）分列第二、三位。通过绘制雷达分析图，反映出各维度指标具体情况，如图 2-18 所示。

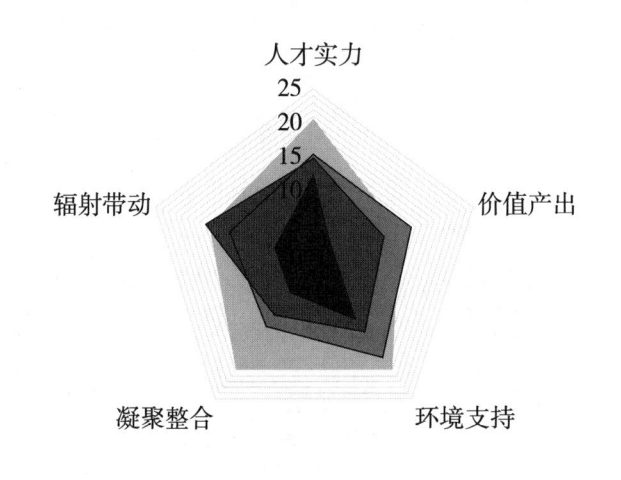

图 2-18　工程技术服务领域一级指标情况雷达图

由图 2-18 可以看出，中国石油在一级指标的 4 个维度上整体竞争力不足。尤其是价值产出、辐射带动和凝聚整合三个维度上的表现，与其他 3 家公司存在不小差距。这表明，中国石油在工程技术服务领域的各项实力有待全面提升。

斯伦贝谢作为工程技术服务领域领先的国际知名公司，在人才实力、环境支持和凝聚整合 3 个维度上均取得第一且具有较大的领先优势，在另外 2 个维度上也仅以微弱差距居于第二，展现出强劲的综合实力。贝克休斯在价值产出上有突出表现，哈里伯顿在辐射带动维度上实力最强，这 2 家公司综合实力较为均衡且各有特色。

第二章 中国石油能源化工领域人才和创新高地建设情况及对标分析

以上数据和分析表明，中国石油在工程技术服务领域上具备一定的人才实力基础和环境支持力度，但尚不足以支撑人才和创新高地建设。自身科研技术价值没能得到真正有效高效发挥，对全球工程技术服务领域科研资源的联结、吸收和整合能力以及对相关产业的重要影响力均尚未形成。中国石油要在深入分析5个维度的实际情况基础上，有针对性地解决短板问题，持续加强其他维度的发展建设，力争高效、平衡、全面地提升在全球工程技术服务行业的综合实力。

2. 二级指标分析

在人才实力维度上，中国石油得分12.35，在4家公司中位于第四位。斯伦贝谢（20.71）排名第一，贝克休斯（15.31）和哈里伯顿（14.87）分列第三、第四。通过绘制雷达分析图，反映人才实力维度具体情况，如图2-19所示。

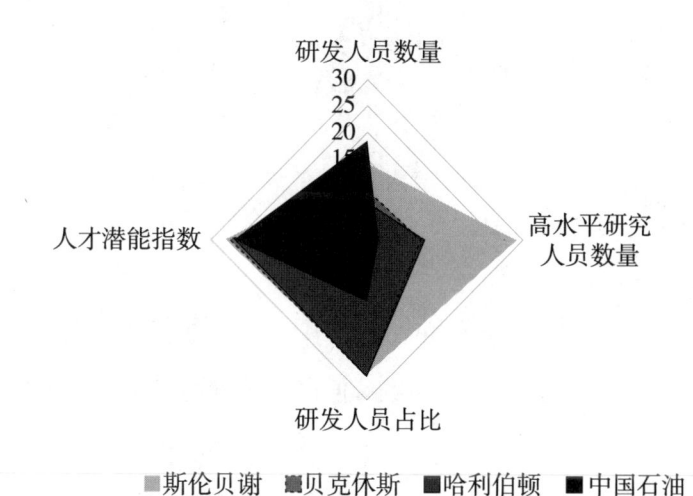

图2-19 工程技术服务领域人才实力维度的二级指标情况

由图 2-19 可以看出，在人才实力维度中，中国石油主要在人员数量上占优，在研发人员数量、研发人员占比和人才潜能指数 3 个指标上表现不佳。这表明，中国石油在人才实力上存在"数量占优、质量和结构不佳、发展潜力尚未充分激活"的特点，今后的关注点应当更多放在将人员数量优势转化为科技人才质量、结构和发展优势上。

在价值产出维度上，中国石油得分 3.09，在 4 家公司中位于末位，且与其他 3 家公司差距较大。贝克休斯（15.26）排名第一，斯伦贝谢（13.53）和哈里伯顿（11.11）分列第三、第四。通过绘制雷达分析图，反映人才实力维度具体情况，如图 2-20 所示。

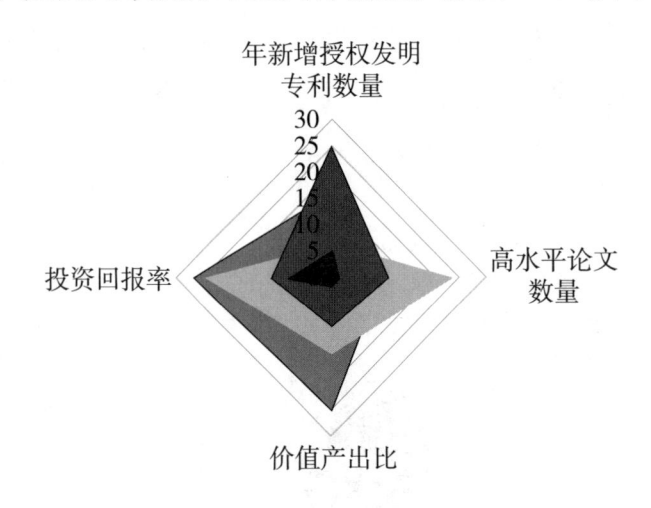

图 2-20 工程技术服务领域价值产出维度的二级指标情况

由图 2-20 可以看出，中国石油在价值产出维度上处于综合性劣势，投资回报率在 4 项二级指标中表现最好，但仍与排名靠前的 2 家公司存在很大差距。这表明，中国石油在工程技术服务领域基础理论研究和应用技术研发实力不强，科研成果的效率、质量和可持续发展能力均有待进一步提升。

在环境支持维度上，中国石油得分 10.72，在 4 家公司中位于末位，与排名第一的斯伦贝谢（20.03）差距较大。贝克休斯（17.70）排名第二，哈里伯顿（13.13）排名第三。通过绘制雷达分析图，反映人才实力维度具体情况，如图 2-21 所示。

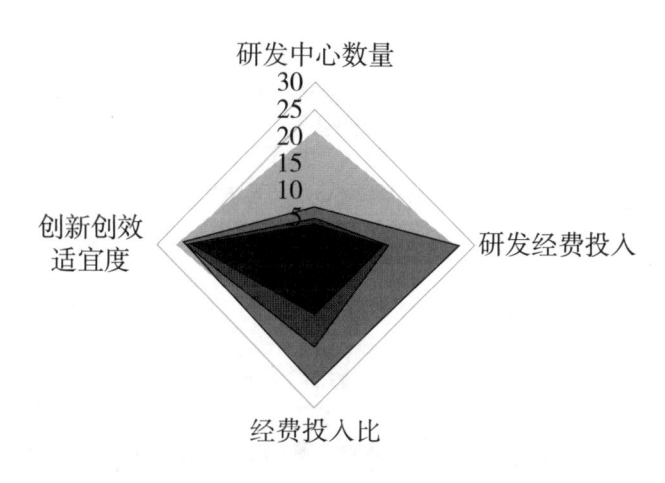

图 2-21　工程技术服务领域环境支持维度的二级指标情况

由图 2-21 可以看出，中国石油在环境支持维度上的 4 项二级指标均处于劣势，研发经费投入和创新创效适宜度与前 3 家公司相近，但在研发中心数量和经费投入比这 2 项指标上与前 3 家公司差距较大。这表明，中国石油在研发支持资金支持力度和科研软性环境营造上具备一定实力基础，但科研平台建设规模不大，现有资金支持力度仍不能满足企业科研发展需求，需要继续增加对科研的资金支持，提升平台建设规模和扶持力度，进一步完善鼓励科研创新的企业环境。

在凝聚整合维度上，中国石油得分 5.98，在 4 家公司中位于末位且与另外 3 家公司差距较大。斯伦贝谢（19.72）以绝对优势排名第一，贝克休斯（12.05）排名第二，哈里伯顿（9.93）排名第四。通过绘制雷达分析图，反映人才实力维度具体情况，如图 2-22 所示。

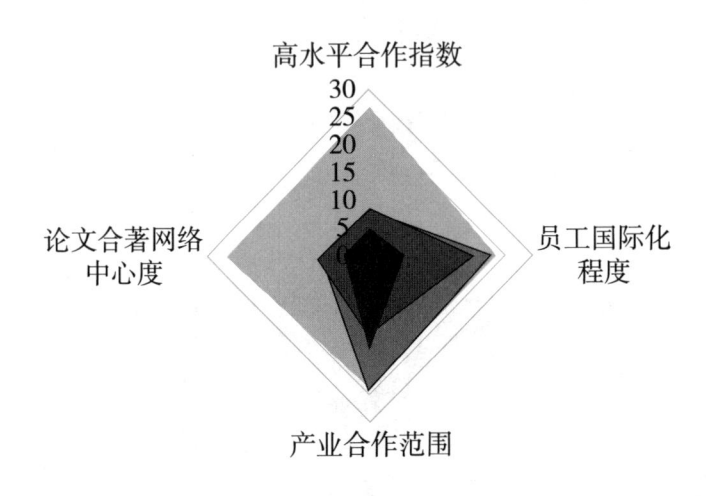

图 2-22　工程技术服务领域凝聚整合维度的二级指标情况

由图 2-22 可以看出，在凝聚整合维度上，中国石油表现最好的二级指标为产业合作范围，但在高水平合作指数、员工国际化程度和论文合著网络中心度 3 项指标上与其他 3 家公司差距很大。这表明，中国石油在全球产业分布具有一定国际化基础，但员工的国际化水平一般，说明中国石油在海外对国外员工的吸引力不高。同时，在工程技术服务领域缺乏对全球高水平科研人员的合作吸引力和凝聚力，在全球高水平科研交流中处于较为边缘地位。

在辐射带动维度上，中国石油得分 6.14，在 4 家公司中位于第四位且与另外 3 家公司差距很大。哈利伯里（17.04）排名第一，斯伦贝谢（16.37）和贝克休斯（13.09）分列第二、三名。通过绘制雷达分析图，反映人才实力维度具体情况，如图 2-23 所示。

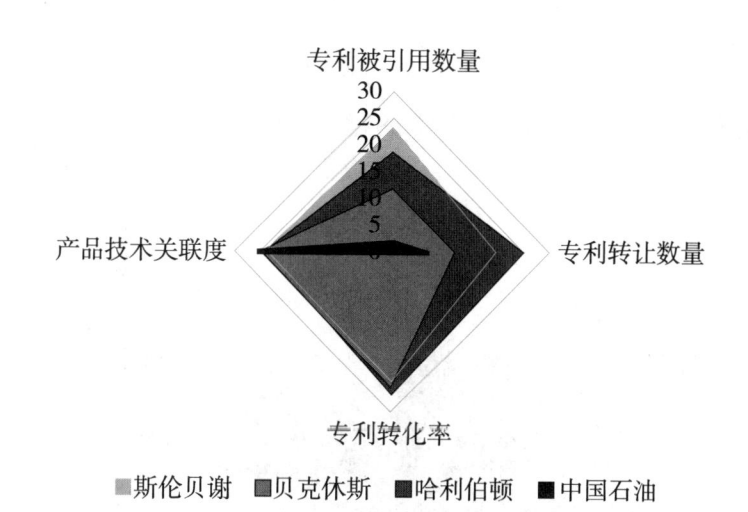

图 2-23　工程技术服务领域辐射带动维度的二级指标情况

由图 2-23 可以看出，在辐射带动维度上，中国石油在产品技术关联度上表现最佳，但在专利相关的 3 项指标上均表现一般。这说明，中国石油对工程技术服务领域应用技术的推动作用从规模、质量和结构上都相对有限，也尚未形成对全球工程技术服务领域相关产业的突出影响力。

3. 小结

根据以上对于工程技术服务领域一级和二级指标的分析，能够看出中国石油在工程技术服务领域呈现"发展滞后、整体较弱"的特点，如图 2-24 所示。

这一特点主要体现在，中国石油在体现发展的基础性实力维度如人才实力和环境支持上表现一般，在体现发展的成果性维度如价值产出上没有突出优势和亮点，在体现标志着最终建成人才和创新高地的发展性维度如凝聚整合和辐射带动上同样表现不佳。因此，中国石油在工程技术服务领域建设人才和创新高地的竞争力整体较弱，亟须在科研人员数量与平台规模、研发支持与成果质量、企业国际化与技术转化水平，以及对全球资源和行业的吸引力、凝聚力和影响力等多个层面进行全方位的建设和提升。

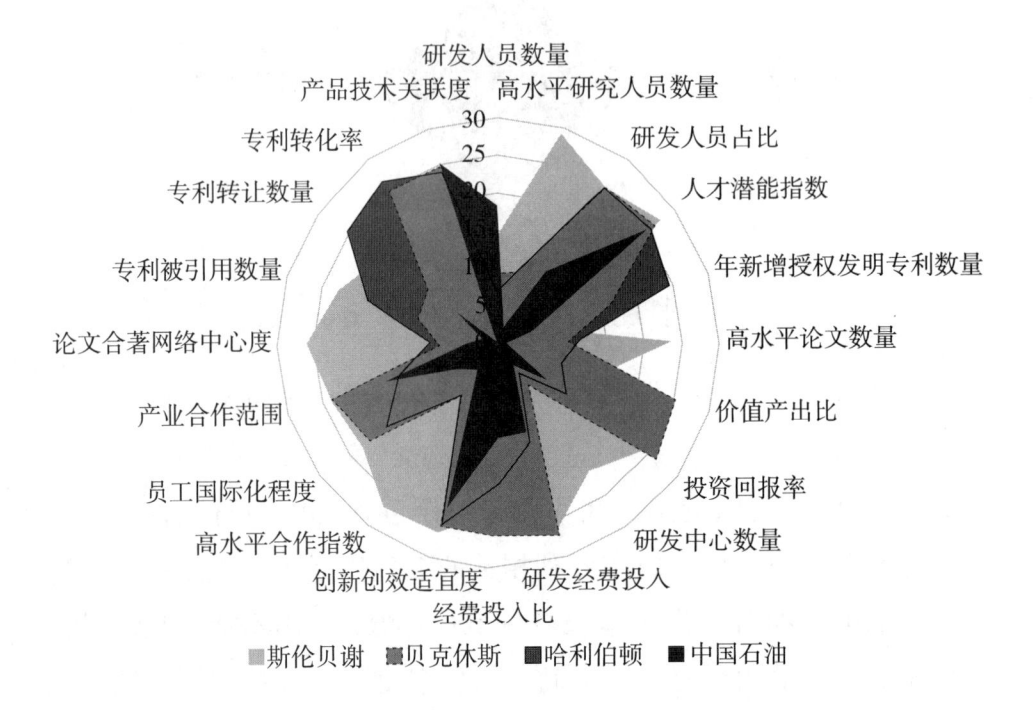

图 2-24 工程技术服务领域一级指标情况雷达图

五、分析结论

（一）从各领域排名看

中国石油在油气和新能源领域具有相对优势，在炼化和新材料领域处于中游水平，工程技术服务领域实力有待加强。

（二）从一级指标表现看

中国石油在人才队伍建设和创新活动中存在的开放性不足、产业延伸较弱问题是制约形成人才和创新高地的主要短板。而各领域排名第一的企业往往在凝聚整合和辐射带动等外部影响指标方面处于领先地位。

（三）从二级指标类型看

中国石油在规模指标方面的排名普遍好于其他企业，但质量、结构指标的排名往往较低。而从现有优势企业指标情况看，质量、结构指标往往对人才和创新高地建设发挥更加重要的作用。

（四）结合一、二级指标表现看

在油气和新能源领域，中国石油尽管比壳牌在环境支持方面表现出色，但价值产出水平相对较弱，主要原因在于科研投入等硬指标较强，在软环境方面较弱，而软环境是决定价值产出的关键。

（五）从模型整体表现看

中国石油建设人才和创新高地的发展路径要以规模为基础，兼顾提升质量、优化结构，充分发展人才实力和环境支持等内部因素，进而有效借助外部要素建设人才和创新高地。

第二节　中国石油科研人才建设情况

笔者在前期调研基础上针对各层级专业技术人员和科技管理干部开展调研，进一步摸清科技人才队伍建设现状，厘清科技人才队伍发展存在的深层次问题和科技人才发展体制中的痛点、难点，进一步完善中国石油创新科技人才管理体制机制，为创新科技人才充分发挥作用营造良好环境。

一、调查结果

（一）调查对象基本情况

关于调查对象的个人基本情况，主要对其年龄情况（表2-14）、学历情况（表2-15）、岗位序列（表2-16）、担任行政职务情况（表2-17）、技术岗位职级（表2-18）、职称（表2-19）、所属板块和所属企业（表2-20至表2-23）、工作性质（表2-24）等进行了调查。

表2-14　调查对象年龄情况表

序号	年龄情况	人数（人）	比例
1	30岁及以下	649	6.89%
2	31~35岁	1556	16.51%
3	36~40岁	2386	25.32%
4	41~45岁	1670	17.72%
5	46~50岁	1204	12.78%

续表

序号	年龄情况	人数（人）	比例
6	51~55 岁	1324	14.05%
7	56~60 岁	632	6.71%
8	61 岁及以上	2	0.02%

表 2-15　调查对象学历情况表

序号	学历	人数（人）	比例
1	博士研究生	635	6.74%
2	硕士研究生	2861	30.36%
3	大学本科	5249	55.7%
4	大专及以下	678	7.2%

表 2-16　调查对象岗位序列情况表

序号	岗位序列	人数（人）	比例
1	经营管理岗位序列	1137	12.07%
2	专业技术岗位序列	8286	87.93%

表 2-17　经营管理岗位序列调查对象行政职务情况表

序号	行政职务	人数（人）	比例
1	一级正	0	0%
2	一级副	0	0%
3	二级正	58	5.1%
4	二级副	108	9.5%
5	三级正	445	39.14%
6	三级副	411	36.15%
7	其他职务	115	10.11%

表 2-18　专业技术岗位序列调查对象职级情况表

序号	技术岗位	人数（人）	比例
1	中国石油专家	0	0%
2	企业首席专家	64	0.77%
3	企业高级专家	289	3.49%
4	一级工程师	863	10.42%
5	二级工程师	2352	28.39%
6	三级工程师	3609	43.56%
7	助理工程师	1109	13.38%

表 2-19　调查对象职称情况表

序号	职称	人数（人）	比例
1	正高级职称	235	2.49%
2	副高级职称	4334	46%
3	中级及以下职称	4854	51.51%

表 2-20　调查对象所属板块情况表

序号	板块	人数（人）	比例
1	油气和新能源板块	6318	67.05%
2	炼化销售和新材料板块	2280	24.2%
3	支持和服务板块	825	8.76%

表 2-21　油气和新能源板块调查对象所属企业情况表

序号	单位	人数（人）	比例
1	大庆油田	2211	35.00%
2	辽河油田	301	4.76%
3	长庆油田	888	14.06%
4	塔里木油田	458	7.25%
5	西南油气田	374	5.92%

续表

序号	单位	人数（人）	比例
6	勘探院	235	3.72%
7	西部钻探	164	2.58%
8	长城钻探	44	0.70%
9	东方物探	1316	20.83%
10	海洋工程	79	1.25%
11	工程院	248	3.93%

表 2-22　炼化和新材料板块调查对象所属企业情况表

序号	单位	人数（人）	比例
1	大庆石化	1050	46.05%
2	抚顺石化	93	4.08%
3	大连石化	242	10.61%
4	兰州石化	253	11.09%
5	独山子石化	30	1.32%
6	润滑油	121	5.31%
7	石化院	491	21.54%

表 2-23　支持和服务板块调查对象所属企业情况表

序号	单位	人数（人）	比例
1	管道局	94	11.39%
2	寰球工程	419	50.79%
3	规划总院	72	8.73%
4	经研院	59	7.15%
5	安环院	30	3.64%
6	工程材料研究院	87	10.54%
7	昆仑数智	64	7.76%

表 2-24 调查对象所从事工作性质情况表

序号	工作性质	人数（人）	比例
1	基础研究	1336	14.18%
2	生产应用研究	4711	49.99%
3	新技术推广应用	734	7.79%
4	科技产业	556	5.9%
5	科技管理	563	5.97%
6	其他	1523	16.16%

（二）科研工作情况

1. 近 5 年参与的项目情况

对调查对象中近 5 年参与的科研情况进行调查统计，分为国家级课题、省部级或集团级课题、厅局级或企业级课题（表 2-25）。

表 2-25 调查对象近 5 年参与项目情况表

序号	课题级别 \ 参与人数（人） \ 课题数量（项）	0	1~2	3~5	6~10	10以上
1	国家级课题	7631（80.98%）	1517（16.1%）	235（2.49%）	38（0.4%）	2（0.02%）
2	省部级或集团级课题	5312（56.37%）	2795（29.66%）	1013（10.75%）	206（2.19%）	97（1.03%）
3	厅局级或企业级课题	3021（32.06%）	3042（32.28%）	2177（23.1%）	637（6.76%）	546（5.79%）

2. 近 5 年主持的项目情况

对调查对象中近 5 年主持的科研情况进行统计，分为国家级课题、省部级或集团级课题、厅局级或企业级课题（表 2-26）。

表 2-26　调查对象近 5 年主持项目情况表

序号	课题级别 \ 主持人数（人）\ 课题数量（项）	0	1~2	3~5	6~10	10以上
1	国家级课题	9095（96.52%）	324（3.44%）	1（0.01%）	3（0.03%）	0（0%）
2	省部级或集团级课题	7828（83.07%）	1274（13.52%）	266（2.82%）	39（0.41%）	16（0.17%）
3	厅局级或企业级课题	5536（58.75%）	2516（26.7%）	933（9.9%）	224（2.38%）	214（2.27%）

3. 近 5 年论文发表篇数情况

对调查对象近 5 年发表论文数量情况进行统计（表 2-27）。

表 2-27　调查对象近 5 年发表论文数量情况表

序号	论文数量（篇）	人数（人）	比例
1	0	2551	27.07%
2	1~2	3716	39.44%
3	3~5	2405	25.52%
4	6~10	593	6.29%
5	10以上	158	1.68%

4. 近 5 年申请发明专利情况

对调查对象近 5 年申请发明专利数量情况进行统计（表 2-28）。

表 2-28　调查对象近 5 年申请发明专利及排名情况表

序号	项目 \ 申请人数（人）\ 专利数量（件）	0	1~2	3~5	6~10	10以上
1	申请发明专利	6185（65.64%）	1938（20.57%）	860（9.13%）	280（2.97%）	160（1.7%）
2	发明专利排名前三	7023（74.53%）	1605（17.03%）	596（6.32%）	128（1.36%）	71（0.75%）

5. 近5年申请实用新型专利情况

对调查对象近5年申请实用新型专利数量情况进行统计（表2-29）。

表2-29　调查对象近5年申请实用新型专利及排名情况表

序号	申请人数（人）＼专利数量（件）＼项目	0	1～2	3～5	6～10	10以上
1	申请实用新型专利	7296（77.43%）	1570（16.66%）	469（4.98%）	65（0.69%）	23（0.24%）
2	排名前三	7963（84.51%）	1200（12.73%）	219（2.32%）	30（0.32%）	11（0.12%）

6. 近5年申请软件著作权情况

对调查对象近5年申请软件著作权数量情况进行统计（表2-30）。

表2-30　调查对象近5年申请软件著作权及排名情况表

序号	申请人数（人）＼软件著作权数量（项）＼项目	0	1～2	3～5	6～10	10以上
1	申请软件著作权人数（人）	7740（82.14%）	1272（13.5%）	337（3.58%）	59（0.63%）	15（0.16%）
2	排名前三的人数（人）	8313（88.22%）	907（9.63%）	180（1.91%）	15（0.16%）	8（0.08%）

7. 科研成果的影响力情况

对调查对象科研成果影响力进行分析，其科研成果在国际发挥作用，能产生引领行业发展的新技术和新理论的情况见表2-31。

表 2-31　调查对象科研成果影响力情况表

序号	成果作用	小计	比例
1	在国际发挥作用，能产生引领行业发展的新技术和新理论	176	1.87%
2	在国内发挥作用，能为国内不同企业提供技术创新及新技术	936	9.93%
3	在集团内发挥作用，能为集团内不同企业提供生产解决及技术创新方案	1144	12.14%
4	在企业内发挥作用，能为企业实际生产提供解决方案	4595	48.76%
5	基本没有影响力	2572	27.29%

8. 科技人员的工作时间分配情况

对科技人员的工作时间分配进行统计，见表2-32。

表 2-32　科技人员工作时间分配情况表

序号	项目	时间（时）
1	平均每天工作时间	9.1
2	其中从事科研工作时间	4.36

9. 科技人员除科研工作外的其他时间的主要工作内容统计情况

科技人员除科研工作外的其他时间，其主要工作内容见表2-33。

表 2-33　科技人员科研工作外其他时间主要工作内容情况表

序号	工作内容	人数（人）	比例
1	行政会议	4103	43.54%
2	接待协调	1657	17.58%
3	财务报销	633	6.72%

续表

序号	工作内容	人数（人）	比例
4	材料文书	6990	74.18%
5	团队建设	3075	32.63%
6	其他	2388	25.34%

10. 科技人员的工作压力统计情况

关于科技人员的工作压力情况见表2-34。

表2-34 科技人员工作压力情况表

序号	工作压力程度	人数（人）	比例
1	非常大	1616	17.15%
2	比较大	5540	58.79%
3	一般	2114	22.43%
4	比较小	121	1.28%
5	几乎没有	32	0.34%

11. 科技人员的工作压力来源情况统计

科技人才工作压力的主要来源见表2-35。

表2-35 科技人员工作压力来源情况表

序号	工作压力来源	人数（人）	比例
1	科研攻关	4187	44.43%
2	考核指标	6387	67.78%
3	行政事务	2726	28.93%
4	团队效率	2811	29.83%
5	单位领导	1896	20.12%
6	其他	839	8.9%

12. 科技人员从事科研工作的动机情况统计

关于科技人员从事科研工作的动机情况见表2-36。

表2-36 科技人员从事科研工作动机情况表

序号	科研工作动机	人数（人）	比例
1	出于理想信念	2591	27.5%
2	国家行业需要	3482	36.95%
3	获得荣誉名望	786	8.34%
4	出于兴趣爱好	2559	27.16%
5	提升自身能力	7386	78.38%
6	职称职级晋升	3907	41.46%
7	获得工作稳定	4382	46.5%
8	获取经济利益	2950	31.31%
9	其他	226	2.40%

13. 科技人员对自身科研绩效的满意程度情况统计

科技人员对自身科研绩效的满意程度分析见表2-37。

表2-37 科技人员科研绩效满意度情况表

序号	满意程度	人数（人）	比例
1	非常满意	401	4.26%
2	比较满意	3732	39.61%
3	一般满意	4119	43.71%
4	不太满意	906	9.61%
5	非常不满意	265	2.81%

14. 科技人员在未来 5 年选择从事的专业技术和经营管理工作意愿统计

对科技人员在未来 5 年从事专业技术和经营管理工作的意愿进行分析，见表 2-38。

表 2-38　科技人员未来 5 年从事工作意愿情况表

序号	从事工作	人数（人）	比例
1	专业技术工作	6056	64.27%
2	经营管理工作	2060	21.86%
3	没想好	1307	13.87%

15. 科技人员未来 5 年工作意愿的影响因素情况统计

科技人员未来 5 年工作意愿选择的影响因素见表 2-39。

表 2-39　科技人员未来 5 年工作意愿的影响因素情况表

序号	工作意愿影响因素	人数（人）	比例
1	个人特质	6243	66.25%
2	平台资源	4232	44.91%
3	文化氛围	3203	33.99%
4	体制机制	4943	52.46%
5	其他	225	2.39%

16. 科技人员未来 5 年在科研工作中看重的目标排序统计

科技人员未来 5 年在科研工作中看重的目标排序情况见表 2-40。

表 2-40　科技人员未来 5 年科研工作看重目标情况表

序号	科研工作看重目标	平均综合得分
1	更多学术成果	3.5
2	研究骨干	3.12
3	更高发展平台	2.99
4	高级别课题	2.91
5	职称晋升	2.75
6	更多科研经费	2.01

17. 提高科技人员科研能力途径有效性的统计情况

提高科技人员科研能力途径有效性情况见表 2-41。

表 2-41　提高科技人员科研能力途径的有效性情况表

序号	提高科研能力途径	人数（人）	比例
1	多岗位锻炼	3277	34.78%
2	参加学术交流	4169	44.24%
3	参加科研项目	5307	56.32%
4	领导培养	1430	15.18%
5	团队协作	2410	25.58%
6	个人努力	3222	34.19%
7	考核激励	2315	24.57%
8	科研环境	3647	38.7%
9	学习培训	2444	25.94%
10	其他	48	0.51%

18. 科技人员对中国石油科技人才队伍建设的意见或建议

科技人员对中国石油科技人才队伍建设的建议集中在加大奖励力度、提高待遇、改善工作环境、加强专业培训、提高交流频次、增加学习机会、加强人才培养、降低考核压力等方面。

（三）科研工作环境

1. 科技人员认为所在单位对科技人员的重视程度情况统计

科技人员认为所在单位对科技人员的重视程度情况见表2-42。

表2-42 科技人员认为所在单位对其重视程度情况表

序号	重视程度	人数（人）	比例
1	非常重视	1723	18.29%
2	比较重视	4128	43.81%
3	一般重视	2752	29.21%
4	不太重视	602	6.39%
5	非常不重视	218	2.31%

2. 科技人员完成科研项目的主要合作形式情况统计

中国石油科研项目的主要合作形式见表2-43。从统计结果看出，中国石油在人才科研平台建设上明显缺乏内部交流和外部合作，急需进一步加大和提升。

表2-43 科技人员完成科研项目主要合作形式情况表

序号	合作形式	人数（人）	比例
1	独立完成	3701	39.28%
2	单位内部合作	7986	84.75%
3	集团内跨单位合作	3015	32%
4	国内跨系统合作	1926	20.44%
5	国际合作	359	3.81%

3.成果数量和成果质量的关系情况统计

科技人员所在单位在年度考核、职称晋升、项目申报、学科评估、基地建设等科技评价考核标准中成果数量和成果质量的关系的调查结果见表2-44。

表2-44 科技人员对成果数量和成果质量关系评价情况表

序号	重视关系	人数（人）	比例
1	重视数量多于质量	2499	26.52%
2	重视数量与重视质量程度相当	3781	40.13%
3	重视质量多于数量	1190	12.63%
4	不清楚	1953	20.73%

4.对科研人员的激励手段情况统计

激励手段情况调查结果见表2-45。

表2-45 科技人员所在单位对其激励手段情况表

序号	激励手段	人数（人）	比例
1	绩效奖励	6932	73.56%
2	成果奖励	5535	58.74%
3	成果转化奖励	4742	50.32%
4	项目分成	1995	21.17%
5	股权激励	332	3.52%
6	稳定支持	1405	14.91%
7	荣誉性奖励	5290	56.14%
8	其他奖励	162	1.72%

5.科技人员希望加强的激励手段情况统计

科技人员希望加强的激励手段情况见表2-46。

表 2-46 科技人员希望加强的激励手段情况表

序号	激励手段	人数（人）	比例
1	绩效奖励	7096	75.31%
2	成果奖励	3734	39.63%
3	成果转化奖励	5443	57.76%
4	项目分成	4490	47.65%
5	股权激励	1342	14.24%
6	稳定支持	3554	37.72%
7	荣誉性奖励	2517	26.71%
8	其他奖励	93	0.99%

6. 科技人才保障方面需要加强的支持手段情况统计

科技人员认为在科技人才保障方面需要加强的支持手段调查结果见表 2-47。结果表明科技人员认为目前的薪酬激励机制非常不完善，急需进一步加强激励力度，释放人才活力。

表 2-47 科技人员认为在科技人才保障方面需要加强的支持手段情况表

序号	支持手段	人数（人）	比例
1	加大财政科研项目支持	3038	32.24%
2	薪酬激励机制	7570	80.34%
3	住房、子女入学等配套措施	2116	22.46%
4	职务、职称晋升机制	4290	45.53%
5	青年科研人员、女性科研人员倾斜支持	1762	18.7%
6	其他支持	70	0.74%

7. 科技人员获知人才政策制度相关信息的渠道情况统计

科技人员获知人才政策制度相关信息的渠道调查结果见表 2-48。

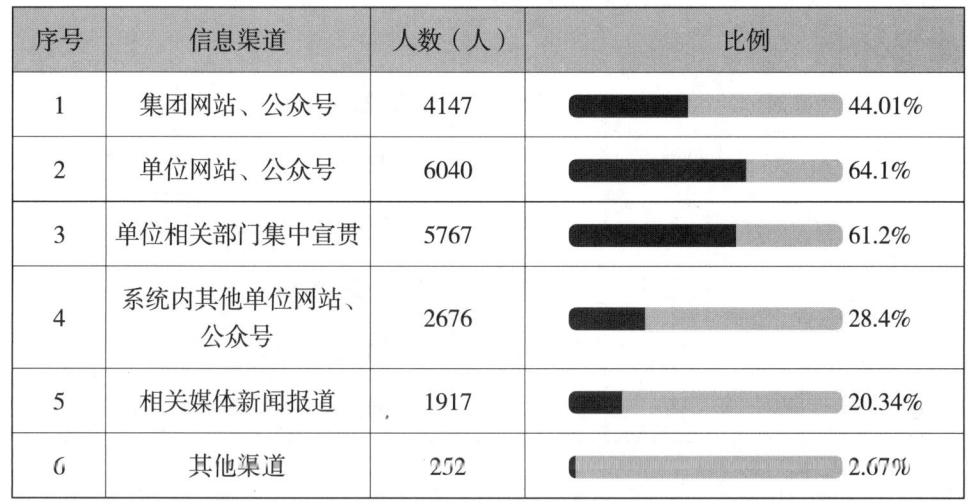

表 2-48　科技人员获知人才政策制度信息渠道情况表

序号	信息渠道	人数（人）	比例
1	集团网站、公众号	4147	44.01%
2	单位网站、公众号	6040	64.1%
3	单位相关部门集中宣贯	5767	61.2%
4	系统内其他单位网站、公众号	2676	28.4%
5	相关媒体新闻报道	1917	20.34%
6	其他渠道	252	2.67%

8.科技人员参加"党委联系服务专家活动"的形式情况统计

科技人员参加"党委联系服务专家活动"的形式情况见表2-49。

表 2-49　科技人员参加"党委联系服务专家活动"形式情况表

序号	参加形式	人数（人）	比例
1	领导干部定期会面	315	58.77%
2	党委领导班子与联系服务专家集体谈心	320	59.7%
3	日常沟通	381	71.08%
4	专家向党委建言献策	156	29.1%
5	专家重大事件报告	104	19.4%

9.科技人员接受过"党委联系服务专家活动"的服务形式情况

科技人员接受过"党委联系服务专家活动"的服务形式情况见表2-50。

表2-50　科技人员接受"党委联系服务专家活动"的服务形式情况表

序号	服务形式	人数（人）	比例
1	专家国情研修	207	38.62%
2	专家政治吸纳	201	37.5%
3	专家科技创新支持	358	66.79%
4	决策咨询作用发挥	270	50.37%
5	身心保障制度	232	43.28%
6	专家形象宣传	150	27.99%

10.科技人员参加"党委联系服务专家活动"联系服务频次情况统计

科技人员参加"党委联系服务专家活动"联系服务频次情况见表2-51。

表2-51　科技人员参加"党委联系服务专家活动"联系服务频次情况表

序号	参加频次	人数（人）	比例
1	一年多次	259	48.32%
2	一年一次	212	39.55%
3	2～3年一次	65	12.13%

11.科技人员对"党委联系服务专家活动"的效果满意程度情况统计

科技人员对"党委联系服务专家活动"的效果满意程度情况见表2-52。

表 2-52　科技人员对"党委联系服务专家活动"的效果满意程度情况表

序号	满意程度	人数（人）	比例
1	非常满意	113	21.08%
2	比较满意	298	55.6%
3	一般满意	116	21.64%
4	比较不满意	5	0.93%
5	非常不满意	4	0.75%

12. 科技人员当前获得成长的层级组织的来源情况统计

目前中国石油科技人员的培养主要来源见表 2-53。结果表明，科技人员成长主要依靠自身团队或部门，来自高层级的培养非常匮乏。

表 2-53　科技人员获得成长的层级组织来源情况表

序号	层级组织来源	人数（人）	比例
1	团队或部门	5580	59.22%
2	企业	3604	38.25%
3	中国石油	120	1.27%
4	其他	119	1.26%

13. 科技人员认为目前更需要获得哪一层级组织的培养的统计情况

科技人员认为其目前更需要获得哪一层级组织的培养调查结果见表 2-54。结果表明，多数科技人员认为其需要企业提供更多的培养。中国石油和企业层面急需进一步加强对科技人才的培养，提供更加系统的培养机制使科技人才在岗位上得到有效充分的培养和成长。

表 2-54　科技人员需要培养层级情况表

序号	层级组织	人数（人）	比例
1	团队或部门	2241	23.78%
2	企业	5588	59.3%
3	中国石油	1552	16.47%
4	其他	42	0.45%

14. 科技人员所在单位为科技人员规划的成长路径的清晰度统计

科技人员认为其所在单位为其规划的成长路径的清晰度调查结果见表 2-55。结果显示，多数人认为成长路径模糊或一般清晰，因此可以看出中国石油为科技人员规划的成长路径还不够完善，需要进一步加强科技人员发展路径的规划。

表 2-55　科技人员认为所在单位为其规划的成长路径的清晰度情况表

序号	成长路径的清晰度	人数（人）	比例
1	非常清晰	468	4.97%
2	比较清晰	3615	38.36%
3	一般清晰	3919	41.59%
4	比较模糊	1001	10.62%
5	非常模糊	420	4.46%

15. 科技人员认为单位为科技人员提供的成长路径需要改进提升的方面统计

科技人员认为单位提供的成长路径需改进提升的方面调查结果见表 2-56。结果表明现阶段集团和企业为科技人员提供的发展路径还不能完全符合科研人员的成长规律，发展路径的清晰度、具体性和落地性仍然比较差，需要加紧改进和完善。

表 2-56　科技人员认为单位提供的成长路径需改进提升的方面调查结果

序号	改进提升方面	人数（人）	比例
1	更加清晰、具体、可落地	4722	50.11%
2	更加贴合科研人员成长规律	5561	59.02%
3	更加满足个性化成长需求	3472	36.85%
4	提供与成长路径相适应的指导支持	2738	29.06%

16. 科技人员认为单位在科研工作管理上需要改善的方面情况统计

科技人员认为所在单位在科研工作管理上需要改善的方面情况统计见表 2-57。超过 50% 的人认为其所在单位考核评价的精准度、办事流程的简化程度以及成果认定的合理程度需要进一步改善。

表 2-57　科技人员认为所在单位科研工作管理上需改善的方面调查结果

序号	需改善的方面	人数（人）	比例
1	考核评价更精准	6180	65.58%
2	成果认定更合理	4775	50.67%
3	职称评审更明确	4289	45.52%
4	行政服务更专业	3176	33.7%
5	办事流程更简化	5866	62.25%
6	部门配合更密切	3896	41.35%
7	其他	87	0.92%

17. 科技人员认为所在单位在科技人员管理方面需要着力加强的环节情况统计

科技人员认为单位在科技人员管理方面需要着力加强的环节调查结果见表 2-58。结果说明中国石油在人才培养和人才激励方面的问题相对突出，需要加大力度进一步优化和完善。

表2-58 科技人员认为其所在单位科技人员管理需加强的环节情况表

序号	急需加强环节	人数（人）	比例
1	人才引进	2974	31.56%
2	人才评价	2452	26.02%
3	人才培养	6902	73.25%
4	人才激励	6518	69.17%

18.科技人员对中国石油科技人才工作环境改善的意见和建议

科技人员对中国石油科技人才工作环境改善的建议主要包括加强人才培养、提高待遇、加大交流、提高科研投入、提升科研平台、增加激励等。

第三节　中国石油科技人才建设情况

针对中国石油主营业务单位的人才工作开展现状针对性地开展调研，举行座谈会，进一步摸清目前人才工作开展中面临的人才队伍问题、人才工作问题和人才体制机制问题等，为进一步完善中国石油创新科技人才管理体制机制，营造创新科技人才充分发挥作用良好环境提供参考。调查结果见表2-59。

表2-59　当前中国石油人才队伍建设和管理工作存在的问题及建议表

公司	问题	建议
A企业	用工总量较大，但由于结构性矛盾，创新人才短缺的问题仍然突出	中国石油严控用工总量的思路无疑是非常正确的决策，但与此同时引进和储备核心人才、实现有序接替也非常重要。高校毕业生是潜力大、可塑性强的"源头活水"，因此建议中国石油进一步加大向国资委争取有关政策的力度，适度多引进一些高校毕业生
	中国石油在人才引进方面做了大量卓有成效的工作，但机制的灵活性方面仍有待加强	随着国内油气行业不断开放，大型外企、地炼企业加速涌入市场，各类企业对石油石化人才的争抢更加激烈。一是建议考虑能否支持技术专家"返聘"政策，退休的高层次专家对企业情况熟悉，如能力水平达到相应条件，能否以人才引进的方式聘任到岗位继续工作；二是建议进一步为用人主体"放权"，除"高精尖"人才外，新能源等新兴业务、急需紧缺业务骨干人才引进能否考虑适当突破用工指标的限制

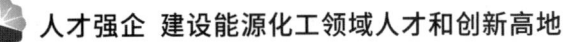

续表

公司	问题	建议
A 企业	人才强企和创新驱动两路工作得到高度重视，但二者的协同联动还有所不足	一是进一步给人才"松绑"，完善以科技创新质量、贡献、绩效为导向的分类评审和绩效评估体系，减少科研项目实施周期内的各类评估、检查、抽查、审计等活动，支持和鼓励科技人才对高风险技术难题勇于探索；二是健全科技成果转化分配制度，建议尝试培育专业技术转化机构，着力推动科技成果"有形化""显性化"，促进科研成果与市场需求对接，同时实行以增加知识价值为导向的分配政策，进一步明确科技创新成果处置权、收益权，简化成果转化流程，充分激励科研人员积极性，让优秀的人才能够"名利双收"
B 企业	一是用工规模与企业人才需求规模不匹配；二是队伍接替断层问题尤为突出；三是人才引进不能满足企业发展需要；四是人才队伍建设体系仍不完善；五是人才"重使用、轻培养"的思维依然固化	一是搭建技术交流平台，建议中国石油层面建立技术专家常态化交流机制，定期组织各级专家跨企业交流，特别是提供到勘探院等科研单位挂职锻炼等机会，学习先进技术与工作经验，让专家有机会到更高更广的平台学习；二是加大人才经费投入，双序列改革实施以来，各级专家作用发挥明显，薪酬待遇明显提升，创新创造活力增强，建议给予一定的薪资额度增量，支持人才改革走深走实；三是出台专家返聘制度，油田专家队伍年龄结构偏大，部分专家工作经验丰富、技术水平过硬，但是由于年龄原因即将退休，建议中国石油层面出台关于优秀专家退休返聘相关政策制度，支持专家持续为油田服务和发挥人才培养传帮带作用；四是组建培训师资队伍，油田内部专家在学习国内外前沿领域新技术方面资源受限，建议中国石油整合资源，建立专业的高层次师资队伍，供企业在开展培训学习方面有针对性地选择，促进专业能力提升

第二章 中国石油能源化工领域人才和创新高地建设情况及对标分析

续表

公司	问题	建议
C企业	分公司中层级以上技术专家队伍整体年龄结构偏大，部分优秀青年骨干因受资历等条件限制，晋升渠道受到阻碍，对年轻技术人才工作积极性和创造性造成影响	建立优秀青年科技人才破格申报中层级专业技术岗位的机制，对获得省部级奖励荣誉的，或研究成果丰硕、在行业内影响力较大、知名度较高的优秀专业人才，可放宽资历年限参加企业高级专家、一级工程师岗位选聘，进一步畅通年轻专业技术人才的成长通道，全面优化技术人才的发展生态，强化技术人才队伍建设
D企业	一是受思维惯性影响，思想观念转变还不够彻底；二是人才结构不均衡，专业技术人才成长缓慢；三是职业规划引力不足，人才流失现象仍然存在	—
E企业	一是人才结构不合理；二是人才流失严重；三是人才开发、培养、使用机制不健全	一是加大引才力度，弥补人才短板；二是立足培训开发，探索人才队伍建设；三是打造科技创新团队，发挥人才集智作用
F企业	一是科技创新氛围不够浓；二是人才队伍建设规划性不够；三是科技领军人才紧缺；四是"生聚理用"机制还不健全	一是完善科技创新制度体系；二是加强高层次人才引进；三是加强科技人才培养；四是激发人才创新活力
G企业	一是用工总量偏大，队伍结构矛盾突出；二是机构不够精干高效，部分组织机构运行效率不高；三是人工成本总量偏大，人均创效能力较低	一是严控增量、盘活存量、分流冗员，持续压缩员工总量；二是充实一线、严控二线、压缩三线及各级机关，持续优化队伍结构；三是持续压缩机构编制、管理层级、管理人员，进一步提高组织运行效率；四是扎实推进人才强企战略，统筹推进三支人才队伍建设；五是坚持效益导向、严控人工成本，充分发挥薪酬考核的激励导向作用；六是坚持以能力培养为重点，紧贴生产实际，全面抓好员工培训工作

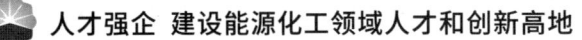

续表

公司	问题	建议
H企业	一是专家作用发挥不够突出；二是专家选拔方式相对单一；三是专家考核评价方式比较传统；四是专家激励的有效性不足	一是给予专家充分授权；二是拓展专家选拔方式；三是实施差异化考核；四是创新考核激励方式
I企业	一是高端科技创新人才不足，后备人才接续仍需充实；二是领军人才和年轻科技人员培养的系统性支持力度较弱，还存在岗位责权利落实不到位，影响作用发挥；三是人才队伍结构性矛盾较为突出，制约可持续发展；四是人才创新创效的环境氛围有待进一步优化	一是加强高水平科研攻关团队建设；二是加大科技人才培养与引进力度；三是健全以创新质量、贡献、绩效为导向的科技人才评价体系；四是修订完善相关规定，营造良好的创新氛围与环境
J企业	一是人才队伍和创新团队质量问题；二是人才创新能力及容错机制问题；三是人才发展通道及岗位交流问题；四是科技创新激励机制不健全问题；五是人才流失及福利待遇问题	一是加强骨干专家队伍和创新团队建设；二是完善创新团队组建机制；三是提速青年人才培养；四是全面建立价值导向的考核评价机制、完善差异化薪酬分配机制、构建多元化人才激励机制；五是构建科研人才成长良好环境
K企业	一是顶尖人才依旧缺失；二是高端人才引进难度较大；三是青年人才成长速度较慢	一是应加强分享交流，重点分享各家单位推动人才建设工作中的困难、卡点，应对问题的逻辑与思考结果；二是建议由中国石油牵头开展对顶尖人才、国际知名科学家、国内两院院士的引进；三是建立企业大学或类似的独立部门，以经营人力资源的理念，统一组织开展面向重要领域、重点岗位的人才培养项目，注重计算投入成本，培训完成后要考核产出效益
L企业	一是领军人才缺乏，骨干人才接续不足；二是人才机制不够健全，科研活力有待激发	一是健全科技人才自主培养体系，完善高端人才靶向引进机制；二是健全人才价值作用发挥机制，优化人才精准考核激励体系，健全多序列并行成长通道

第四节　中国石油建设能源化工领域人才和创新高地对标分析

目前中国石油与世界知名的石油公司、化工企业和工程技术服务企业在人才实力、价值产出、环境支持、凝聚整合和辐射带动方面存在的差距,有必要以定量分析方法进行各维度的精准分析。本研究构建了一套衡量人才和创新高地建设的评价体系,并按照一定标准分别在油气和新能源领域、炼化和新材料领域、工程技术服务领域各选了3家国际知名企业作为比较对象,具体情况如下。

一、评价模型的构建

(一)评价模型的构建依据

1. 基本原则

(1)广泛适用、兼顾特性

选取已被广泛采纳、具有行业代表性的重要一级指标,其次针对不同领域选取针具有独特性、针对性的二级指标。

(2)严谨求实、合理获取

在保证指标选择科学和合理的前提下,根据企业数据来源范围和统计难度的实际情况进行指标配比。

(3)适度超前、引领发展

根据国家新发展格局、能源化工行业趋势和中国石油最新战略,预设一些引领高质量发展的具有预见性、超前性和创新性的评价指标。

2. 理论依据与建构方法

本次研究主要运用层次分析法作为评价模型建构阶梯层次结构的理论依据，采用OSM模型作为指标体系设计过程中确定核心内容的方法，以MECE法则作为指标选取和排列的主要依据，遵循SMART原则对二级指标进行梳理、检验和完善，根据专家打分法的结果作为指标权重的设置标准，采用min-max法对指标进行整理和标准化处理，最终以评分形式输出评价结果。

（1）层次分析法

层次分析法是指将一个复杂的多目标决策问题作为一个系统，将目标分解为多个目标或准则，进而分解为多指标（或准则、约束）的若干层次，通过定性指标模糊量化方法算出层次单排序（权数）和总排序，以作为目标（多指标）、多方案优化决策的系统方法。本次研究将基于层次分析法建构整体指标评价模型，共包含具有多指标层次的指标体系和具有权重与排序的评价标准。

（2）OSM模型

OSM模型（Objective，Strategy，Measurement）是指标体系建设过程中辅助确定核心的重要方法，包含业务目标、业务策略、业务度量，是指标内容横向的思考。在具体指标设计中，首先运用OSM模型确定指标的关键内容，建构指标体系内部的核心逻辑。

（3）MECE法则

MECE法则（Mutually Exclusive Collectively Exhaustive）的含义是"相互独立，完全穷尽"，是麦肯锡咨询顾问芭芭拉·明托提出的有关分类的思考工具。由于本次研究涉及的指标层次多、数量大、相互关系复杂，MECE法则具有明确、高效且便于操作的特点，因此适合在本研究中作为指标筛选和检验的最重要原则。

（4）SMART 原则

SMART 原则（Specific，Measurable，Attainable，Relevant，Time-bound）强调指标必须是具体、可衡量、可达到、与其他指标具有一定相关性且必须具有明确的截止期限。本研究将设置需要被量化的二级指标，因此二级指标必须能够直观地指向可获得并可衡量的现实原始数据，通过 SMART 原则对二级指标进行梳理，能够为后续的数据收集和指标体系检验与完善提供良好的理论支撑和操作标准。

（5）专家打分法

专家打分法是指通过匿名方式征询有关专家的意见，并进行统计、处理、分析和归纳，客观地综合多数专家经验与主观判断，对大量难以采用技术方法进行定量分析的因素做出合理估算，经过多轮意见征询、反馈和调整后，对权重价值和价值可实现程度进行分析的方法。在本研究中运用专家打分法对各级指标权重进行分析判定，对定性二级指标进行打分，同时对评价标准进行结果征询和标准确定。其中专家选取范围为新能源领域、炼化和新材料领域和工程技术领域的知名资深专家，每个领域选取不少于 10 人参与匿名问卷打分与讨论，尽可能客观地反映现实问题与实际情况。

（6）min-max 法

在本研究中，由于具有多层级指标且同时包含定量和定性指标，如果直接使用原始指标值进行分析，就会突出数值较高的指标在综合分析中的作用，相对削弱数值较低指标的影响。为了保证结果的可靠性，需要将数据进行标准化处理，即将所有数据按比例进行缩放，使之落入特定区间，从而去除数据的单位限制，转化为量纲的纯数值，便于不同单位或数量级的指标能够进行比较和加权。其中，数据中心化和归一化均为常见的数据标准化处理方式，但由于本研究的数据不具备强制正态分布规律，且后续需要将结果应用于多主体对标分析，决定选择最能体现数据之间的大小对比差距的数据归一化处理方式，因此采用min-max法这一数据归一化的常见方法对数据进行标准化处理。

（二）指标体系的设计

1. 指标选取

本次研究的指标选取在人文地理学中"世界科学中心"、区域经济理论中"人才中心"、人才学中"科学中心"等概念的理论研究基础上，按照主报告中提出的"人才和创新高地"的含义及特征，确定指标体系中指向人才和创新高地的五个核心一级指标——人才实力、价值产出、环境支持、凝聚整合、辐射带动。参照OSM模型中"目标层—策略层—度量层"的层次，将一级指标作为目标层的内容，根据MECE法则选定数量（规模）、质量（品质）、空间（占比）、时间（转化）作为策略层的内容。通过对目标层的一级指标进行4个维度的策略分解，形成可衡量的4个二级指标，作为度量层的内容。在此基础上建构出具有5个一级指标、20个二级指标的人才和创新高地评价指标体系。这一体系的构建从人才和创新高地的理论内涵出发，尽可能全面而有代表性地反映其核心内容和关键指标，力争科学严谨、客观准确地评价人才和创新高地的现状、成果与不足。具体内容如下：

（1）人才实力

人才实力是指企业在一定时间内所拥有的人才的综合性素质能力及人才队伍建设情况。按照策略层的四个维度，人才实力以人才数量多、结构好、质量佳、潜能大为优，因此选取研究人员数量、高水平研究人员数量、优质技术成果人才占比和人才潜能指数四个二级指标。

研究人员数量代表企业的人员数量实力，数据选取企业的员工总量。

高水平研究人员数量代表企业人才的质量，而衡量高水平的重要依据是在知名期刊或会议上的论文表现，因此选取在本领域顶级期刊或会议上发表论文的作者总数作为数据。

优质技术成果人才占比衡量人才实力结构，优质技术成果的主要表现是专利的申请和收录情况，因此选取在国际专利库拥有专利的人数作为指标数据。

人才潜能指数采用拉姆·查兰和斯蒂芬·德罗特对于人才潜能评价的3个标准进行测量，即熟练潜能、成长潜能和转型潜能，通过问卷调查和专家打分法综合得出人才潜能程度。

（2）价值产出

价值产出是指企业在一定时间内生产产品、提供服务和研发技术所产生的价值的总和，反映人才创新创效水平。按照策略层的4个维度，价值产出以产出成果数量多、产出价值高、产出效率和效能强为优，因此选取年新增授权发明专利数量、高水平论文数量、价值产出比和投资回报率作为4个二级指标。

发明专利数量代表企业技术产出成果数量，选择国际专利库中企业的专利申请数量作为衡量。

高水平论文代表企业理论研究产出的价值高度，选择顶级期刊发表论文数作为衡量。

价值产出比代表企业产出效率，选择每万人发明专利数量体现企业人才价值产出的效率效果。

投资回报率代表企业产出效能，选择每百万美元科研投入产出专利数，体现人才创新产出的效能效益。

（3）环境支持

环境支持是指便于帮助或有利于人们获得最佳作业活动能力的

任何外部因素，包括物质、文化等多项因素，反映支持保障人才创新创效活动的各类条件。按照策略层的4个维度，环境支持以研发平台优越、经费投入充足、投入比例高、工作环境适宜为优，因此选取研发中心数量、研发经费投入、经费投入比和创新创效适宜度作为4个二级指标。

研发中心数量选取企业全球布局的研发中心总数作为衡量，反映研发平台的数量实力。

研发经费投入选取企业官网或年报呈现的全球研发经费投入作为衡量，反映研发投入的充分程度。

经费投入占比选取企业全球研发经费投入占整体经营投入的比例进行衡量，反映研发在企业发展整体进程中的结构性重要程度。

创新创效适宜度参考廖宇在2015年研究中的定义，即在创业生态系统中开展创新创效活动的现实资源环境条件与最适宜资源环境条件之间的贴近度。该指标根据廖宇研究中的已有问卷，选取符合企业实际情况的问题进行问卷调查，运用专家打分法进行测量。

（4）凝聚整合

凝聚整合从内部看是指企业内部各成员与组织因共同的利益和价值目标凝结为有机整体的能力，从外部看是指企业对外建立整体形象、整合各种外部资源的能力，这一指标能够反映企业整合内外部创新资源要素的能力。按照策略层的4个维度，凝聚整合以交流合作的数量多、程度深、范围广和频繁密切为优，因此选取高水平合作数、员工国际化程度、产业合作范围与合作网络中心度作为四个二级指标。

高水平合作数反映企业人才与其他人员或组织进行合作的数量，其中最能代表专业合作的是论文合著情况，因此选取顶级期刊发表合著论文的次数作为衡量。

员工国际化程度反映企业人员结构的国际化深度，国际化最重要的衡量指标是包含国家数量，因此选取企业员工所属国家数量作为衡量。

产业合作范围反映企业对外合作范围的广度，而广度主要以特定区域面积和数量作为衡量，因此选取以企业产业合作的国家和地区数量作为指标数据。

论文合著网络中心度采用社会网络分析法中的网络中心度概念，本次研究主要聚焦于点度中心度概念，即与某个点直接相连的点的个数，其应用到企业范畴表示企业人员或组织与外部人员或组织产生联结的频次，反映企业人才在研究成果合作中的地位程度，联结频次越多表示在合作网络中的地位越发重要，而研究成果最具代表性的特征是论文产出，因此本次研究选取企业在顶级期刊发表论文的作者和单位的综合情况进行度量。

（5）辐射带动

辐射带动是指企业发展所带动的相关产业链（包含技术、产品、服务等）或周围区域产生联动增长的间接价值效应，反映企业创新成果具有的影响力。按照策略层的4个维度，辐射带动以成果影响力大、产业应用广为优。因此选取专利被引用数量、专利转让数量、专利转化率和产品技术关联度作为4个二级指标。

专利被引用数量能反映企业技术成果的应用价值程度，选取国际专利库收录的企业被引用专利数作为衡量。

专利转让数量在本次研究中特指专利所有权转让数量，能够反映企业技术成果的影响力深度，本次选取企业在国际专利库收录的对外转移专利数作为衡量。

专利转化率能够反映企业技术成果的实际应用效率和价值，本次选取专利转移数量在专利申请总量中的占比情况作为衡量。

产品技术关联度源自产业关联度的概念，是指产业之间通过产品的供需而形成的互相关联、互为存在前提条件的内在联系程度，越是联系松散的原材料产品越处于产业网络的边缘，而越是联系紧密的技术产品越处于产业网络的中心，在现有的全球产业网络模型中，根据产品进出口情况即可判定企业的产品产业影响力，因此本次研究选取企业最重要的前3位产品在国际产业中的关联指数进行衡量。

在选出评价初始指标后，根据指标选取总体原则、充分结合企业实际情况，通过专家咨询的方式并结合SMART法则剔除非重要或难以获得的数据指标，同时修正已有指标的含义和描述，明确数据来源的范围和定义，最终确定人才和创新高地评价指标体系。指标具体情况见表2-60。

表2-60 人才和创新高地评价指标体系

序号	一级指标	二级指标
1	人才实力	研发人员数量
2		高水平研究人员数量
3		研发人员占比
4		人才潜能指数
5	价值产出	年新增授权发明专利数量
6		高水平论文数量
7		价值产出比
8		投资回报率
9	环境支持	研发中心数量
10		研发经费投入
11		经费投入比
12		创新创效适宜度

续表

序号	一级指标	二级指标
13	凝聚整合	高水平合作指数
14		员工国际化程度
15		产业合作范围
16		论文合著网络中心度
17	辐射带动	专利被引用数量
18		专利转让数量
19		专利转化率
20		产品技术关联度

2. 指标权重

通过对能源化工领域资深专家学者发放调查问卷，运用专家打分法对一级和二级指标进行权重赋分，共回收102份有效问卷。对问卷结果进行标准化处理后，得出一级和二级指标的权重见表2-61。

表2-61 评价指标权重系数

序号	一级指标	一级指标权重	二级指标	二级指标权重
1	人才实力	0.22	研发人员数量	0.18
2			高水平研究人员数量	0.29
3			研发人员占比	0.26
4			人才潜能指数	0.27
5	价值产出	0.20	年新增授权发明专利数量	0.25
6			高水平论文数量	0.24
7			价值产出比	0.25
8			投资回报率	0.26
9	环境支持	0.21	研发中心数量	0.21
10			研发经费投入	0.27
11			经费投入比	0.26
12			创新创效适宜度	0.26

续表

序号	一级指标	一级指标权重	二级指标	二级指标权重
13	凝聚整合	0.19	高水平合作指数	0.27
14			员工国际化程度	0.23
15			产业合作范围	0.24
16			论文合著网络中心度	0.26
17	辐射带动	0.18	专利被引用数量	0.23
18			专利转让数量	0.25
19			专利转化率	0.27
20			产品技术关联度	0.25

3. 数据处理

在数据处理阶段，首先对原始数据进行标准化处理，得到统一度量的各项指标评分，其次对二级指标的结果进行百分制处理，形成20个以百分制为标准的二级指标分值，再次对百分制的20个二级指标得分进行加权处理，最终形成指标体系结果，具体情况见表2-62。

表2-62 人才和创新高地指标数据结果

序号	一级指标	二级指标	min-max 标准化	百分制处理	加权处理
1	人才实力	研发人员数量	形成20个介于[0，1]的标准化数据结果	形成20个以百分制为标准的分值	形成20个二级指标加权处理分值和1个加权处理后的百分制总分值
2		高水平研究人员数量			
3		研发人员占比			
4		人才潜能指数			
5	价值产出	年新增授权发明专利数量			
6		高水平论文数量			
7		价值产出比			
8		投资回报率			

续表

序号	一级指标	二级指标	min-max 标准化	百分制处理	加权处理
9	环境支持	研发中心数量	形成20个介于[0，1]的标准化数据结果	形成20个以百分制为标准的分值	形成20个二级指标加权处理分值和1个加权处理后的百分制总分值
10		研发经费投入			
11		经费投入比			
12		创新创效适宜度			
13	凝聚整合	高水平合作指数			
14		员工国际化程度			
15		产业合作范围			
16		论文合著网络中心度			
17	辐射带动	专利被引用数量			
18		专利转让数量			
19		专利转化率			
20		产品技术关联度			

（三）评价标准的制定

评价标准根据专家咨询和专家打分法的结果进行调试、修正和确定，主要由百分制评分、对比排名和评价结果3部分组成，具体情况见表2-63。

表2-63 人才和创新高地的评价标准表

序号	一级指标	二级指标	百分制评分	对比排名
1	人才实力	研发人员数量	各企业在人才和创新高地评价体系中的百分制评分	各企业在对比中的排名
2		高水平研究人员数量		
3		研发人员占比		
4		人才潜能指数		
5	价值产出	年新增授权发明专利数量		
6		高水平论文数量		
7		价值产出比		
8		投资回报率		

续表

序号	一级指标	二级指标	百分制评分	对比排名
9	环境支持	研发中心数量	各企业在人才和创新高地评价体系中的百分制评分	各企业在对比中的排名
10		研发经费投入		
11		经费投入比		
12		创新创效适宜度		
13	凝聚整合	高水平合作指数		
14		员工国际化程度		
15		产业合作范围		
16		论文合著网络中心度		
17	辐射带动	专利被引用数量		
18		专利转让数量		
19		专利转化率		
20		产品技术关联度		

（四）人才和创新高地的评价模型

通过以上步骤，最终构建出包含5个一级指标、20个二级指标以及相应指标权重的完整评价指标体系，通过计算分值对照评价标准，最终形成人才和创新高地的评价模型，具体内容见表2-64。

表2-64　人才和创新高地评价模型

序号	一级指标	一级指标权重	二级指标	二级指标权重	百分制评分	对比排名
1	人才实力	0.22	研发人员数量	0.18	各企业在人才和创新高地评价体系中的百分制评分	各企业在对比中的排名
2			高水平研究人员数量	0.29		
3			研发人员占比	0.26		
4			人才潜能指数	0.27		

续表

序号	一级指标	一级指标权重	二级指标	二级指标权重	百分制评分	对比排名
5	价值产出	0.20	年新增授权发明专利数量	0.25	各企业在人才和创新高地评价体系中的百分制评分	各企业在对比中的排名
6			高水平论文数量	0.24		
7			价值产出比	0.25		
8			投资回报率	0.26		
9	环境支持	0.21	研发中心数量	0.21		
10			研发经费投入	0.27		
11			经费投入比	0.26		
12			创新创效适宜度	0.26		
13	凝聚整合	0.19	高水平合作指数	0.27		
14			员工国际化程度	0.23		
15			产业合作范围	0.24		
16			论文合著网络中心度	0.26		
17	辐射带动	0.18	专利被引用数量	0.23		
18			专利转让数量	0.25		
19			专利转化率	0.27		
20			产品技术关联度	0.25		

二、对标企业的选取

（一）选取原则

中国石油拥有能源化工领域的全产业链，从油气和新能源、炼化和新材料到工程技术服务，每个领域在全球范围看都有与其相似的企业，因此需要从3个领域出发分别寻找与其业务相似的标杆对象进行对标，在对标对象选取上具体按照以下4个原则。

1. 突出行业领先性

选取的对标公司处于所在领域的先进位置，是行业内的优秀企业，对中国石油建设成为世界一流综合性国际能源公司具有指引帮助作用。

2. 突出业务相似性

选取的对标公司从事的业务领域需要与中国石油各领域的业务有很强的相似性，对中国石油下一步业务发展具有重要参考意义。

3. 突出数据可得性

选取的对标公司的相关数据具有真实性、时效性，并且这些数据能够通过企业年报、可持续发展报告、官方网站及咨询报告等相关材料获取。

4. 突出学习参照性

根据中国石油"十四五"规划和战略目标，结合下一步业务布局发展，在前几个原则满足的条件下优先选择与中国石油性质相似、布局方向趋同并且有借鉴意义的企业，以其为中国石油建设能源化工领域人才和创新高地提供参考借鉴。

（二）公司介绍

根据以上3个基本原则，对中国石油各领域分别选取3家公司作为对标对象。

1. 油气和新能源领域对标公司的选取

根据美国《石油情报周刊》2021年对全球50大石油公司排名情况，选取综合排名前20的石油公司，综合考虑选取的石油公司在科技创新和科技人才的全球影响力、油气与新能源领域相似性因素，综合选取对比企业。一是选取与拥有不同科技体系的壳牌和BP这2个排名前两位的国际石油公司对标，二是选取与中国石油整体规模相似、业务布局类似的巴西石油对标。选取的2家国际石油公司和 1 家国家石油公司在技术创新和科技人才方面具有全球影响力，同时与中国石油油气和新能源领域具有较好的可比性。

（1）壳牌

壳牌是全球最大的石油天然气生产商之一，公司成立于 1907 年，总部设在荷兰海牙。公司业务分为上游、天然气与新能源、下游、工程与技术 4 个板块，遍及全球 70 多个国家和地区。壳牌致力于提供更多、更清洁的能源来帮助满足世界不断增加的能源需求，战略上则是通过在全球能源体系发生变化时提供石油、天然气及低碳能源，巩固其作为领先能源公司的地位。2009 年壳牌成立项目与技术部，整合了上下游板块的主要项目交付、技术服务和技术能力开发、安全和环保等业务，定位为中央研究院，有着广泛的专业资源，由 11500 名员工组成，包含下属技术部来自 174 个国家的 3800 人。壳牌还设立了四大全球创新与研发中心与七大区域性开发与技术支持中心。四大全球创新与研发中心包括美国休斯敦、荷兰阿姆斯特丹、荷兰莱斯韦克和印度班加罗尔，以公司的战略目标、未来发展及当前业务经营急需的技术需求为目标，进行综合、基础性的超前技术研究。七大地区性技术中心包括英国桑顿、加拿大卡尔加里、德国汉堡、挪威奥斯陆、阿曼马斯喀特、卡塔尔多哈和新加坡 Seraya，以公司某些专有技术、某些有市场需求的产品为开发目标，进行应用性、技术性支持项目的研究。

（2）BP

BP 是全球最大的石油天然气生产商之一，公司最初成立于 1908 年，1954 年改名为英国石油公司（即 BP），总部设在英国伦敦。公司业务涵盖上游、下游、能源贸易等，遍及全球 70 多个国家和地区。BP 于 2020 年集团架构重组后，新组建的创新与工程部将数字和科创结合，统领集团科技研发。BP 注重技术成果的应用，强调技术的适用性，采用"快速跟进者"战略，以集成应用创新为主，强调技术应用价值最大化，其研发费用着眼于集成、改进和应用技术，而不是"发明创造"。BP在能源转型变革期，积极调整战略，从专注于生产资源的国际石油公司转变为专注于为客户提供解决方案的综合能源公司。新战略下，BP重点聚焦三个领域：低碳电力和能源、便利零售和移动出行，以及具有韧性的油气资产组合。

（3）巴西石油

巴西石油是全球最大的石油天然气生产商之一，公司成立于1953年，总部位于巴西里约热内卢。巴西石油是南美洲最大的油气生产商，运营着巴西国内的绝大部分核心油气资产。在近50年的发展历程中，巴西石油积累了丰富的深水勘探开发经验，依靠油气区块和基础设施的规模优势，不断降低勘探开发成本。近年来，巴西石油立足本土市场，努力向下游延伸，通过强化国内东南部深水油田和炼厂的协同效应，以及参股石化产品生产企业，逐渐形成了一体化的油气产业链和产品销售网络，其业务主要划分为勘探开发、炼化销售和气电三大类。公司业务覆盖油气勘探、开发、炼化和贸易等业务，其核心资产主要位于巴西近海盆地，在深水和超深水勘探开发领域处于世界领先水平。巴西石油将Cenpes定位为企业中央研究院且单独设立此研发板块，与其他各业务板块平行，集中为一个综合性的科研机构，由公司总部直接管理。Cenpes作为一个服务于上中下游的一体化的研发机构，负责公司上下游业务、天然气和新能源等方面的概念性项目、基础项目、超前技术等的研发与支持，同时负责基础工程和公司技术管理等工作。

2.炼化和新材料领域对标公司的选取

根据美国《化学与工程新闻》（C&EN）发布2021年全球化工企业50强名单，择优选取排名靠前的公司。综合考虑业务相似性、技术领先性和行业知名度，综合选取对比企业。一是对于国内炼油、化工领域对标公司，选取与中国石油主营业务类似，炼化科技实力国内领先、世界先进，拥有我国炼化领域自主知识产权技术最多，同时全球第二的化工企业——中国石化。二是在国外对标公司选取上，针对中国石油传统的炼油、石油化工领域，选取一家在国际炼油、石油化工技术领域久负盛名的技术策源地公司，全球正在使用的炼油技术，大部分要来自该公司的原始创新，为霍尼韦尔UOP。三是针对中国石油目前重点开发攻关的化工新材料、高端化学品领域，选取一家历史悠久、全球领先的化工公司，该公司要在传统化学品（石油化学品、中间体）、特性化学品、新材料（特性材料、单体）等领域具备国际领先的研发及生产能力，也是全球排名第一的化工企业——巴斯夫。该公司不仅是全球石油化工生产中精细化率最高的企业之一，并且也是全球石化生产技术储备最多的公司之一。

（1）中国石化

中国石化是中国最大的成品油和石化产品供应商、第二大油气生产商，是世界第一大炼油公司、第二大化工公司，加油站总数位居世界第二，在2020年《财富》世界500强企业中排名第二位。经过多年发展，中国石化建立了相对完善的炼化领域科技创新体制，形成了专业领域设置齐全、工艺工程配套、研发实力较强的创新体系。中国石化炼化领域科技创新体系架构主要由石油化工科学研究院、大连石油化工研究院、北京化工研究院、上海化工研究院、安全工程研究院5个炼化领域直属研究院，中国石化工程建设公司、中石化广州（洛阳）工程有限公司、中石化上海工程有限公司、中石化宁波工程有限公司、中石化南京工程有限公司5个直属设计院、经济技术研究院、所属企业的研究院所以及中国石油化工科技开发有限公司组成。中国石化还建设炼化领域 21 个国家级研发机构，包括：国家重点实验室（3 个）、国家工程研究中心（7 个）、国家级质量检测中心（6 个）、国家级技术委员会或信息总站（5 个）。2021 年全年申请专利 7972 件，获授权专利 5140 件，获中国专利金奖 1 项、银奖 3 项、优秀奖 6 项，牵头获得国家科技进步奖一等奖 1 项、二等奖 3 项，获得国家技术发明奖二等奖 1 项，获奖领域均集中在炼化技术。中国石化专利综合优势位列央企首位。

中国石化已经掌握了世界先进水平的炼油全流程技术。以其下属的石油化工科学研究院为例，该院创建于 1956 年，现已经成为科研力量雄厚、装备齐全，石油炼制与石油化工科研开发、技术许可、技术咨询和技术服务相结合的综合性研究开发机构。在不同的历史时期，石油化工科学研究院均研发出对中国炼油工业发展具有举足轻重意义和推动作用的重大技术。在石油化工领域，以中国石化下属北京化工研究院为例，经过 60 年来的积淀与发展，北京化工研究院逐步形成了乙烯技术、合成树脂、合成橡胶、有机与精细化工、化工环保等五大优势领域；业务涵盖了自石脑油（轻烃）裂解及之后化工产业链中除芳烃之外的所有领域，为我国石化行业和合成材料领域开发了一系列国内外领先的技术和产品。以上海化工研究院为例，研究领域涵盖石油化工产业链的主体技术，已成为我国石油化工产业发展的重要技术支撑力量。开发了丙烯腈、甲苯歧化、苯乙烯、醋酸乙烯等一大批具有我国自主知识产权的催化剂和成套技术，以及绿色聚酯、高性能纤维、可降解材料等系列化产品技术，在国内外石化装置上成功实现工业应用，保持了国际领先或先进水平。创制的全新结构分子筛 SCM-14、SCM-15 获得国际分子筛协会授予的结构代码 SOR、SOV，实现了我国企业界在该领域零的突破。

（2）霍尼韦尔 UOP

霍尼韦尔 UOP 是国际领先的工艺技术供应商和许可商，2005年成为霍尼韦尔的全资子公司，隶属于霍尼韦尔特性材料和技术集团。霍尼韦尔 UOP 在炼油化工工艺、催化剂和吸附剂的研制与商业化方面有着近 100 年的历史，历经 100 余年的持续创新，已在全球 19 个国家和地区设立了 30 余个办事机构和生产基地，以其"为世界各地的石油和石化行业提供持续领导力和创新"而荣获美国国家技术奖，其工艺技术涵盖石油炼制、石油化工、气体加工工艺，以及催化剂、吸附剂、添加剂、专用化学品、监测仪表、工艺设备、过程自动化和过程模拟等，并成为全球催化重整、催化裂化、加氢技术及催化剂领域的重要专利商和技术领导者，同时，霍尼韦尔 UOP 也是目前世界上最大的分子筛生产商和供货商，在国际炼油、石油化工、气体加工和化工技术领域久负盛名。霍尼韦尔 UOP 在石油化工工艺及设备和催化剂领域的技术趋势具有代表性。在炼油领域，全球使用最广泛的 36 项炼油技术中有 31 项是由霍尼韦尔 UOP 发明的。以连续重整装置为例，自霍尼韦尔 UOP 研发的第一套现代连续重整装置于 1971 年投产以来，至今在全球 300 多套连续重整装置中，有 250 多套采用的是霍尼韦尔 UOP 的连续重整技术。此外，霍尼韦尔 UOP 目前已向 600 多套半再生式重整装置转让技术。全球有超过 60% 的汽油都采用霍尼韦尔 UOP 的技术制造而成。在石油化工领域，霍尼韦尔 UOP 拥有全球领先的研发能力，拥有全世界石油石化行业超过 75% 的业务份额，在石油石化行业拥有很高地位。全球 70% 的聚酯、90% 的可生物降解清洁剂，以及 40% 的液化天然气均采用霍尼韦尔 UOP 的技术。从 2011 年起至今，全球 75% 的丙烷脱氢制烯烃项目使用霍尼韦尔 UOP 的技术和产品，中国截至 2020 年年底有 34 个丙烷脱氢制烯烃项目完全依赖霍尼韦尔 UOP 建成。并且这个数据还在继续上升。霍尼韦尔 UOP 的技术生产的产品稳定，能耗低，污染小。是很多石油石化行业的客户首选，在行业中有着优异的口碑。

霍尼韦尔 UOP 首件专利申请于 1929 年，截至 2019 年，已在全球申请专利达 2.3 万余件。目前在全球拥有 2600 多项有效专利。霍尼韦尔 UOP 的第一项技术是将原油裂化为汽油的热裂解技术，该技术在 1914 年实现商业化。20 世纪 70 年代，霍尼韦尔 UOP 开发了 UOP CCR Platforming 工艺来满足市场对无铅汽油的需求。自 1971 年开发芳烃生产工艺以来，全球新增的所有产能中有 75% 采用的都是霍尼韦尔 UOP 的技术。霍尼韦尔 UOP 率先对变压吸附（PSA）技术进行商业化并将其用于氢气提纯。2007 年初，霍尼韦尔 UOP 实现将植物油和废弃物转化为柴油燃料的技术的商业化。霍尼韦尔 UOP 因其长期保持技术领先地位并不断开拓创新而荣获了 2005 年美国国家技术奖。

（3）巴斯夫

巴斯夫是全球领先的化工公司，总部位于德国，至今已经有 150 多年的历史。在这段悠久的历史中，巴斯夫经历了染料时代—合成氨时代—法本工业联合时代—石化多元化—新兴市场等多个发展阶段，逐渐成长为全球化工行业巨头。随着规模化和产业链的延伸，巴斯夫的产品也发生了质的改变，从单一染料产品，逐渐扩大到化学品（石油化学品、中间体）、材料（特性材料、单体）、工业解决方案（分散体和颜料、特性化学品）、表面处理技术（催化剂、涂料）、营养与护理（护理化学品、营养与健康）、农业解决方案六大领域。公司逐渐成长为公认的国际化工巨头，为全球化工产业的发展做出了重要的推动作用。巴斯夫是全球石油化工生产中精细化率最高的企业，并且也是全球石化生产技术储备最多的公司之一。

2021年《财富》世界500强排行榜中，巴斯夫位列第134位。根据欧盟委员会发布的2021年全球产业研发投入2500强，化工行业仅巴斯夫进入百强，位列第71位。巴斯夫在90多个国家设有分支机构。在全世界拥有6个Verbund（一体化）基地和241个生产基地。位于德国路德维希港的一体化基地是全球最大的、由单一公司运营的综合性化工生产基地，一体化理念即诞生于此，巴斯夫在约70%的业务领域中处于市场三甲之列。目前，巴斯夫在全球有1万余名员工致力于研发工作，每年研发经费投入约20亿欧元，全球拥有约70个研发基地，且仍在不断扩展研究版图。其全球研发平台架构包括：化工工艺研究及化学工程（德国路德维希港）、全球先进材料及系统研究（中国上海）、生物科学研究（美国北卡罗来纳州）三大技术平台和加利福尼亚研究联盟、亚太公开研发联盟等八大学术研发联盟。他们与运营部门、研发部门紧密合作，共同构成巴斯夫全球"专知一体化"的核心。

巴斯夫六大主力产品领域实力平分秋色。化学品：通过丰富的产品组合，为下游提供初始原材料，丙烯酸、SAP、环氧乙烷等众多产品规模处于全球前列。材料：实现聚氨酯、工程塑料从单体生产到终端应用，涉及下游交通运输、建筑、工业消费品等领域。工业解决方案：黏合剂、颜料等各类添加剂的应用，助力公司切入众多细分市场。表面技术：应用于汽车与化工行业，催化剂、涂料的全流程解决方案为公司取得全球领先。营养和健康：表面活性剂、香精香料、维生素等产品广泛应用于化妆品、洗涤剂、食品和饲料领域。农业解决方案：从种子、农药到数字农业，巴斯夫打通整条农业产业链，并长期处于全球领先。

3.工程技术服务领域方面对标公司的选取

在工程技术服务领域，选择斯伦贝谢、哈里伯顿、贝克休斯3

家国际油服公司对标分析，选取的3家国际油服公司在油气工程技术创新和科技人才方面具有全球影响力，同时与中国石油工程技术业务上具有较好的一致性。

（1）斯伦贝谢

斯伦贝谢是全球能源行业领先的技术和服务提供商，业务包括地球物理勘探、电缆测井、信息一体化解决方案、数据解释和咨询服务以及一体化项目管理、钻井服务、钻头、油井服务、完井服务、试井服务、人工举升、阀门、钻井系统、地面系统、OneSubsea等。斯伦贝谢以领先的技术、多元化的人才队伍、国际化的企业规模，成为全球知名油田服务公司。斯伦贝谢把员工多元化视为竞争优势，"人才优先"战略位居斯伦贝谢三大战略（人才、技术、价值）之首，斯伦贝谢在人才吸引、发展等方面优势明显。斯伦贝谢的总部设立在休斯敦、巴黎、伦敦和海牙，雇用了来自160多个国家近8.6万名员工，董事会10名董事来自9个国家。在全球约120个国家地区作业，员工国籍分布上拉丁美洲占比9%、北美洲占比23%、中东/亚洲占比36%、欧洲/独联体/非洲占比32%，员工分布与业务分布基本保持一致。2020年斯伦贝谢招聘岗位吸引来自58个国家363个大学10.8万竞聘者，岗位涉及学科67个。斯伦贝谢与国际知名大学保持持续、深度合作。斯伦贝谢的领导者在世界各地的大学董事会任职，斯伦贝谢的代表在咨询委员会、部门行业附属机构委员会和学生项目委员会任职。截至2020年12月31日，有20名斯伦贝谢高级领导人在13所大学的咨询委员会任职。

人才、技术和效益是公司的核心基石，多年来斯伦贝谢坚持这一价值观，致力于为客户提供最优化的解决方案，帮助其提高作业绩效。斯伦贝谢在创新、技术转化方面具有全球影响力。近年来，为了更好地服务客户，结合自身优势形成了以14个专业部门为基础的全方位一体化服务体系。斯伦贝谢在全球成立了125个研发与工程中心，并将工作重心放在为客户开发高附加值的新型技术上。在研发经费投入方面，近3年平均营业收入为265亿美元，研发投入在7亿美元左右，研发投入强度2.46%。每百万美元科研投入发明专利数量4.73件，年新增发明专利数量2743件。目前，斯伦贝谢在其从事的19个细分专业市场中，有12项排名世界第一，4项排名世界第二，稳坐国际油服巨头之首。

（2）哈里伯顿

哈里伯顿是世界上最大的能源行业产品和服务供应商之一，公司主体业务涵盖油气藏评价、钻井和完井、生产、弃井、地质工程数据管理与软件等，覆盖油气藏勘探开发全周期、全流程。哈里伯顿成立于1919年，拥有4万多名员工，来自130个国家，业务分布在70多个国家，帮助客户在储层的整个生命周期内实现价值最大化，从定位油气资源和管理地质数据，到钻井和地层评估、油井建设和完井，以及在整个资产生命周期内优化生产。

哈里伯顿将其全部业务划分为两部分，即哈里伯顿能源服务集团和工程建设集团。这是两个相互独立、也与哈里伯顿总部相对独立的公司实体，哈里伯顿拥有所有权。哈里伯顿能源服务集团为世界范围的油气上游客户提供广泛的产品和服务，包括钻井和其他井筒工具、完井工具、海底工程及柔性管道制造。哈里伯顿能源服务集团拥有哈里伯顿能源服务公司、兰德马克绘图公司、井筒公司，并有合资企业Bredero-Shaw、Enventure、Well Dynamics和哈里伯顿海底公司。在油气勘探、开发及开采的作业服务和提供设备方面位于世界领先地位。1921年即在固井作业方面独占鳌头；1949年进行的水力压裂作业开商业性增产措施作业之河；在定向钻井、完井作业、测井、油井测试、射孔和井控等方面也名列前茅。工程建设集团服务于能源行业的中游和下游，包括设计和建造液化天然气厂、炼制与加工厂、生产设施、陆上和海底管线。同时，还从事非能源方面的工程建设，包括政府投资的公共设施与民用商业设施。下辖政府经营、基础设施、陆上经营、海上经营以及经营与维护等分公司。

哈里伯顿将自己定位为能源行业服务的提供者，它并不拥有勘探矿区、不拥有开发矿权、不拥有油气，但却能在能源链的每一环节，尤其是油气链的各环节提供服务。它不仅由油田技术服务和工程建设公司转变为综合的源服务公司，而且借助于强大的技术实力、信息技术和网络，实现综合、实时的服务，大大提高服务效率和市场竞争力。

（3）贝克休斯

贝克休斯是美国一家为全球石油开发和加工工业提供产品和服务的大型服务公司，拥有涵盖能源和工业价值链的多样化设备和服务能力。公司拥有55000名员工，在全球120多个国家开展业务。

贝克休斯的油田服务部门为整个生命周期的陆上和海上油井作业提供产品和服务，包括钻井、评估、完井、生产和干预。该部门包括设计和制造产品的产品线并提供服务，以帮助运营商发现、评估、钻探和生产碳氢化合物。

贝克休斯的油田设备部门提供广泛的关键任务产品和服务组合，作为钻井期间和油田使用寿命期间的最后一道防线，为海底、海上表面和陆上操作环境提供解决方案，设计和制造海底和地表钻井和生产系统，并提供与陆上和海上钻井和生产作业相关的全方位服务。

贝克休斯的涡轮机械和工艺解决方案部门为石油和天然气行业以及能源行业在陆上和海上、液化天然气、管道和天然气储存、炼油、石化、分布式天然气、流量和过程控制以及工业领域的机械驱动、压缩和发电应用提供设备和相关服务。

贝克休斯的TPS部门是整个石油和天然气价值链中设计、制造、维护和升级旋转设备的领导者，其数字化解决方案将先进的硬件技术与企业级软件产品和分析相结合，以连接工业资产，为客户提供可靠、高效地改善运营所需的数据，包括状态监测、工业控制、无损检测技术、测量、传感和管道解决方案。

三、对标数据及解析

（一）油气和新能源方面对标数据及解析

中国石油在油气和新能源方面与壳牌、BP、巴西石油3家石油公司对标分析如表2-65所示。对标分析数据来源于各公司2020年年报、公司官网，全球油气勘探开发形势及油公司动态（2021年）。

表2-65 油气和新能源领域关键指标对标分析表

序号	一级指标	二级指标	壳牌	BP	巴西石油	中国石油
1	人才实力	研发人员数量（万人）	0.74	0.2	0.14	3
2		高水平研究人员数量（人）	2801	1050	1063	1669
3		研发人员占比（%）	4.36	2.93	2.77	2.71
4		人才潜能指数	84.22	83.78	74.44	74.44
5	价值产出	新增授权发明专利数量（件/年）	717	155	127	1661
6		高水平论文数量（篇）	1349	632	429	551
7		价值产出比（件/万人）	17	24	19	15
8		投资回报率（件/百万美元）	0.75	0.43	0.22	0.48
9	环境支持	研发经费投入（亿元/年）	64	24.2	38.3	208.4
10		经费投入比（%）	0.53	0.2	1.1	0.85
11		能源转型投入（亿元/年）	200	2000	1292	388
12		创新创效适宜度	85.05	83.62	74.48	70.95

续表

序号	一级指标	二级指标	壳牌	BP	巴西石油	中国石油
13	凝聚整合	高水平合作指数（次）	194	110	50	187
14		员工国际化程度（个）	110	90	30	30
15		产业合作范围（个国家）	70	72	8	30
16		论文合著网络中心度	1	0.45	0.25	0.64
17	辐射带动	专利被引用数量（次）	383664	190010	10657	131405
18		专利转让数量（次）	5793	3049	254	7747
19		专利转化率（%）	8.01	11.09	6.20	0.10
20		产品技术关联度	73.58	95.47	73.58	95.47

1. 人才实力

人才实力主要通过研发人员数量、高水平研究人员数量、研发人员占比、人才潜能指数等指标来衡量。

（1）研发人员数量

在研发人员数量方面，BP和巴西石油相差不大，位列第三梯队；壳牌位列第二梯队，但3家企业都远远低于中国石油的研发人员数量，中国石油具备显著的研发人员数量优势，如图2-25所示。

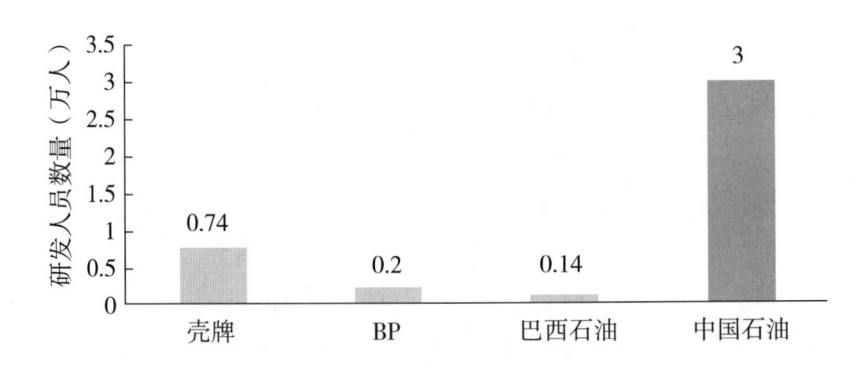

图2-25 研发人员数量对标图

（2）高水平研究人员数量

在高水平研究人员数量方面，中国石油的人数显著高于巴西石油和 BP，但与壳牌仍存在较大差距，如图 2-26 所示。

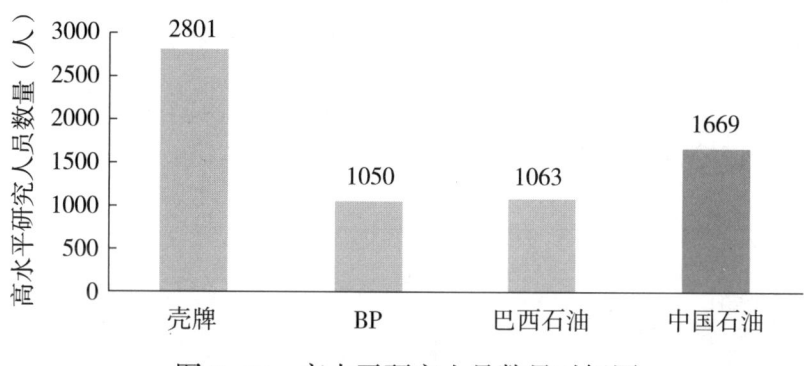

图 2-26　高水平研究人员数量对标图

（3）研发人员占比

在研发人员占比方面，壳牌具有较为明显的优势，BP、巴西石油和中国石油的研发人员占比较为接近，但中国石油在三者中仍处于劣势，如图 2-27 所示。

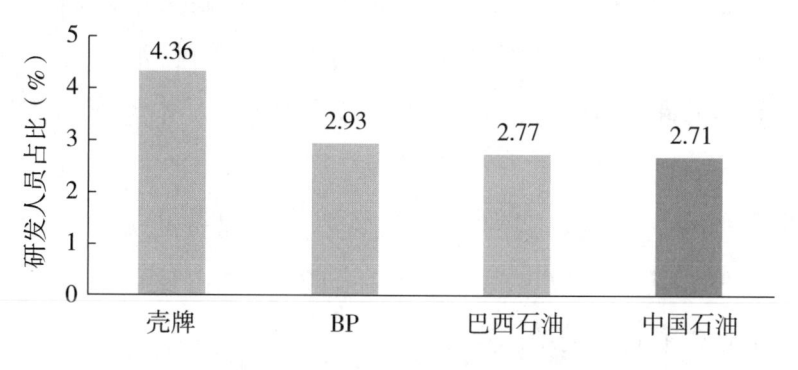

图 2-27　研发人员占比对标图

（4）人才潜能指数

在人才潜能指数方面，通过对油气开发领域 30 位资深专家学者进行问卷调查，对 4 家企业在"企业人才完成本职工作的能力水平""企业人才能够在短时间内承担同层级更重要工作的能力""企业人才能够在 3～5 年甚至更短时间内承担更高层级工作的能力"三个方面的水平进行评价打分，采用 Likert 5 点计分法统计评分并进行百分制处理后得到结果，如图 2-28 所示。

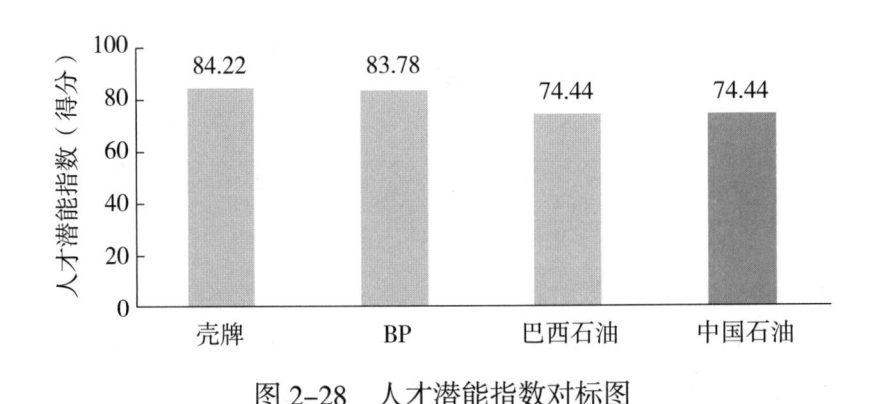

图 2-28 人才潜能指数对标图

由图 2-28 可知，专家认为壳牌的人才潜能指数最高，壳牌和 BP 这 2 家公司的评分显著高于巴西石油和中国石油，两个梯队之间具有不小差距，中国石油在油气开发领域的人才潜能尚需挖掘和提升。

综上所述，在人才实力这一维度上，中国石油员工数量优势明显，高水平研究人员数量尚可，但在研发人员占比、人才潜能指数上都与其他 3 家企业存在差距。

2. 价值产出

价值产出主要通过年新增授权发明专利数量、高水平论文数量、价值产出比和投资回报率等指标来衡量。

（1）年新增授权发明专利数量

在年新增授权发明专利数量方面，中国石油显著高于其他3家企业，比壳牌的2倍还多，是BP和巴西石油的10多倍，如图2-29所示。

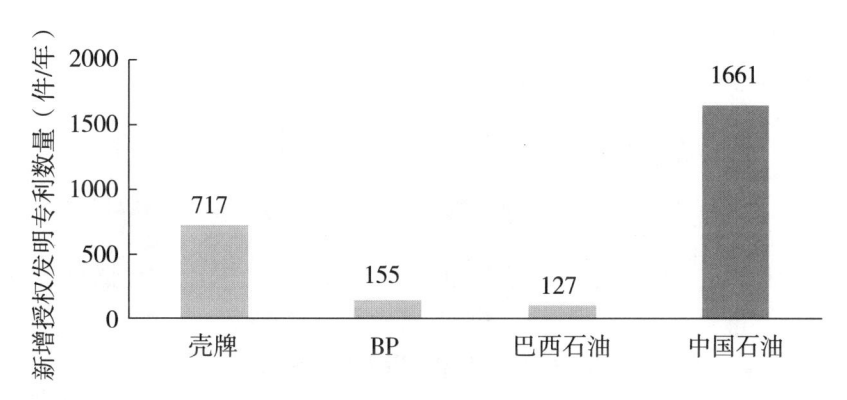

图 2-29　年新增授权发明专利数量对标图

（2）高水平论文数量

在高水平论文数量方面，壳牌位列第一梯队，中国石油与BP、巴西石油大致相当，3者均与壳牌存在较大差距，如图2-30所示。

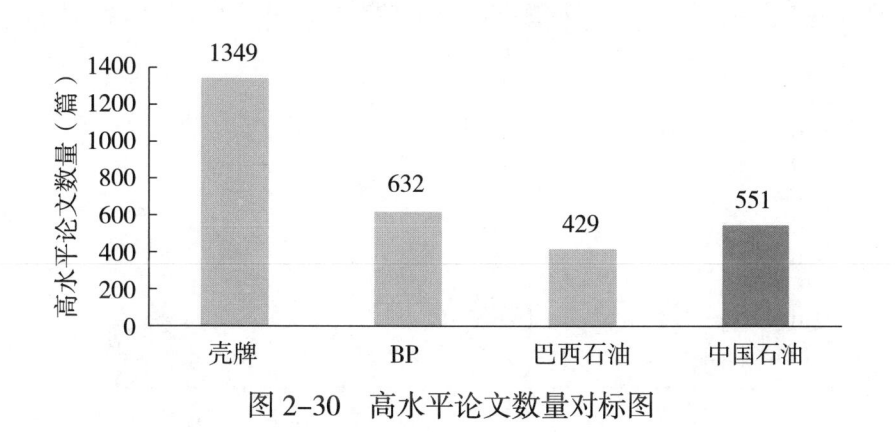

图 2-30　高水平论文数量对标图

(3) 价值产出比

在价值产出比方面，以"每万人发明专利"来衡量。对此，4家对标企业的差距不大，但从数据来看中国石油位列4家对标企业之末，仍显劣势，如图2-31所示。

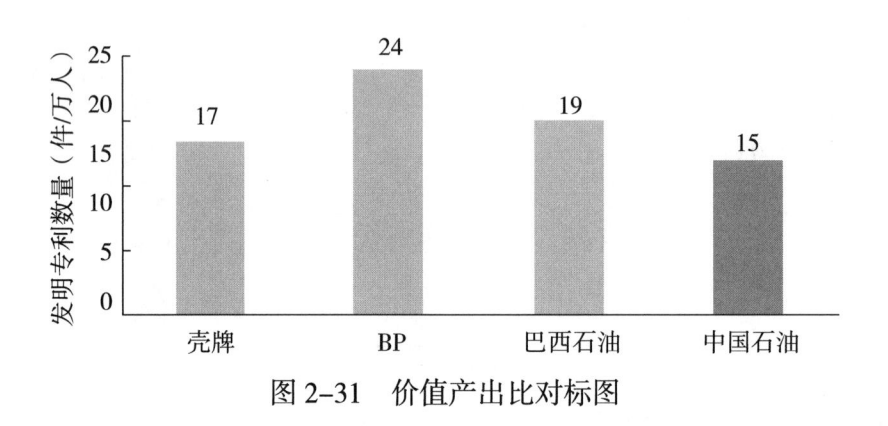

图2-31 价值产出比对标图

(4) 投资回报率

在投资回报率方面，以"每百万美元科研投入的产生的发明专利数量"来衡量。壳牌位列第一梯队，数值显著高于其他3家企业；中国石油与BP位列其后，处于第二梯队，其中中国石油在数值上略高于BP，但相较于壳牌仍有很大的发展空间，如图2-32所示。

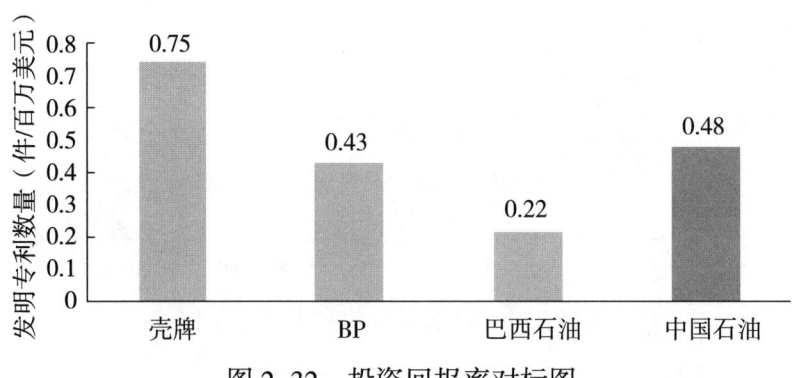

图2-32 投资回报率对标图

第二章 中国石油能源化工领域人才和创新高地建设情况及对标分析

综上所述，在价值产出这一维度上，中国石油在年新增授权发明专利上数量突出，其他3项指标在4家对标企业中均处于相对平均的水平。

3. 环境支持

环境支持主要通过研发经费投入、经费投入比、能源转型、创新创效适宜度等5个指标来衡量。

（1）研发经费投入

在研发经费投入方面，中国石油数据遥遥领先，比壳牌的研发经费投入的2倍还要多，如图2-33所示。

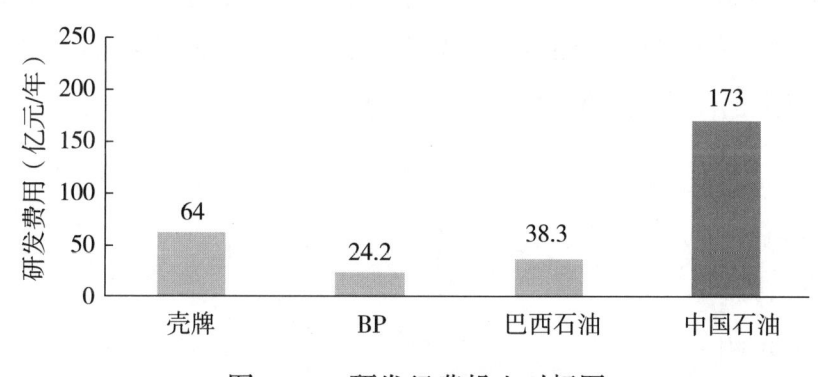

图2-33 研发经费投入对标图

（2）经费投入比

在经费投入比方面，通过"企业全球研发经费投入占整体经营投入的比例"进行衡量。巴西石油以超过1%的经费投入比而位列4家企业第一；中国石油位列第二，但与巴西石油差距不大；壳牌、BP位于第三、第四，与中国石油均有较明显的差距，如图2-34所示。

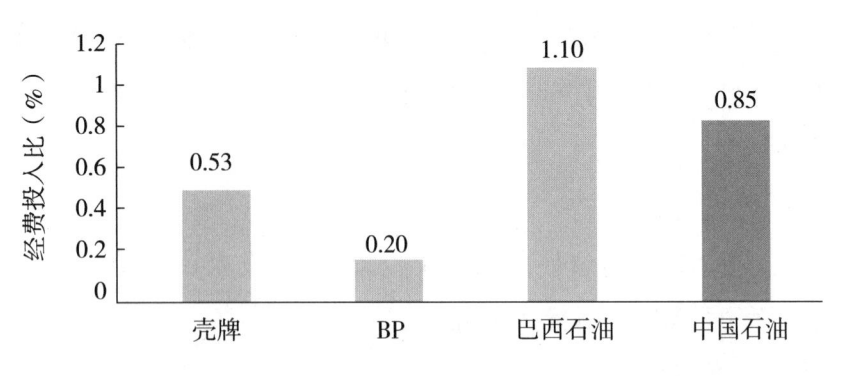

图 2-34　经费投入比对标图

（3）能源转型投入

在能源转型方面，通过"用于能源转型的经费投入"来衡量。中国石油在能源转型上的投入略高于壳牌，但与巴西石油、BP 存在显著差距，不到 BP 的 1/5，如图 2-35 所示。

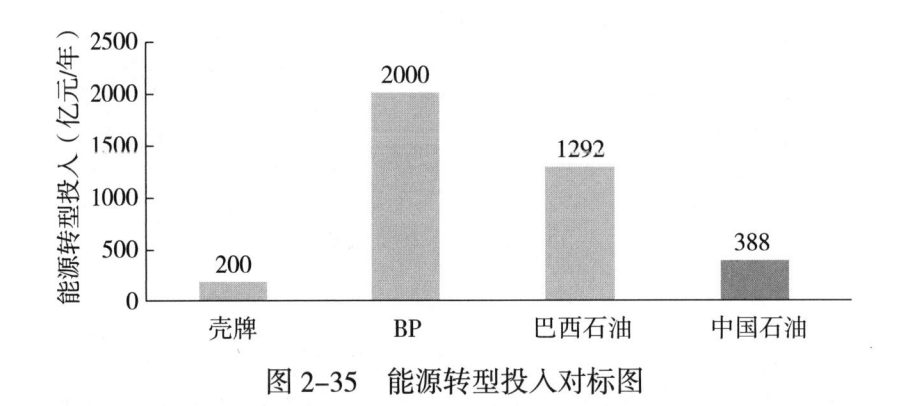

图 2-35　能源转型投入对标图

（4）创新创效适宜度

在创新创效适宜度方面，通过对油气开发领域 30 位资深专家学者进行问卷调查，对 4 家企业在"研发人员的机会识别能力""企业研发人员的工作能力""企业内部的创新文化氛围""企业行政机构的办事效率""企业创新政策完善程度""科技研发的资金支持程度""研发基础设施的完善程度"7个方面的水平进行评价打分,采用 Likert 5 点计分法统计评分并进行百分制处理后得到结果,如图 2-36 所示。

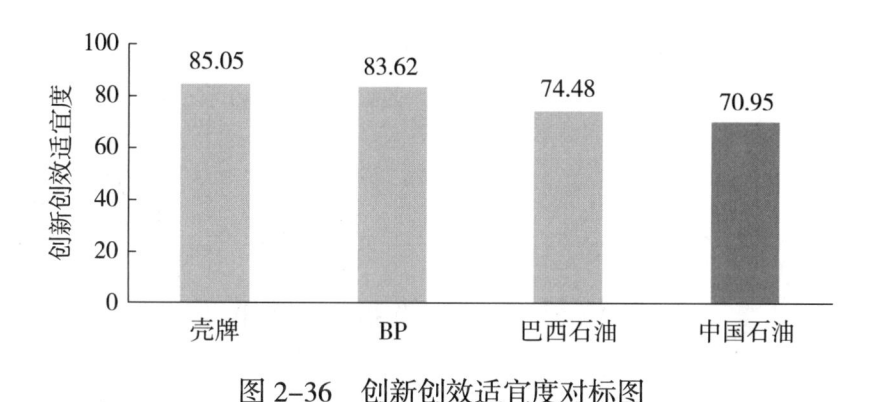

图 2-36　创新创效适宜度对标图

由图 2-36 可知,专家认为壳牌的创业生态环境最好,壳牌和 BP 这 2 家公司的评分显著高于巴西石油和中国石油,2 个梯队之间具有不小差距,中国石油在油气开发领域的创业生态环境仍有较大完善和提升空间。

综上所述,在环境支持这一维度,中国石油对科研中心、科研经费的投入在 4 家对标企业中都较为强势,在能源转型上的投入和支持上相对保守;专家对中国石油创新创效适宜度的评价差强人意,这一现象需要进一步探索分析。

4. 凝聚整合

凝聚整合主要通过高水平合作指数、研究合作范围、产业合作范围、论文合著网络中心度这 4 个指标来衡量。

(1)高水平合作指数

通过对美国石油工程师协会(Society of Petroleum Engineers)数据库 2021 年发表的油气开发领域论文的作者、所属公司等信息进行数据抓取，共收集中国石油、壳牌、BP 和巴西石油 4 家公司的合作论文 315 篇，具体的合作情况如图 2-37 所示。

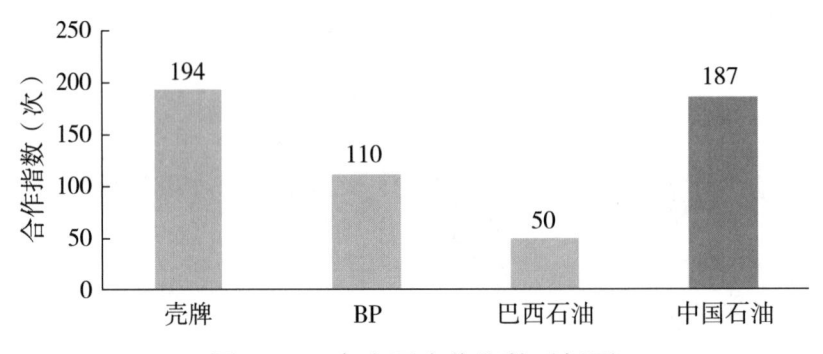

图 2-37　高水平合作指数对标图

由图 2-37 可知，壳牌在全球范围内的高水平合作次数最高，中国石油以微弱优势紧随其后，巴西石油在这一指标上的表现最弱。这一指标体现出在全球油气开发领域，中国石油具有优秀的高水平对外合作能力，体现出良好的凝聚整合全球科研资源的能力和竞争力。

（2）研究合作范围

在研究合作范围方面，壳牌和 BP 的合作范围更为广泛，相较而言，中国石油和巴西石油的研究合作范围较为狭窄，且中国石油与国内高校合作为主，国际合作项目较少，如图 2-38 所示。

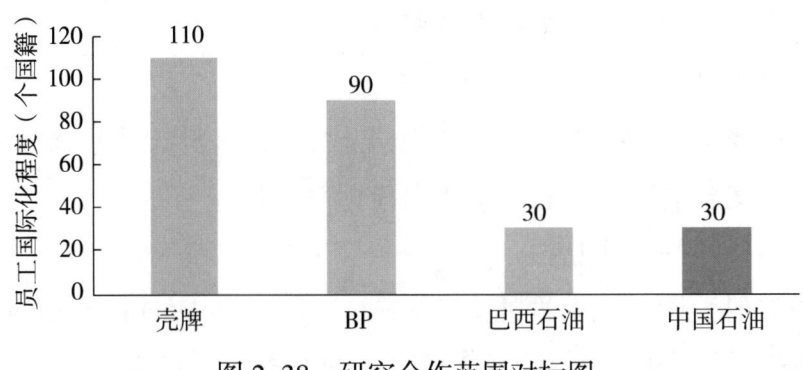

图 2-38　研究合作范围对标图

第二章　中国石油能源化工领域人才和创新高地建设情况及对标分析

（3）产业合作范围

在产业合作范围方面，壳牌和 BP 均与全球超过 70 个国家和地区展开产业合作，而中国石油只与 30 多个国家和地区建有产业合作关系，差距较大，中国石油在提升产业合作广度上还有很大空间，如图 2-39 所示。

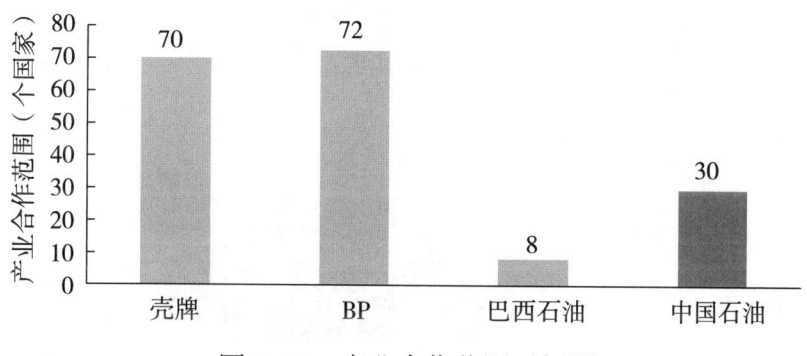

图 2-39　产业合作范围对标图

（4）论文合著网络中心度

在论文合著网络中心度方面，通过对美国石油工程师协会（Society of Petroleum Engineers）数据库 2021 年发表的工程建设领域论文的作者、所属公司等信息进行数据抓取，共收集中国石油、壳牌、BP 和巴西石油 4 家公司的合作论文 315 篇，运用 Gephi 软件进行论文合著网络中心度分析得到结果，如表 2-66、图 2-40、图 2-41 所示。

表 2-66　论文合著网络中心度对表分析表

序号	公司名称	网络中心度指数（标准化）	关联数	排名
1	中国石油	0.63962	114	2
2	壳牌	1	143	1
3	BP	0.446673	80	3
4	巴西石油	0.247492	46	4

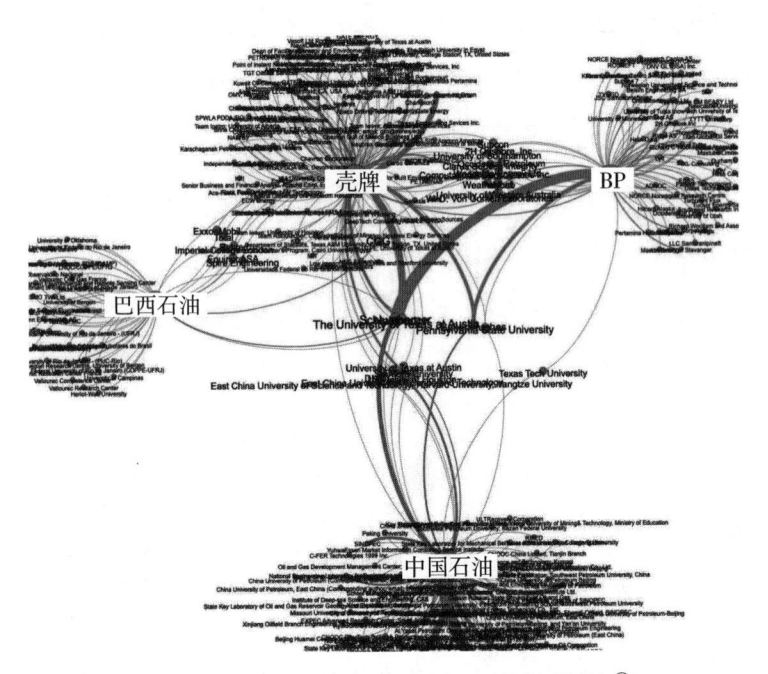

图 2-40　论文合著网络中心度簇状图[①]

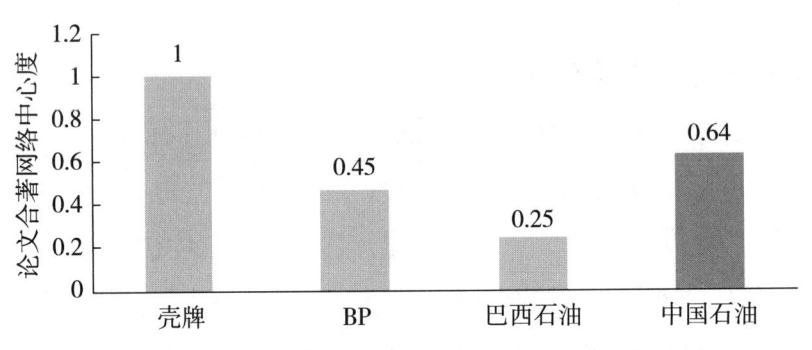

图 2-41　论文合著网络中心度对标图

由表 2-66、图 2-40、图 2-41 可知，壳牌在全球油气开发领域的论文合著网络中处于较为中心地位，与其他科研院所和公司的科研合作频次最多、关联最广。中国石油与外部单位的合作次数在 4 家单位中排名第二，在全球油气开发领域也处于优势地位。但也应

---

① 本图只体现壳牌、BP、巴西石油和中国石油 4 家企业的关键节点。

看到，中国石油主要的合作对象多为国内科研院所及高校，其他3家企业在合作网络中联系更为紧密、共同合作对象更多，且壳牌和BP与斯伦贝谢的关联合作较多，反映出壳牌与BP这2家公司整合产业上下游研究合作的能力较强。

综上所述，在凝聚整合这一维度，中国石油在员工国际化程度、产业合作范围上都与壳牌、BP存在较为显著的差距，且与以其他3家对标企业为代表的一流油气与新能源企业的合作相对薄弱，联系有待加强。

5. 辐射带动

辐射带动主要通过专利被引用数量、专利转让数量、专利转化率、产品技术关联度这4个指标来进行衡量。

（1）专利被应用数量

在专利被引用数量方面，壳牌的被引用数量显著领先，数量为BP的2倍多；中国石油在这一方面差距较为明显，有很大的追赶空间，如图2-42所示。

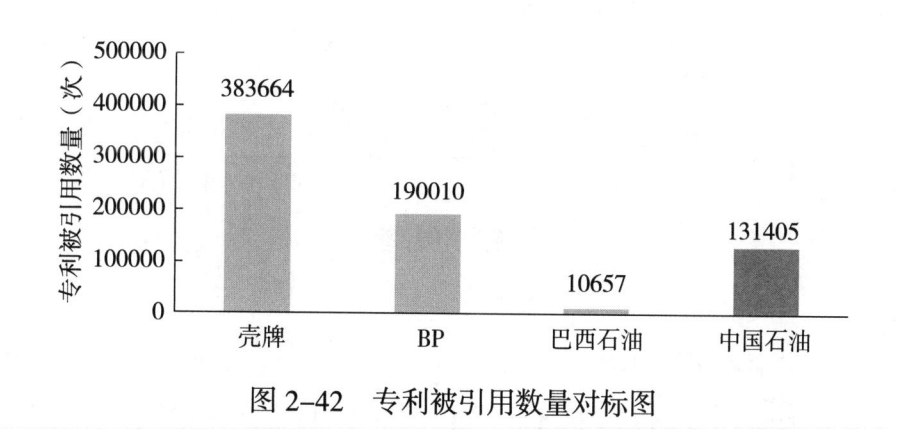

图2-42 专利被引用数量对标图

（2）专利转让数量

在专利转让数量方面，中国石油位列第一且与第二名拉开了较为明显的差距，如图2-43所示。

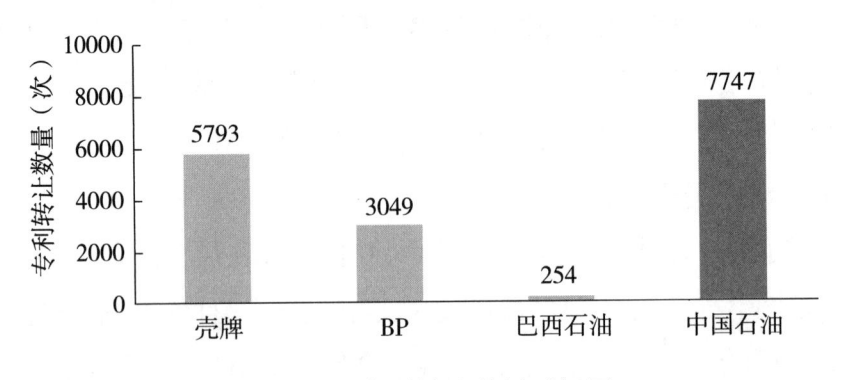

图 2-43　专利转让数量对标图

（3）专利转化率

在专利转化率方面，中国石油排名垫底，且与其他 3 家对标企业差距悬殊，如图 2-44 所示。

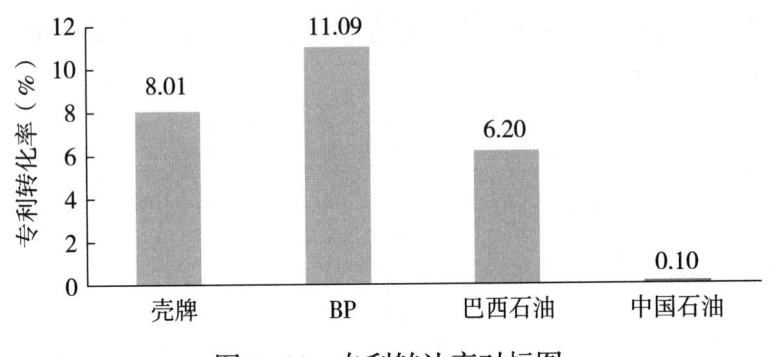

图 2-44　专利转让率对标图

（4）产品技术关联度

在产品技术关联度方面，通过对中国石油、壳牌、BP 和巴西石油 4 家公司的重要性排名前 2 位主营产品进行选取排名，借鉴 Hidalgo et al.（2007）的共存分析法（co-occurrence approach）并运用 Python 软件对本次选取的 10 个产品在全球贸易网络中的关联程度进行测算得到结果，见表 2-67。

表 2-67 产品技术关联度对标分析表

序号	公司	产品及其代码	关联度取值	排名
1	中国石油	天然气 2711	95.47	1
2		原油 2709		
3	壳牌	原油 2709	73.58	2
4		天然气 2711		
5	BP	天然气 2711	95.47	1
6		原油 2709		
7	巴西石油	原油 2709	73.58	2
8		天然气 2711		

由表 2-67 可知，虽然 4 家单位的主营产品均为原油和天然气，但在中国石油和 BP 的 2 项产品中，具有更高产品关联度的产品排名更加靠前，因此产品技术关联度相对壳牌和巴西石油较好。由于主营产品同质化，因此在产品技术关联度这项指标上，4 家差距较小。

综上所述，在辐射带动这一维度，中国石油的专利转让数量和产品技术关联度都处于 4 家对标企业的领先位置，但在专利被引用数量和专利转化率上仍与壳牌、BP 存在较大差距。

（二）炼油化工方面对标数据及解析

中国石油在炼油化工方面数据与中国石化、霍尼韦尔 UOP、巴斯夫 3 家公司对标分析见表 2-68。对标分析数据来源于各公司 2020 年年报、公司官网，全球油气勘探开发形势及油公司动态。

表 2-68 炼化和新材料领域关键指标对标分析表

序号	一级指标	二级指标	中国石化	霍尼韦尔UOP	巴斯夫	中国石油
1	人才实力	研发人员数量（万人）	4	0.1	1	3
2		高水平研究人员数量（人）	543	34	401	718
3		研发人员占比（%）	8	25	9.1	2.71
4		人才潜能指数（得分）	81.90	89.52	91.43	80.24
5	价值产出	新增授权发明专利数量（件/年）	5868	375	4458	1661
6		高水平论文数量（篇）	381	19	285	414
7		价值产出比（件/万人）	88	937	401	15
8		投资回报率（件/百万数）	2.7	3.6	2.9	0.48
9	环境支持	研发中心数量	21	30	70	2
10		研发经费投入（亿元/年）	144.1	6.9	152.1	208.4
11		经费投入比（%）	0.6	3.5	3.3	0.85
12		创新创效适宜度	81.73	89.69	89.39	76.63
13	凝聚整合	高水平合作指数（次）	182	3	129	207
14		员工国际化程度（个国籍）	50	19	90	40
15		产业合作范围（个国家）	16	80	90	30
16		论文合著网络中心度	0.77	0	0.17	1
17	辐射带动	专利被引用数量（次）	167353	167353	926240	131405
18		专利转让数量（次）	3087	4278	20499	7747
19		专利转化率（%）	0.1	24.76	0.84	0.1
20		产品技术关联度	186.12	187.58	209.14	183.30

1. 人才实力

人才实力主要通过研发人员数量、高水平研究人员数量、研发人才占比、人才潜能指数等指标衡量。

（1）研发人员数量

在研发人员数量上，中国石油略少于中国石化，二者同位列第

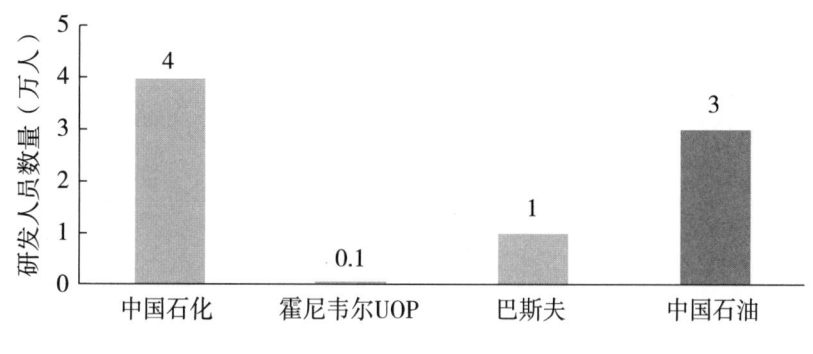

一梯队，人数显著多于另外 2 家对标企业，如图 2-45 所示。

图 2-45　研发人员数量对标图

（2）高水平研究人员数量

在高水平研究人员数量上，中国石油位列第一，且比第二名中国石化多出近 200 人，可以看出在高水平研究人员的规模上中国石油在 4 家企业中是具有一定优势的，如图 2-46 所示。

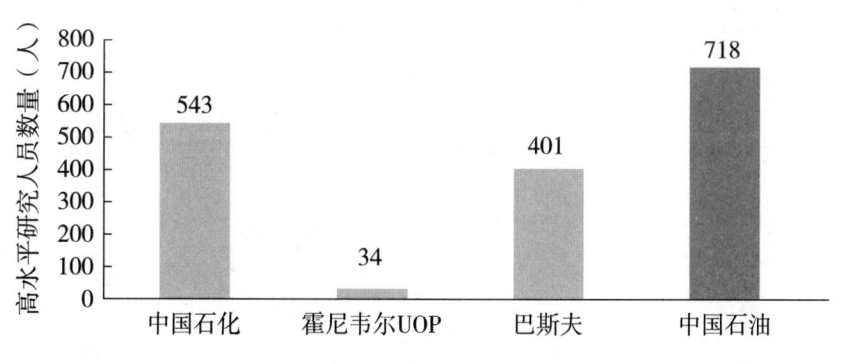

图 2-46　高水平研究人员数量对标图

（3）研发人员占比

在研发人员占比上，中国石油仅有 2.71%，远远低于中国石化、霍尼韦尔 UOP 和巴斯夫，如图 2-47 所示。

图 2-47　研发人员占比对标图

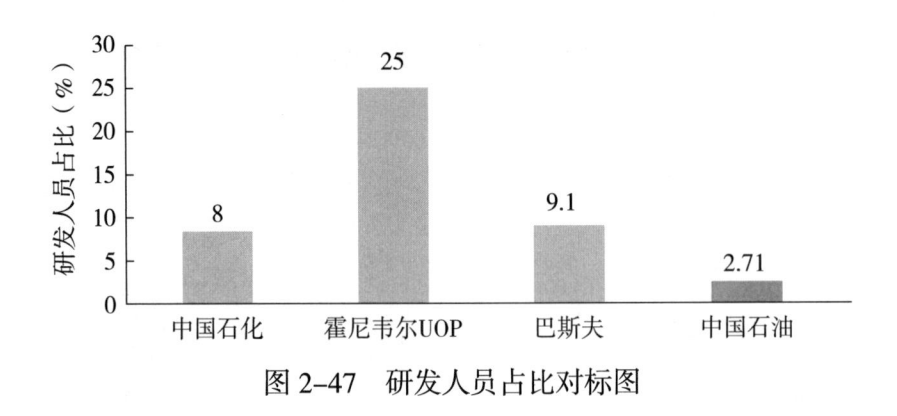

（4）人才潜能指数

在人才潜能指数上，通过对炼化领域 28 位资深专家学者进行问卷调查，对 4 家企业在"企业人才完成本职工作的能力水平""企业人才能够在短时间内承担同层级更重要工作的能力""企业人才能够在 3~5 年甚至更短时间内承担更高层级工作的能力"3 个方面的水平进行评价打分，采用 Likert 5 点计分法统计评分并进行百分制处理后得到结果，如图 2-48 所示。

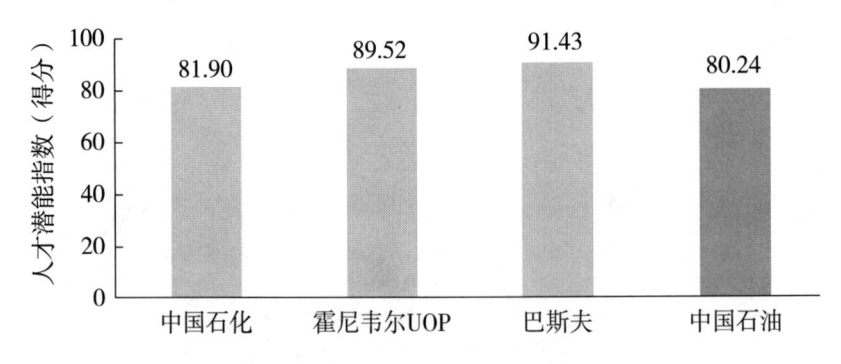

图 2-48　人才潜能指数对标图

由图 2-48 可知，专家认为巴斯夫的人才潜能指数最高，巴斯夫和霍尼韦尔 UOP 这 2 家公司的评分显著高于中国石化和中国石油，

2个梯队之间具有不小差距,中国石油在炼化领域的人才潜能尚需挖掘和提升。

综上所述,在人才实力这一维度上,中国石油在高水平研究人员数量上占据较为明显的优势,在研究人员数量、人才潜能方面处于平均水平,但在研发人员占比上处于劣势地位,与国外对标企业存在显著差距。

2. 价值产出

价值产出主要通过年新增授权发明专利数量、高水平论文数量、价值产出比(每万人发明专利数量)、投资回报率(每百万美元科研投入发明专利数量)等指标衡量。

(1)年新增授权发明专利数量

在年新增授权发明专利数量方面,中国石油显著高于霍尼韦尔UOP,但也显著低于中国石化、巴斯夫,如图2-49所示。

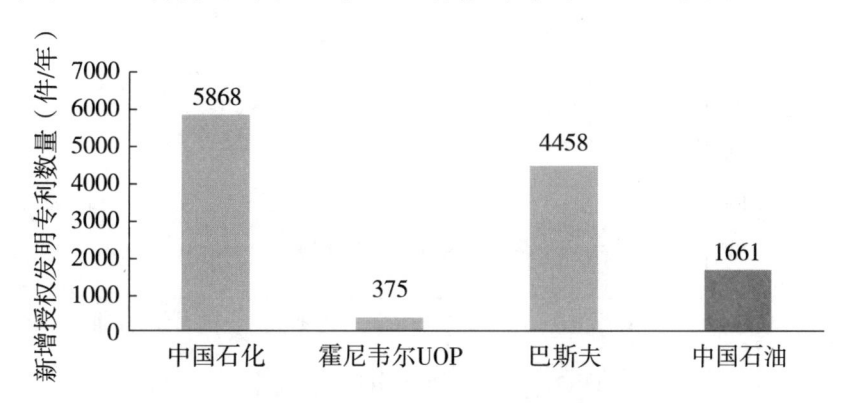

图2-49 年新增授权发明专利数量对标图

(2)高水平论文数量

在高水平论文数量方面,从数据上来看,中国石油位列第一,中国石化紧随其后,与巴斯夫、霍尼韦尔 UOP 都拉开了较明显差距,如图2-50所示。

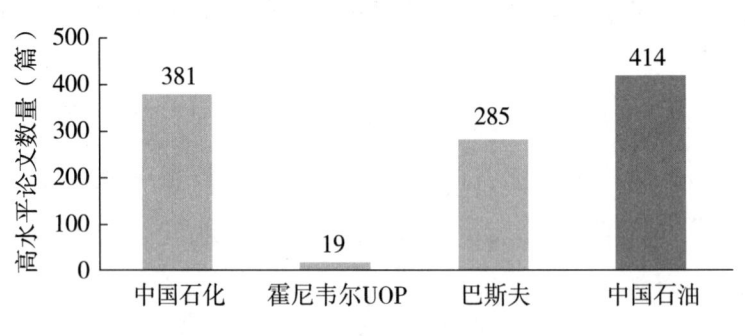

图 2-50　高水平论文数量对标图

（3）价值产出比

在价值产出比（每万人发明专利数量衡量）方面，中国石油与中国石化被 2 家国外对标企业大幅甩在身后；而中国石油与中国石化的差距也很明显，有很大的追赶空间，如图 2-51 所示。

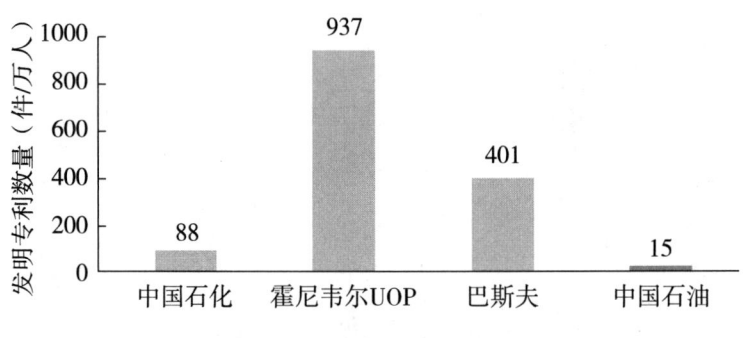

图 2-51　价值产出比对标图

（4）投资回报率

在投资回报率（每百万美元科研投入发明专利数量）方面，中国石油都被其他对标企业甩在身后，差距明显，有很大的追赶空间如图 2-52 所示。

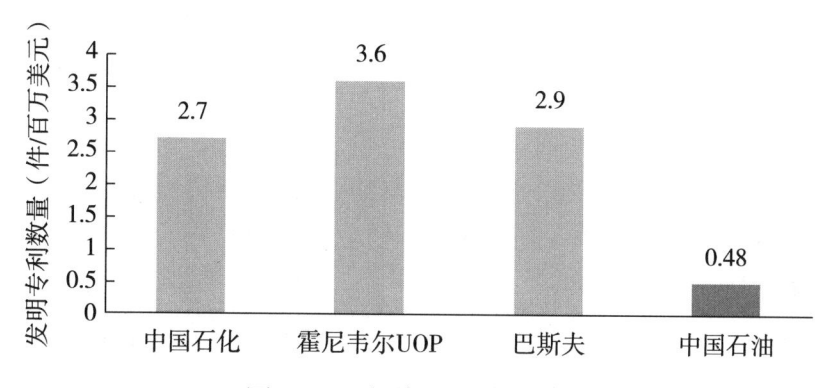

图 2-52　投资回报率对标图

综上所述,在价值产出这一维度上,中国石油的高水平论文数量高于其他 3 家对标企业,但在其他 3 项指标(年新增授权发明专利数量、价值产出比、投资回报率)均处在较为弱势的地位,有很大的发展和追赶空间。

3. 环境支持

环境支持主要通过研发中心数量、研发经费投入、经费投入比、创新创效适宜度等指标衡量。

(1)研发中心数量

在研发中心数量方面,为确保可比性,中国石油、中国石化均选取各自拥有的国家级研发中心数量进行对比。与对标单位中国石化相比,中国石化国家级炼油化工研发平台达到 21 个,而且研究领域基本覆盖炼化产业链,而中国石油只有 2 个。这表明中国石油仍欠缺有影响力的国家级炼油化工研发平台,如国家重点实验室、国家工程中心等,如图 2-53 所示。

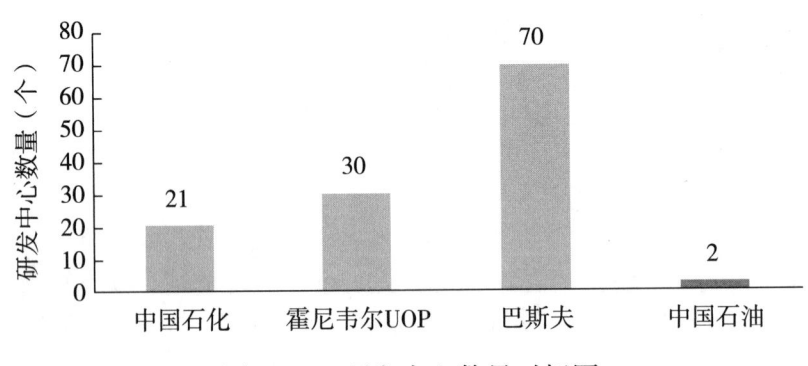

图 2-53　研发中心数量对标图

（2）研发经费投入

在研发经费投入方面，可以看出，中国石油研发经费投入均远高于对标企业，差不多是中国石化的 1.5 倍，如图 2-54 所示。

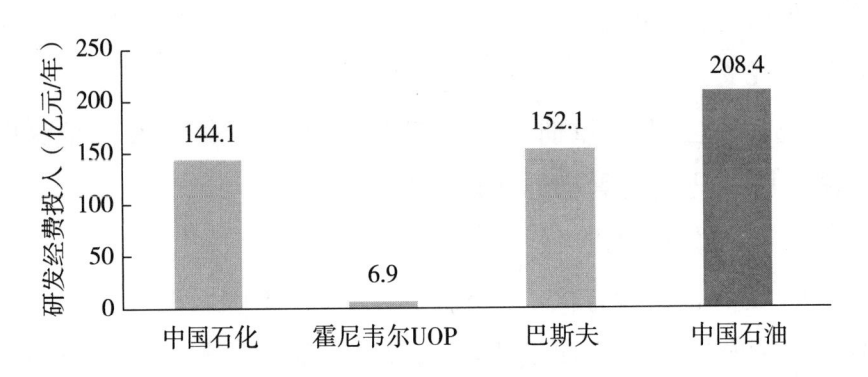

图 2-54　研发经费投入对标图

（3）经费投入比

在经费投入比（研发经费占整体经营投入的比例）方面，可以看出，中国石油经费投入比高于中国石化，但远低于霍尼韦尔 UOP 和巴斯夫，这 2 家国外公司的经费投入比均超过 3%，如图 2-55 所示。

图 2-55　经费投入比对标图

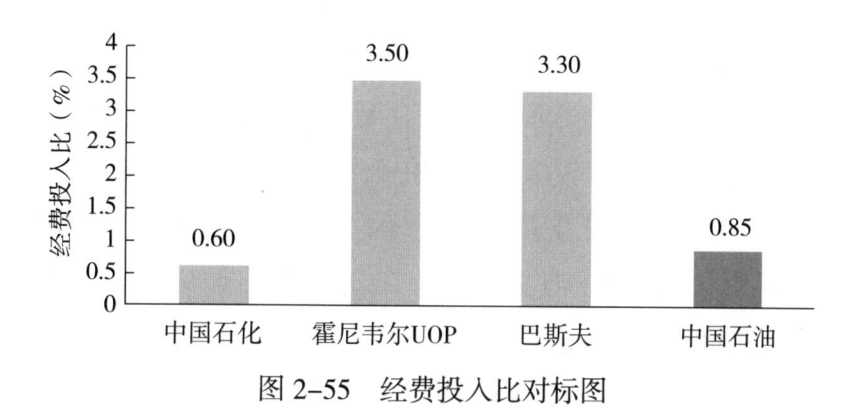

（4）创新创效适宜度

在创新创效适宜度方面，通过对炼化领域 28 位资深专家学者进行问卷调查，对 4 家企业在"研发人员的机会识别能力""企业研发人员的工作能力""企业内部的创新文化氛围""企业行政机构的办事效率""企业创新政策完善程度""科技研发的资金支持程度""研发基础设施的完善程度"7 个方面的水平进行评价打分，采用 Likert 5 点计分法统计评分并进行百分制处理后得到结果，如图 2-56 所示。

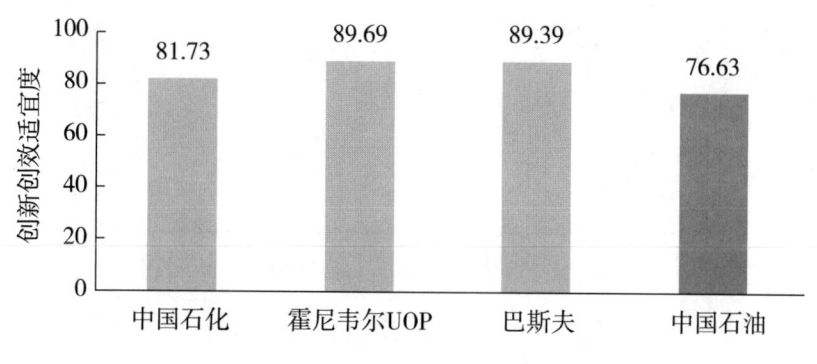

图 2-56　创新创效适宜度对标图

由图 2-56 可知，专家认为霍尼韦尔 UOP 的创业生态环境最好，霍尼韦尔 UOP 和巴斯夫 2 家公司之间差距较小且评分显著高于中国石化和中国石油，2 个梯队之间具有明显差距，中国石油在炼化领域的创业生态环境仍有较大完善和提升空间。

综上所述，在环境支持这一维度，中国石油在研发经费投入上远高于其他对标企业，但其他指标（研发中心数量、经费投入比、创新创效适宜度）均显著低于国外的对标企业，原因有待更为深入的探索和分析。

4. 凝聚整合

凝聚整合主要通过高水平合作指数、员工国际化程度、产业合作范围、论文合著网络中心度等指标衡量。

（1）高水平合作指数

通过对美国化学学会（American Chemical Society）数据库 2021 年发表的炼化领域论文的作者、所属公司等信息进行数据抓取，共收集中国石油、中国石化、巴斯夫和霍尼韦尔 UOP 4 家公司的合作论文 498 篇，具体的合作情况如图 2-57 所示。

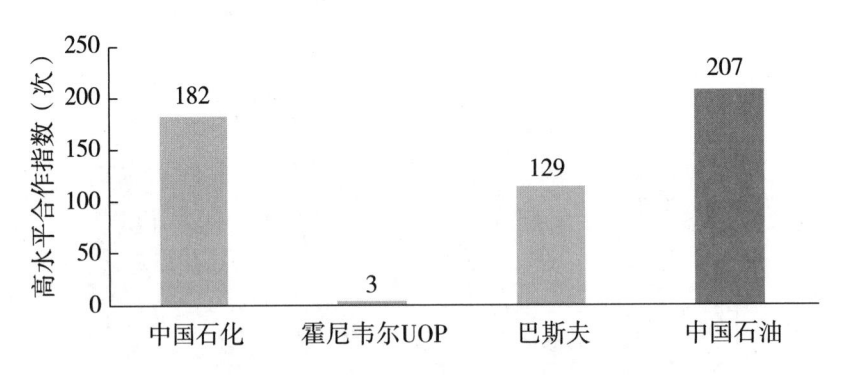

图 2-57 高水平合作指数对标图

第二章　中国石油能源化工领域人才和创新高地建设情况及对标分析

由图 2-57 可知，中国石油在全球范围内的高水平合作次数最高，中国石化以微弱优势紧随其后，巴斯夫位列第三，霍尼韦尔 UOP 在这一指标上的表现最弱。这一结果体现出在全球炼化领域的研究中，中国石油具有顶尖的高水平对外合作能力，体现出优秀的凝聚整合全球科研资源的能力和竞争力。

（2）员工国际化程度

在员工国际化程度方面，跟国外的对标企业相比，中国石油略高于霍尼韦尔 UOP，但仍明显低于巴斯夫，如图 2-58 所示。

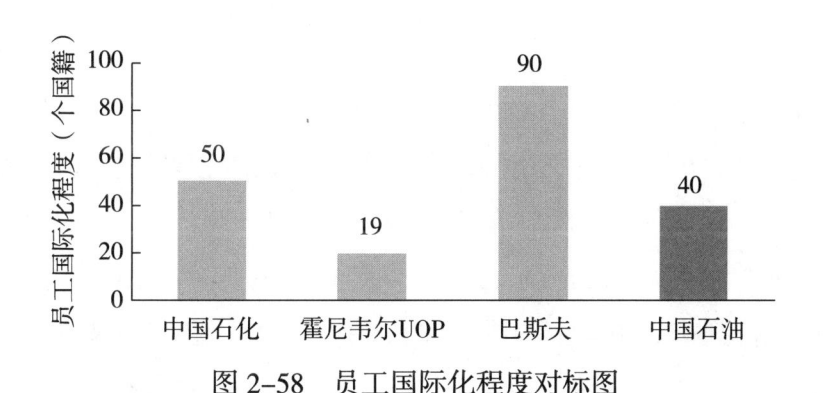

图 2-58　员工国际化程度对标图

（3）产业合作范围

在产业合作范围方面，中国石油在炼化技术合作范围上高于对标企业中国石化，但仍远低于国外的对标企业霍尼韦尔 UOP、巴斯夫，仅为巴斯夫的 1/3 左右，可见在国际产业合作上，仍有广阔的探索与发展空间，如图 2-59 所示。

图 2-59 产业合作范围对标图

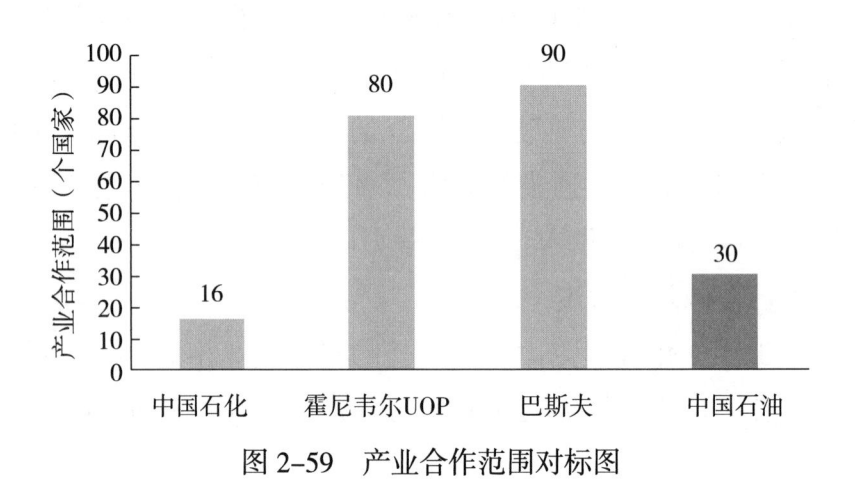

（4）论文合著网络中心度

在论文合著网络中心度方面，通过对美国化学学会（American Chemical Society）数据库中在 2021 年发表的所有论文（包括长论文 Article 和通讯 Communication 等论文形式）的作者、所属公司等信息进行数据抓取，共收集中国石油、中国石化、巴斯夫和霍尼韦尔 UOP 4 家公司的合作论文 498 篇，运用 Gephi 软件进行中心度分析得到结果，如表 2-69、图 2-60、图 2-61 所示。

表 2-69 论文合著网络中心度对标分析表

序号	公司名称	网络中心度指数（标准化）	关联数	排名
1	中国石化	0.765697	85	2
2	霍尼韦尔 UOP	0.002608	2	4
3	巴斯夫	0.170055	46	3
4	中国石油	1	100	1

第二章　中国石油能源化工领域人才和创新高地建设情况及对标分析

图 2-60　论文合著网络中心度对标图

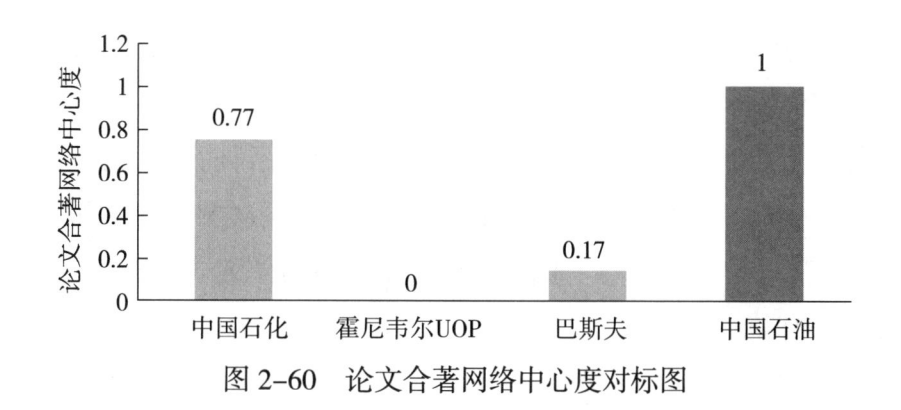

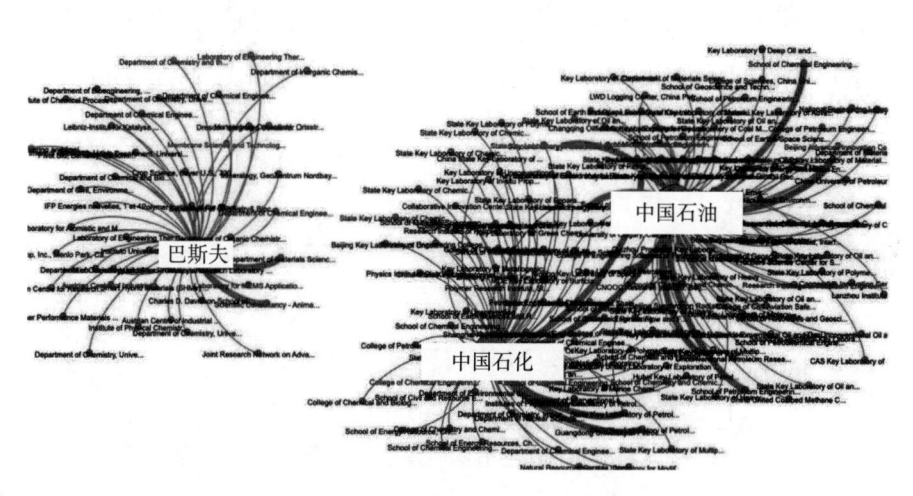

图 2-61　论文合著网络中心度示意图[①]

由表 2-69、图 2-60、图 2-61 可知，中国石油在全球炼化领域研究合作网络中处于中心地位，与其他科研院所和公司的科研合作频次最多、关联最广。中国石油与中国石化合作密切，与另外 2 家

---

① 本图只体现中国石化、霍尼韦尔 UOP、巴斯夫以及中国石油 4 家企业的关键节点。

企业的直接联系很少。4家企业的论文合著网络呈现出"联结多极化、自成体系化"的特点。

综上所述，在凝聚整合这一维度上，中国石油在论文合著网络中心度上分数最高，与其他企业的科研合作频次最多、关联最广；但在员工国际化程度、产业合作范围等方面与一流企业的差距较为明显，仍有待加强。

5. 辐射带动

辐射带动主要通过专利被引用数量、专利转让数量、专利转化率、产品技术关联度等指标衡量。

（1）专利被引用数量

在专利被引用数量方面，巴斯夫以绝对优势遥遥领先，中国石化与霍尼韦尔UOP相同，均略高于中国石油，如图2-62所示。

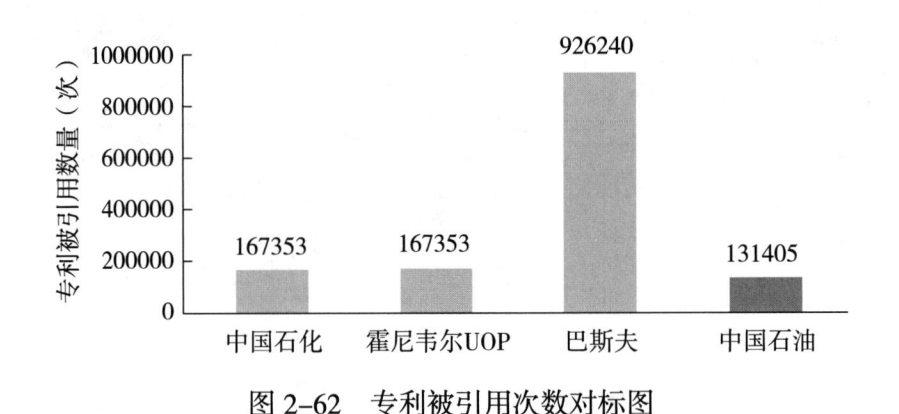

图 2-62 专利被引用次数对标图

（2）专利转让数量

在专利转让数量方面，巴斯夫处于领先位置；中国石油位居第二，自成第二梯队，虽与巴斯夫存在很大差距，但显著高于第三梯队的霍尼韦尔UOP和中国石化，如图2-63所示。

第二章　中国石油能源化工领域人才和创新高地建设情况及对标分析

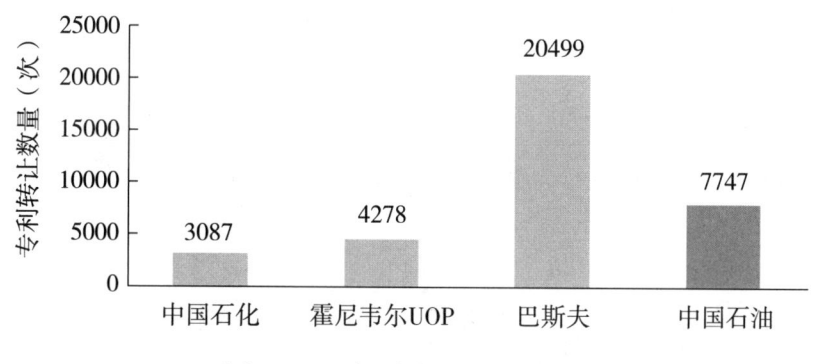

图 2-63　专利转让数量对标图

（3）专利转化率

在专利转化率方面，霍尼韦尔 UOP 一枝独秀以绝对优势遥遥领先，中国石油与中国石化同时垫底，显著低于其他 2 家对标企业，如图 2-64 所示。

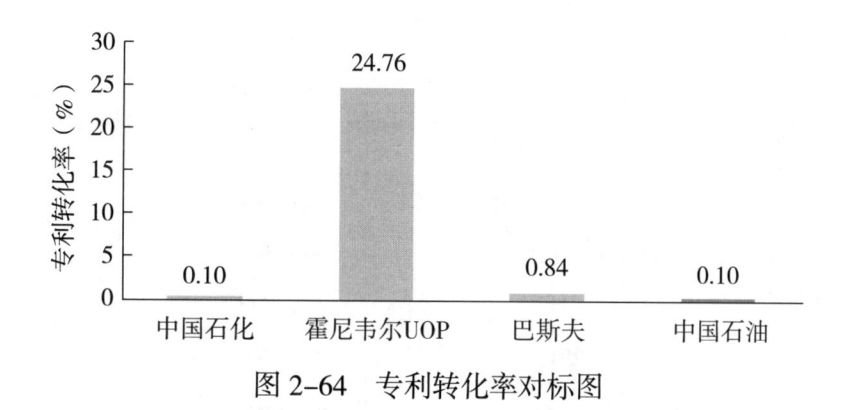

图 2-64　专利转化率对标图

（4）产品技术关联度

在产品技术关联度方面，通过对中国石油、中国石化、巴斯夫和霍尼韦尔 UOP 的重要性排名前 8 位的主营产品进行选取排名，借鉴 Hidalgo et al.（2007）的共存分析法（co-occurrence approach）并运用 Python 软件对本次选取的 8 个产品在全球贸易网络中的关联程度进行测算得到结果,如表 2-70、图 2-65 所示。

表 2-70 产品技术关联度对标分析表

序号	公司	产品及其代码	关联度	关联度取值	排名
1	中国石化	成品油 2710	147.1317	186.11715	3
2		乙烯 2901	183.5542		
3		苯、甲苯、对二甲苯 2902	177.0698		
4		聚乙烯 3901	200.9243		
5		聚丙烯 3902	217.9091		
6		乙二醇 2905	152.0074		
7		苯乙烯 2902	177.0698		
8		聚酯 3907	233.2709		
1	霍尼韦尔 UOP	分子筛 2842	62.46228	187.5819225	2
2		氧化铝 2818	123.2675		
3		催化剂 3815	205.131		
4		吸附剂 3824	193.2375		
5		对二甲苯吸附剂 2902	177.0698		
6		催化剂再生控制系统 8537	217.6556		
7		旋转阀 8481	260.0906		
8		塔内件 8419	261.7411		
1	巴斯夫	丙烯酸 2916	243.6667	209.1395625	1
2		乙二醇 2905	152.0074		
3		环氧乙烷 2910	157.947		
4		涂料 3208	264.3235		
5		染料 3204	223.8249		
6		聚氨酯 3909	243.5183		
7		异氰酸酯 2929	182.6977		
8		催化剂 3815	205.131		

续表

序号	公司	产品及其代码	关联度	关联度取值	排名
1	中国石油	成品油 2710	147.1317	183.298725	4
2		乙烯 2901	183.5542		
3		聚乙烯 3901	200.9243		
4		聚丙烯 3902	217.9091		
5		苯、甲苯、对二甲苯 2902	177.0698		
6		ABS 树脂、苯乙烯 2902	177.0698		
7		合成橡胶 4002	210.7235		
8		乙二醇 2905	152.0074		

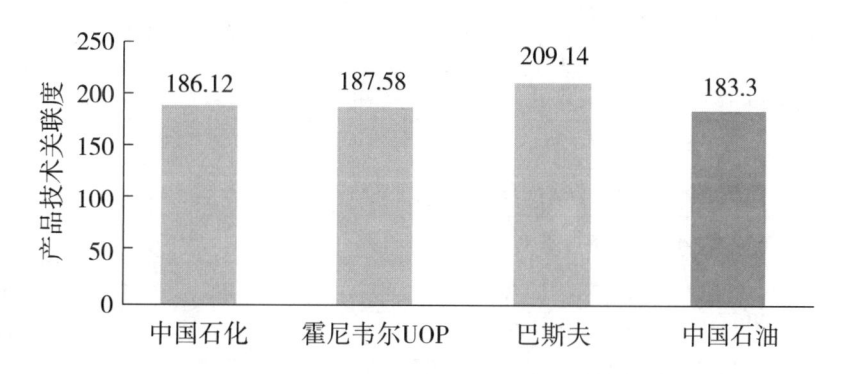

图 2-65 产品技术关联度对标图

由表 2-70、图 2-65 可知，巴斯夫的产品技术关联度指数最高，辐射带动作用在 4 家企业中最好，且在 4 家企业中具有领先优势。霍尼韦尔 UOP、中国石化和中国石油分列二、三、四名，中国石化与霍尼韦尔 UOP 差距较小。中国石油的产品技术关联度在 4 家单位中相对较弱，在全球炼化领域的产业影响力有待进一步提升。

综上所述，在辐射带动这一维度上，中国石油在专利转化数量方面处于相对领先的位置。但在其他 3 项指标，特别是专利被引用数量和产品技术关联度方面都与其他 3 家对标企业存在一定差距。

（三）工程技术服务方面对标数据及解析

中油技服与斯伦贝谢、哈里伯顿、贝克休斯3家公司对标分析见表2-71。[①] 对标分析数据来源于各公司2020年年报、公司官网，全球油气勘探开发形势及油公司动态（2021年）。

表2-71 工程技术服务领域关键指标对标分析表

序号	一级指标	二级指标	斯伦贝谢	哈里伯顿	贝克休斯	中国石油
1	人才实力	研发人员数量（万人）	8.6	4.09	5.5	11.2
2		高水平研究人员数量（人）	6988	2617	2428	520
3		研发人员占比	15%~20%	15%~20%	15%~20%	5%~10%
4		人才潜能指数（得分）	83.73	78.93	80.53	76.80
5	价值产出	新增授权发明专利数量（件/年）	590	2257	1490	438
6		高水平论文数量（篇）	3346	1563	1371	180
7		价值产出比（件/万人）	319	202	557	32
8		投资回报率（件/百万美元）	4.73	2.29	5.15	1.6
9	环境支持	研发中心数量（个）	54	12	17	9
10		研发经费投入（亿元/年）	40.02	21.32	41.06	19.07
11		经费投入比（%）	2.46	2.1	2.87	1.40
12		创新创效适宜度	84	80.46	80.8	72.11
13	凝聚整合	高水平合作指数（次）	544	173	155	89
14		员工国际化程度（个国籍）	160	130	150	40
15		产业合作范围（个国家）	120	70	120	80
16		论文合著网络中心度	1	0.35	0.30	0.16
17	辐射带动	专利被引用数量（次）	489099	397568	243571	40000左右
18		专利转让数量（次）	7886	10228	4634	2700
19		专利转化率（%）	16.72	18.39	17.37	0.1
20		产品技术关联度	194.85	193.38	198.25	204.97

---

① 在工程技术服务领域，中国石油的对标内容选取中油技服的相关数据与斯伦贝谢、哈里伯顿、贝克休斯进行对标分析。

第二章 中国石油能源化工领域人才和创新高地建设情况及对标分析

1. 人才实力

（1）研发人员数量

斯伦贝谢把人才战略放在三大战略（人才、技术、价值）之首，把员工多元化视为竞争优势，拥有来自160个国家的8.6万名研发人员；哈里伯顿拥有来自80多个国家的4万多名研发人员；贝克休斯拥有5.5万余名研发人员，其中约58%的员工在美国本土以外工作；中国石油的研发人员在4个公司中是最多的，用工总量在11.2万名，如图2-66所示。

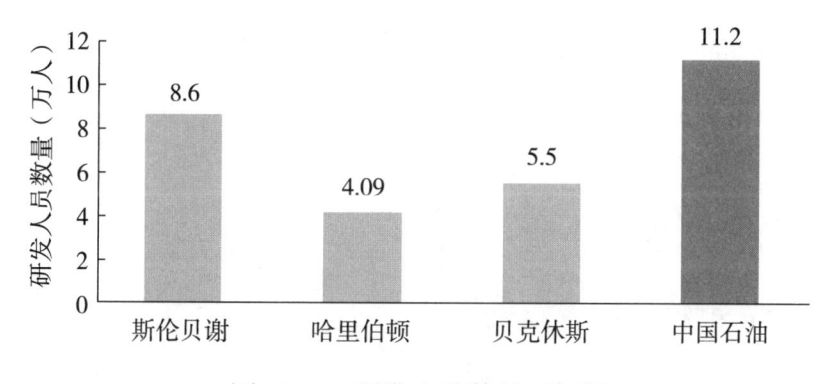

图2-66 研发人员数量对标图

（2）高水平研究人员数量

根据石油工程师协会（SPE）数据库中在2016—2021年期间发表所有文章（包括会期刊和期刊论文）数据统计的结果，斯伦贝谢公司中有6988人撰写的论文被SPE数据库收录，哈里伯顿有2617人撰写的论文被SPE数据库收录，贝克休斯有2428人撰写的论文被SPE数据库收录，而员工数量最大的中国石油只有520人有文章被SPE数据库收录，如图2-67所示。

图 2-67 高水平研究人员数量对标图

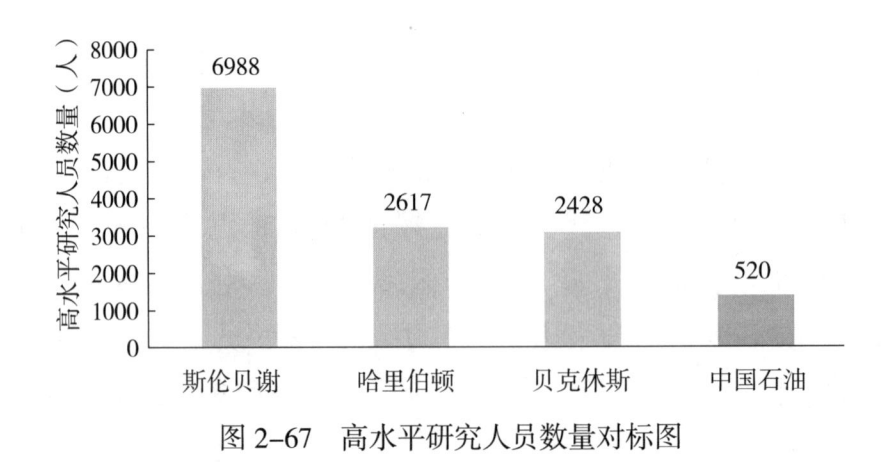

（3）研发人员占比

中国石油（中油技服）的研发人员占比尚不到其他3家对标企业的一半，差距较为明显，如图2-68所示。

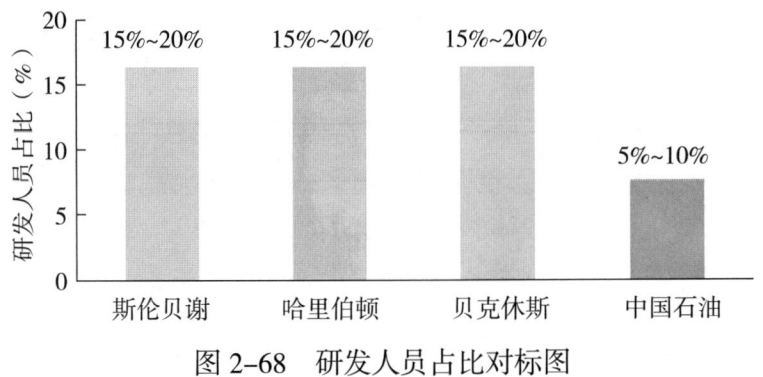

图 2-68 研发人员占比对标图

（4）人才潜能指数

通过对工程建设领域25位资深专家学者进行问卷调查，对4家企业在"企业人才完成本职工作的能力水平""企业人才能够在短时间内承担同层级更重要工作的能力""企业人才能够在3～5年甚至更短时间内承担更高层级工作的能力"3个方面的水平进行评价打分，采用Likert 5点计分法统计评分并进行百分制处理后，得到

第二章 中国石油能源化工领域人才和创新高地建设情况及对标分析

如下结果，如表 2-72、图 2-69 所示。

表 2-72 人才潜能指数对标分析表

公司名称	人才潜能综合得分	排名
斯伦贝谢	83.73	1
贝克休斯	80.53	2
哈里伯顿	78.93	3
中国石油	76.80	4

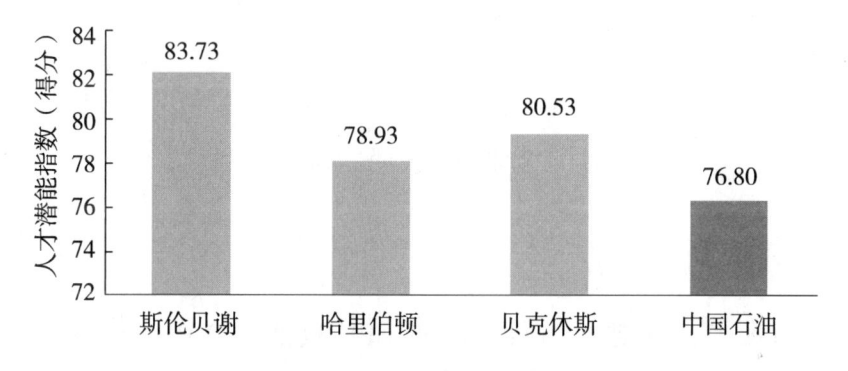

图 2-69 人才潜能指数对标图

由表 2-82、图 2-69 可知，专家认为斯伦贝谢的人才潜能指数最高，4 家公司之间梯队差距较为接近，中国石油在工程建设领域的人才潜能尚需挖掘和提升。

综合来看，中国石油在工程技术服务领域拥有最多的员工数量，而其高水平研究人员数量却是最少的，反映出中国石油员工的研究水平在所有公司处于垫底水平，有待进一步提升和加强。

2. 价值产出

（1）年新增授权发明专利数量

在年新增授权发明专利数量方面，2021 年，斯伦贝谢、哈里伯顿、贝克休斯年新增授权发明专利数量分别为 590 件、2257 件、

1490件，而中油技服年新增授权发明专利数量为438件，与国外先进油气工程技术服务公司的差距仍然较大，如图2-70所示。

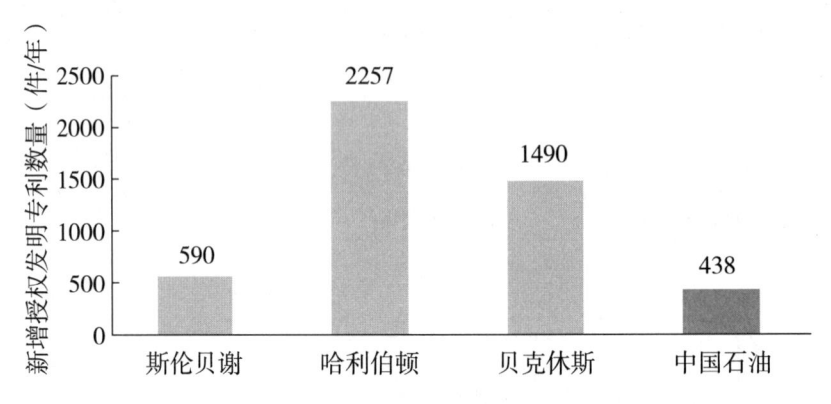

图2-70 年新增授权发明专利数量对标图

（2）高水平论文数量

在高水平论文数量方面，根据SPE数据库2016—2021年度收录的论文进行统计分析，斯伦贝谢、哈里伯顿、贝克休斯发表的高水平论文数量分别为3346篇、1563篇、1371篇，而中国石油仅为为180篇，与国外对标公司差距较大，如图2-71所示。

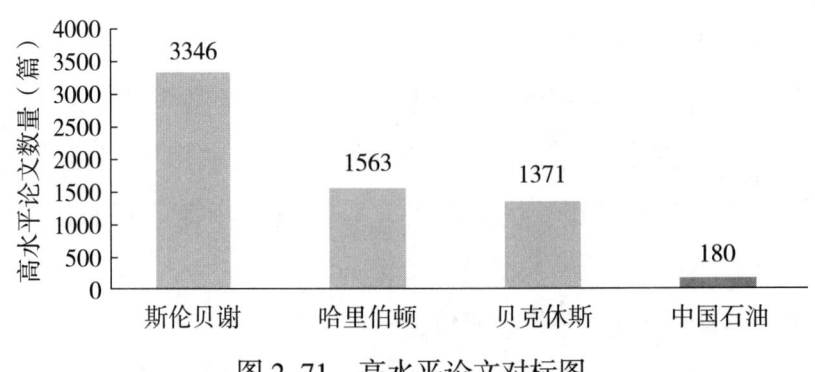

图2-71 高水平论文对标图

（3）价值产出比

在价值产出比（每万人发明专利数量）方面，贝克休斯、斯伦贝谢、哈里伯顿年新增发明专利数量分别为557件、319件、202件，中国石油为32件，与国外对标公司差距较大，如图2-72所示。

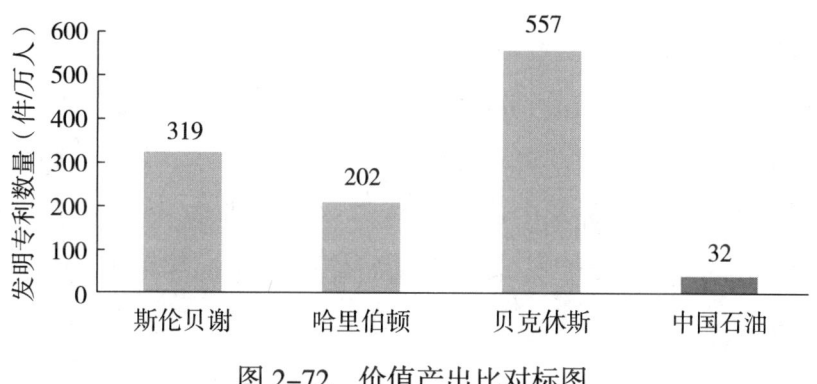

图 2-72 价值产出比对标图

（4）投资回报率

投资回报率采用"每百万美元科研投入发明专利数量"衡量。斯伦贝谢、哈里伯顿、贝克休斯投资回报率分别为4.73件、2.29件、5.15件，均高于中国石油，在这一指标上中国石油与国外对标公司差距较大，如图2-73所示。

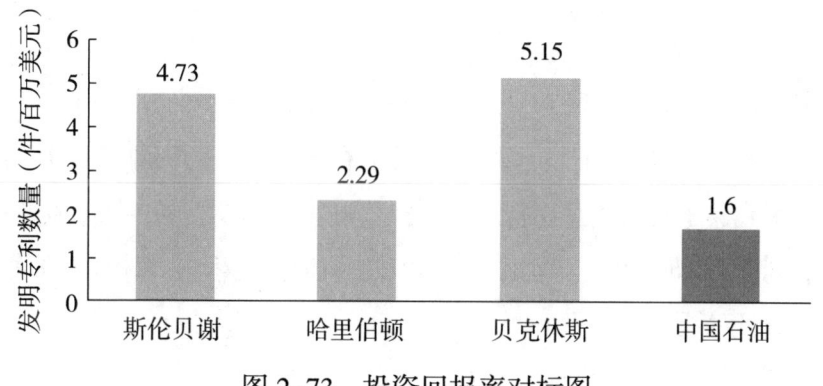

图 2-73 投资回报率对标图

综上所述，在价值产出方面，中国石油所有指标均呈现垫底状态，表明中国石油在工程技术服务领域人才的价值产出的数量、效率、占比都是表现最差的，与国际先进油服公司相比有非常大的差距。

3. 环境支持

（1）研发中心数量

斯伦贝谢在全球共有 54 个研发中心，分别为 9 个技术与产品研发中心、3 个工程与制造中心、25 个生产与作业中心、17 个产品与技术中心，近 3 年平均营业收入为 265 亿美元。哈里伯顿在全球有 12 个技术与产品研发中心，近 3 年平均营业收入为 174 亿美元。贝克休斯在全球有 17 个技术与产品研发中心，近 3 年平均营业收入为 217 亿美元（图 2-74）。

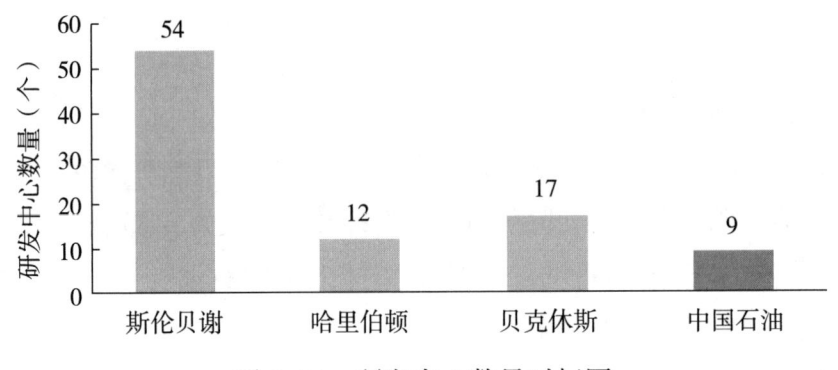

图 2-74　研发中心数量对标图

中国石油的工程技术业务板块拥有 9 家综合研究机构，构建重点实验室和基础科研平台 17 个，其中在物探、钻井拥有 2 个国家级别研发平台。研发涵盖物探、钻井、测井、录井、井下作业等完整技术系列。从研发中心数量来看，中国石油工程技术板块研发中心数量明显低于其他公司。

（2）研发经费投入

在研发经费投入方面，斯伦贝谢、哈里伯顿、贝克休斯年研发经费投入分别为 40.02 亿元、21.32 亿元、41.06 亿元，中国石油年研发经费投入为 19.07 亿元，与国外对标企业存在差距，如图 2-75 所示。

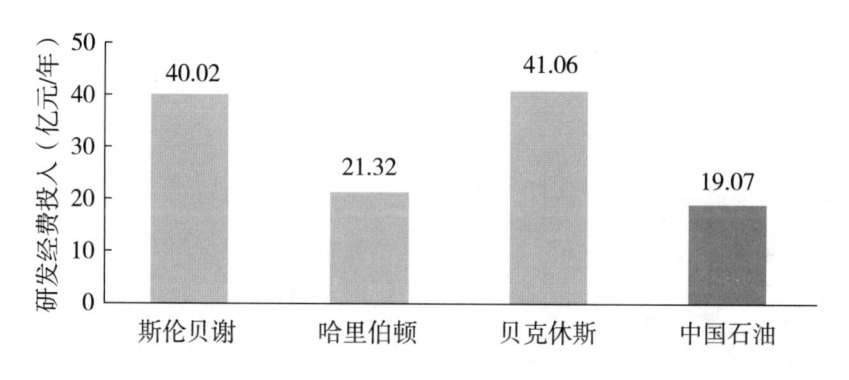

图 2-75　研发经费投入对标图

（3）经费投入比

在经费投入比方面，斯伦贝谢、哈里伯顿、贝克休斯年研发经费投入比分别为 2.46%、2.10%、2.87%，中国石油研发经费投入比为 1.40%，与对标企业存在差距，如图 2-76 所示。

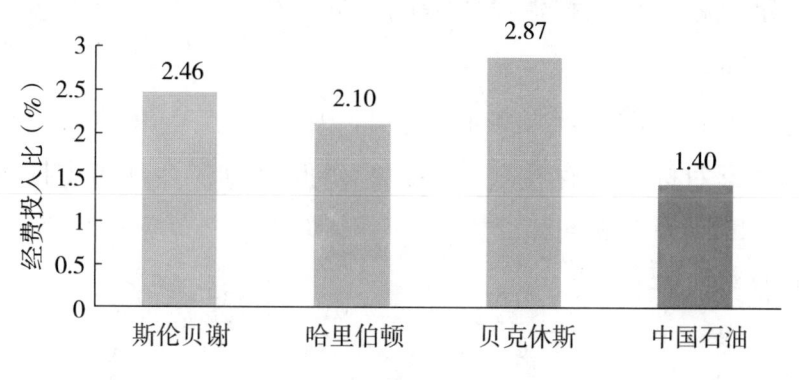

图 2-76　经费投入比对标图

（4）创新创效适宜度

通过对工程建设领域25位资深专家学者进行问卷调查，对四家企业在"研发人员的机会识别能力""企业研发人员的工作能力""企业内部的创新文化氛围""企业行政机构的办事效率""企业创新政策完善程度""科技研发的资金支持程度""研发基础设施的完善程度"7个方面的水平进行评价打分，采用Likert 5点计分法统计评分并进行百分制处理后得到结果，如图2-77所示。

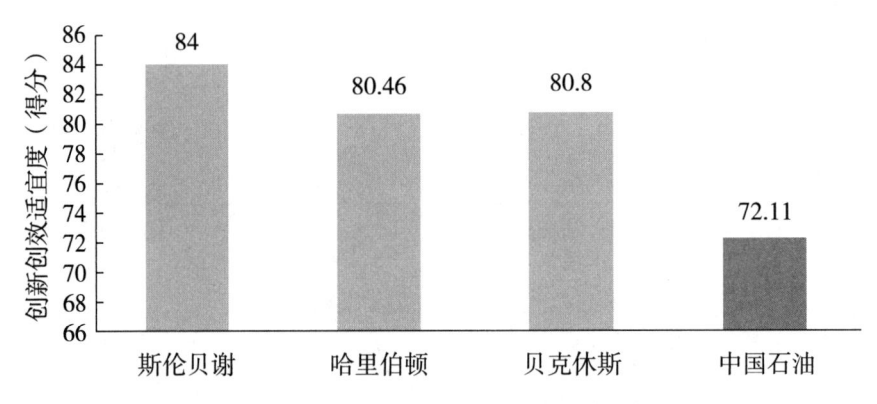

图 2-77 创新创效适宜度对标图

由图2-77可知，专家普遍认为斯伦贝谢的创新创效生态环境最好，第二、三名的2家公司较为接近，中国石油与另外3家公司存在一定差距，在工程建设领域的创新创效生态环境仍有较大完善和提升空间。

综上所述，除了研发中心数量，中国石油在其他3个指标上均与其他3家对标企业存在一定差距。由此可见，在环境支持这一维度上，中国石油还需加强。

4. 凝聚整合

（1）高水平合作指数

通过对美国石油工程师协会（Society of Petroleum Engineers）数

据库,在 2021 年期间发表的在油气工程技术服务领域发表论文的作者、所属公司等信息进行数据抓取,共收集中国石油、斯伦贝谢、哈利伯顿和贝克休斯 4 家公司的合作论文 649 篇,具体的合作情况如图 2-78 所示。

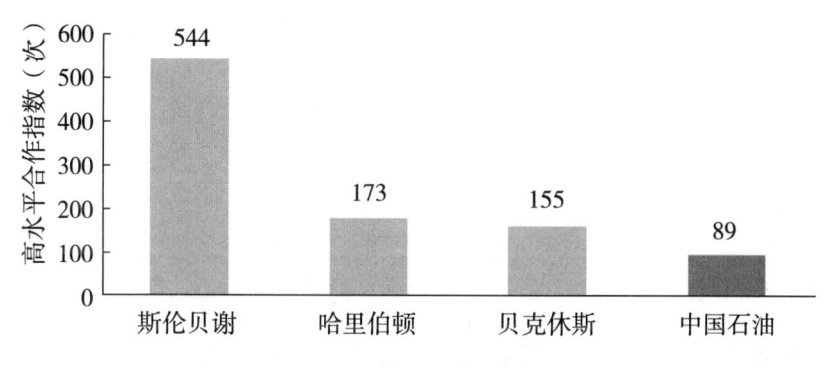

图 2-78 高水平合作指数对标图

由图 2-78 可知,斯伦贝谢的高水平合作次数最高,其他 3 家公司与斯伦贝谢存在较大差距,哈利伯顿与贝克休斯水平相对接近,中国石油在这一指标上的表现较弱,在全球范围内的高水平合作有待加强。

(2)员工国际化程度

在员工国际化程度方面,斯伦贝谢、贝克休斯、哈里伯顿员工国籍数量分别为 160、150、130,中国石油在全球凝聚了 40 个国家的员工,在人才国际化方面存在差距,如图 2-79 所示。

(3)产业合作范围

在产业合作方面,斯伦贝谢、贝克休斯、哈里伯顿业务范围覆盖国家数量分别为 120、120、70,中国石油在国际化产业合作范围方面存在差距,如图 2-80 所示。

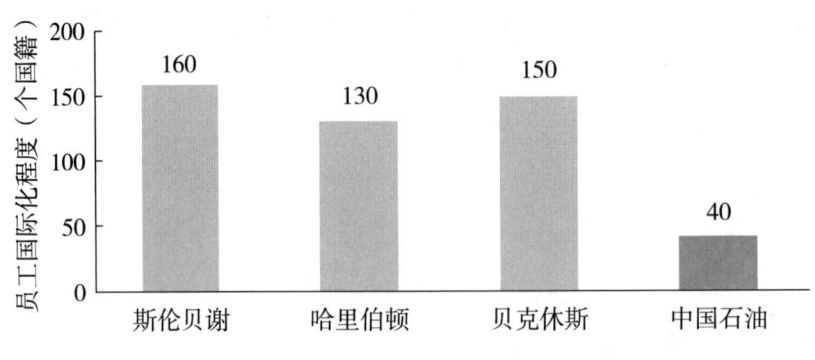

图 2-79　员工国际化程度对标图

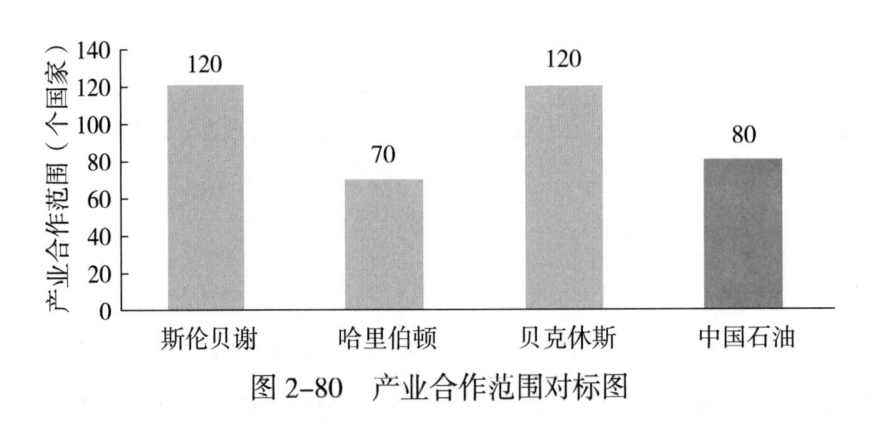

图 2-80　产业合作范围对标图

（4）论文合著网络中心度

通过对美国石油工程师协会（Society of Petroleum Engineers）数据库 2021 年发表的工程建设领域论文的作者、所属公司等信息进行数据抓取，共收集中国石油、斯伦贝谢、哈利伯顿和贝克休斯 4 家公司的合作论文 649 篇，运用 Gephi 软件进行网络合著中心度分析得到结果，如表 2-73、图 2-81、图 2-82 所示。

表 2-73　论文合著网络中心度对标分析表

序号	公司名称	网络中心度指数（标准化）	关联频次	排名
1	中国石油	0.159314	59	4
2	斯伦贝谢	1	332	1

续表

序号	公司名称	网络中心度指数（标准化）	关联频次	排名
3	哈利伯顿	0.346521	121	2
4	贝克休斯	0.296551	109	3

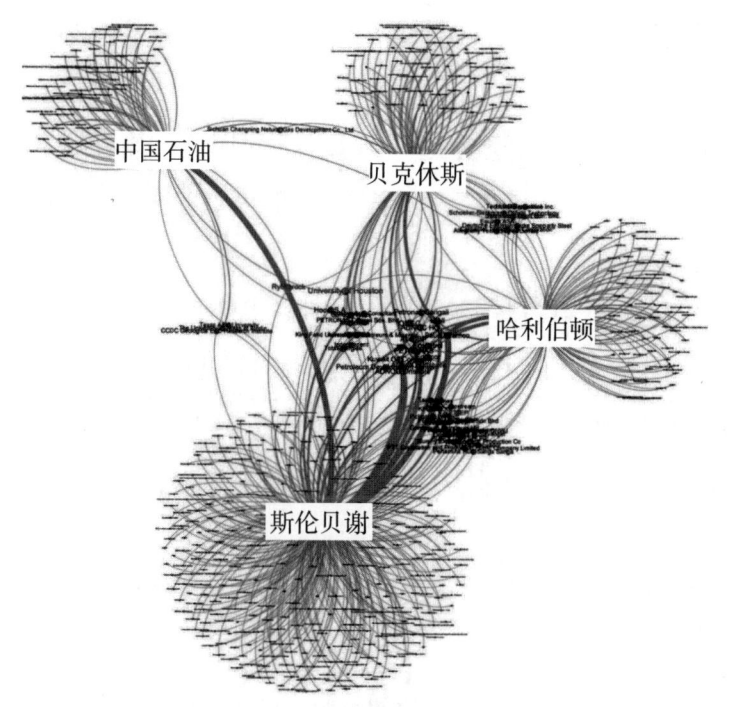

图 2-81 论文合著网络中心度示意图[①]

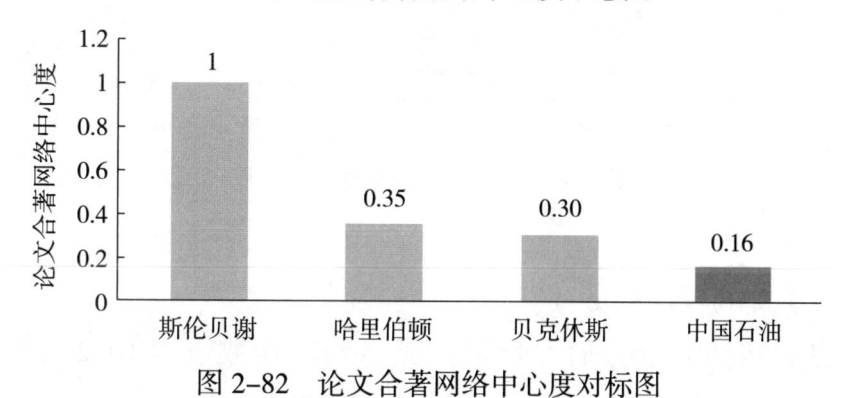

图 2-82 论文合著网络中心度对标图

[①] 本图只体现斯伦贝谢、哈里伯顿、贝克休斯以及中国石油 4 家企业的关键节点。

由表2-73、图2-81、图2-82可知,斯伦贝谢在全球工程建设领域研究合作网络中处于中心地位,与其他科研院所和公司的科研合作频次最多、关联最广。而中国石油与外部单位进行合作的次数较少,且从范围看现有合作多集中于国内科研院所和企业,在凝聚全球高水平研究学者、整合全球高质量研究成果方面与外国公司仍有不小差距。

综上所述,在凝聚整合这一维度上,中国石油在各指标上均与其他3家对标企业存在差距,仍需持续扩展、加强、加深合作。

5. 辐射带动

(1) 专利被引用数量

专利被引数量方面,哈里伯顿、斯伦贝谢、贝克休斯专利被引用数量分别为489099件、397568件、243571件,中国石油为40000件左右,在专利被引用数量方面存在差距,如图2-83所示。

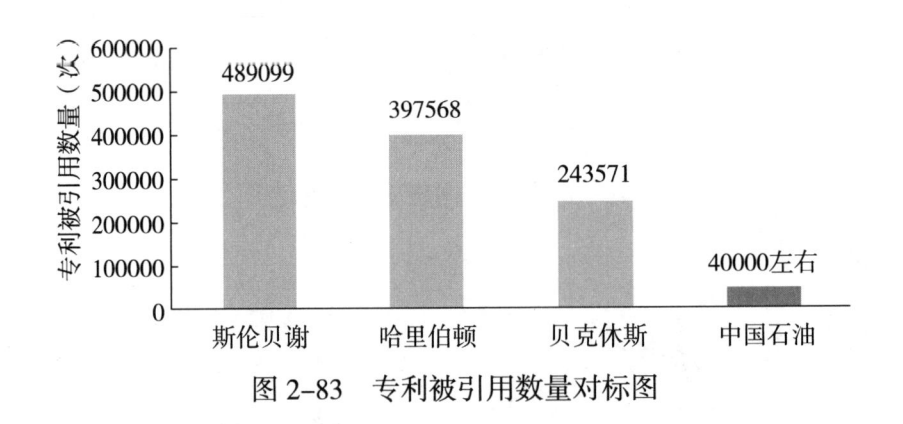

图2-83 专利被引用数量对标图

(2) 专利转让数量

专利转让数量方面,哈里伯顿专利转让数量为10228件,斯伦贝谢和贝克休斯分别为7886件、4634件。中国石油在工程技术服务领域的专利转让数量大约为2700件左右,而且根据数据中申请人和转让人的数据统计结果发现，国际先进油服公司的专利转让大部分是在公司内外部之间进行，而中国石油的专利转让基本发生在公司内部，而且很多申请人和转让人为同一法人单位，大概占到99%，对外转移量很少，如图2-84所示。

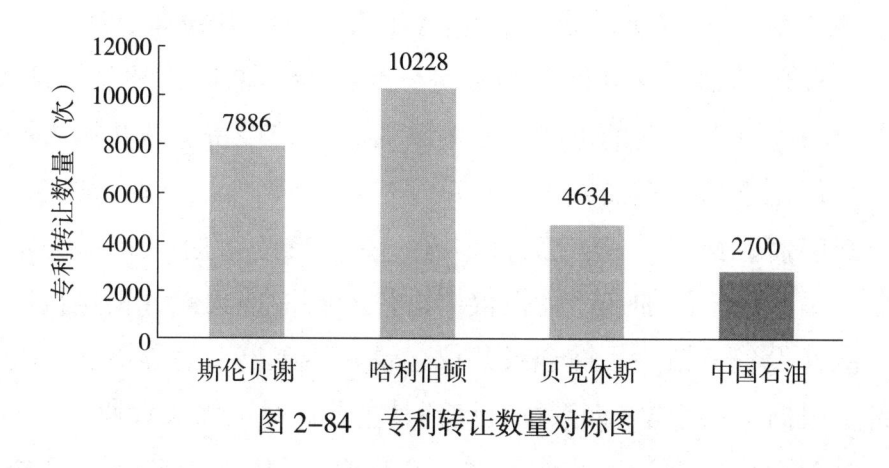

图2-84 专利转让数量对标图

（3）专利转化率

在专利转化率方面，斯伦贝谢、哈里伯顿和贝克休斯的专利转化率分别为16.72%、18.39%、17.37%，3者相差不大。而中国石油的专利转化率极低，仅为0.1%，与其他3家企业存在极大差距，如图2-85所示。

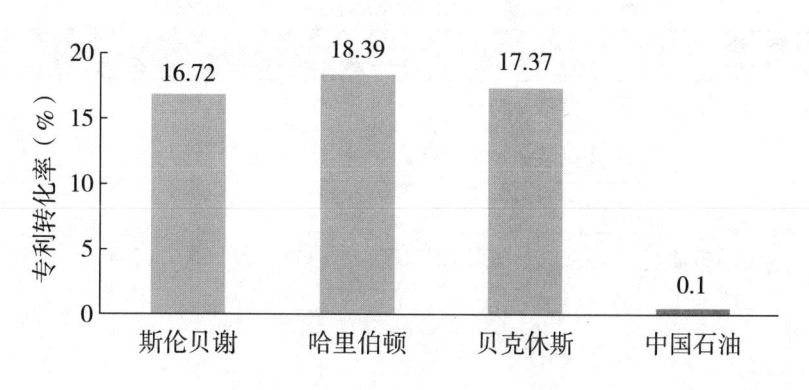

图2-85 专利转化率对标图

（4）产品技术关联度

斯伦贝谢的主要产品为测井设备、综合录井仪、录井传感器、钻井泥浆添加剂、钻头、钻井设备、封隔器、油田化学品、固控和废弃物处理、石油或天然气钻探机用零件；哈里伯顿的主要产品为石油或天然气钻探机用零件、钻完井软件、测井设备、综合录井仪、录井传感器、钻井泥浆添加剂、封隔器、油田化学品、钻头、钻井设备；贝克休斯的主要产品为钻头、测井设备、钻井泥浆添加剂、油田化学品、石油或天然气钻探机用零件、油套管、钻完井软件、封隔器、钻井设备、综合录井仪；中国石油的主要产品为钻井设备、钻井泥浆添加剂、物探仪器配件、石油或天然气钻探机用零件、测井设备、钻头、综合录井仪、录井传感器、封隔器、防喷器配件。根据 HS 编码查询系统查询到其主要产品的海关代码。

通过对中国石油、斯伦贝谢、哈利伯顿和贝克休斯 4 家公司重要性排名前 10 位的产品进行选取排名，借鉴 Hidalgo et al.（2007）的共存分析法（co-occurrence approach）并运用 Python 软件对本次选取的 10 个产品在全球贸易网络中的关联程度进行测算得到结果，如表 2-74 所示。

表 2-74　产品技术关联度对标分析表

序号	公司	产品及其代码	关联度取值	排名
1	中国石油	钻井设备 8430	204.97	1
2		钻井泥浆添加剂 3814		
3		物探仪器配件 9015		
4		石油或天然气钻探机用零件 8431		
5		测井设备 9015		
6		钻头 8207		
7		综合录井仪 9031		

续表

序号	公司	产品及其代码	关联度取值	排名
8	中国石油	录井传感器 9026	204.97	1
9		封隔器 8479		
10		防喷器配件 8481		
11	斯伦贝谢	测井设备 9015	194.85	3
12		综合录井仪 9031		
13		录井传感器 9026		
14		钻井泥浆添加剂 3814		
15		钻头 8207		
16		钻井设备 8430		
17		封隔器 8479		
18		油田化学品 2710		
19		固控和废弃物处理 8479		
20		石油或天然气钻探机用零件 8431		
21	哈利伯顿	石油或天然气钻探机用零件 8431	193.38	4
22		钻完井软件 8523		
23		测井设备 9015		
24		综合录井仪 9031		
25		录井传感器 9026		
26		钻井泥浆添加剂 3814		
27		封隔器 8479		
28		油田化学品 2710		
29		钻头 8207		
30		钻井设备 8430		

续表

序号	公司	产品及其代码	关联度取值	排名
31	贝克休斯	钻头 8207	198.25	2
32		测井设备 9015		
33		钻井泥浆添加剂 3814		
34		油田化学品 2710		
35		石油或天然气钻探机用零件 8431		
36		油套管 7304		
37		钻完井软件 8523		
38		封隔器 8479		
39		钻井设备 8430		
40		综合录井仪 9031		

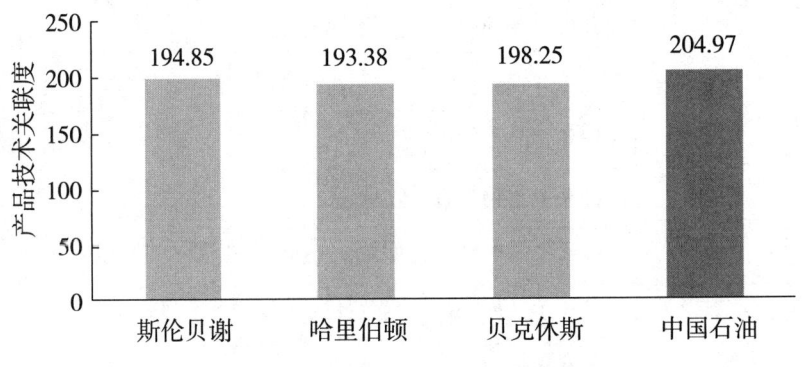

图 2-86 产品技术关联度对标图

由表 2-74、图 2-86 可知，中国石油的产品技术关联度指数较高，辐射带动作用在 4 家企业中最好，但 4 家差距不大，未来应当继续保持优势，提升产品的核心竞争力，生产对产业更具影响力的产品，从而巩固已有产业辐射带动优势，在产业影响力方面持续保持国际领先地位。

综上所述，在辐射带动这一维度上，中国石油在产品技术关联度上存在优势，而在其他 3 项指标上与国外对标公司存在差距，尚需持续发力。

第三章

深入推进人才强企
奋进世界一流企业建设

第一节　能源化工领域人才和创新高地建设现状和问题原因分析

基于对标分析结果和问卷调研分析报告、科技人才座谈会调研报告，从人才和创新高地内在三大特征出发，研究提出当前存在的问题，并分析其主要原因。

一、当前现状

自 2021 年人才强企工程深入实施以来，中国石油人才意识得到空前增强，人才队伍建设迈上新的台阶，人才工作加速向前推进，人才创新成效进一步彰显。

（一）科技人才队伍建设取得显著成绩

坚持在推进"四个面向"进程中统筹科技人才的培养开发，切实把人才优先发展思想落实到发展规划、政策制定和工作部署中，科技人才队伍实力显著提升。

1. 加大领军人才培养力度

建立人才培养需求分析、跟踪预警和动态调整机制，大力实施科技领军人才、"石油名匠"等重点人才培育计划，做到优先培养核心人才，重点培养骨干人才，抓紧培养紧缺人才，超前培养后备人才。现已培育形成以 24 名两院院士、28 名国家级专家、24 名百千万人才工程国家级人选、近 300 名高层级专家领衔，约 2000 名中层级专家为核心骨干的科技人才队伍。

2. 多措并举加速人才成长

推行新入职员工3年基础培养计划，连续举办新入职员工集中培训，党组书记为新入职员工亲授第一课。在关键技能岗位全面推行导师制和师带徒，联合人社部、国际劳工组织开展企业"新型学徒制"试点，探索建立产教融合、校企合作、工学结合的协同育人新机制。突出技能竞赛"全员参与、全面提升"导向作用。

3. 注重从源头提升人才质量

坚持新增计划向主营业务关键岗位、重点项目、新兴业务倾斜。积极对接高校"卓越工程师教育培养计划"，将数理化基础学科、新能源新材料、信息化和大数据等纳入主体专业范围，加大校园宣讲和高层次毕业生、国内外知名院校毕业生招聘力度。2021年录用毕业生6599人，硕士及以上占40.5%，"双一流"高校占42.2%，较上年度有较大幅度增长。

（二）人才发展环境充分改善

坚持以价值创造为根本、绩效贡献为核心，依据各类人才成长规律，持续优化完善差异化考核评价机制，注重短期绩效与长远发展相统一，总体目标与阶段成果相结合，促进各类人才提升价值创造能力，人才发展环境持续充分改善。

1. 发挥人才评价"指挥棒"作用

持续深化职称制度改革，探索建立"与人均劳效挂钩、分级分类测算"的职称指标动态调控机制，强化职称工作的宏观管控与职称评价导向作用，坚持指标分配向人均劳效高、主力上产和技术密集的单位倾斜，完善突出品德、能力和业绩的三维评价标准体系，促进人才队伍建设与企业发展同频共振。推进技能人才评价工作转型升级，修订完善《中国石油职业技能等级认定管理办法》，推动技能人才的评价由"国家职业资格鉴定"向"企业技能等级自主认定"转型，从"发证书"向"提素质、创效益"转变。

2. 强化考核分配牵引导向作用

持续强化高端人才培育考核，对新增两院院士等核心人才的企业，在年度考核中给予加分奖励，引导企业大力培育高端领军人才；将人力资源价值评价纳入企业主要领导任期业绩考核，从队伍实力、组织活力、产出效率三个方面量化评价，引导企业促进人力资源价值提升。强化科技创新激励，对"企业承担国家科技重大专项和国家重点研发计划提取的绩效奖励、吸引保留关键核心技术攻关领军人才、科技型企业开展分红激励、科改示范企业改革"等增资额度，给予工资总额单列支持，进一步强化向科研骨干人员倾斜的分配导向。稳妥推进中长期激励政策实施，充分调动关键岗位、核心骨干人才的积极性，目前已有符合条件的13户科技型企业开展分红激励。

（三）人才创新环境不断优化

遵循人才成长规律和技术创新规律，注重发挥专家在项目论证、工程把关、决策咨询、技术革新、难题攻关等方面重要作用，人才创新环境不断优化。

1. 持续搭建技术专家创新平台

开展院士战略咨询和学术交流活动，组织两院院士围绕油气发展新战略、高层次人才队伍建设建言献策；组织高层级专家聚焦主营业务领域难点问题，赴企业开展咨询会诊活动，近3年针对关键生产技术难题共提出意见建议200余项，为企业加快科技创新创效提供有力支撑。

2. 持续推进高技能人才提质增效

新创建5个国家技能大师工作室，建成集团公司技能专家协会、企业技师协会、技能专家工作室、创新团队"四级协同创新体系"。成立全国首支技能人才创新基金，资助一线生产难题开展攻关和成果推广；组织技能领军人才赴企业开展提质增效专项行动。2022年11月16日，印发《中国石油贯彻落实〈关于加强新时代高技能人才队伍建设的意见〉的实施意见》，提出了全面加强高技能人才队伍建设的任务目标和主要举措，持续推进技能人才提质增效。

3.科技研发经费不断提高，创新成果不断涌现

围绕新能源新材料领域成立4家现代化研究院所，中国石油全年科研经费投入达到335.2亿元，研发强度位列央企第二。2021年获得国家级科技奖励4项，年新增授权发明专利超1600件，成果质量居于行业先进水平。

二、面临问题及原因

（一）面临的主要问题

1.科技人才创效水平仍有待提高

中国石油拥有的员工数量与其他石油公司、化工公司和工程技术服务公司相比，在规模上均遥遥领先，但存在人才创效水平偏低问题。

从研发人员占比来看，虽然中国石油拥有人数最多的研发人员队伍，但研发人员占比仍处于所有对标公司中相对最少状态，从事科学研究和产品开发的人员比例远不及先进企业的比例，如图3-1所示。

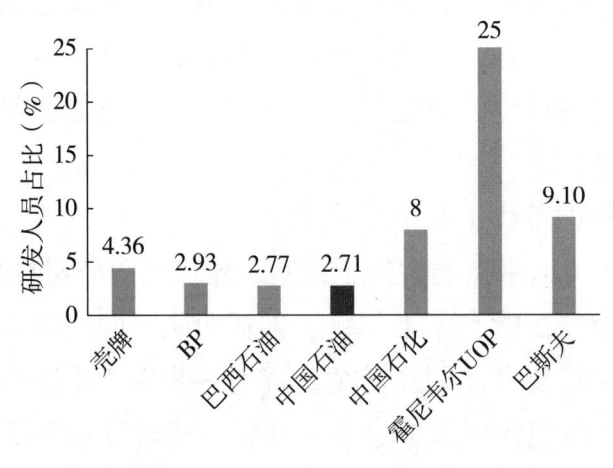

图3-1 研发人员占比情况对比

从科技投入产出效率来看，中国石油的价值产出比（每百万美元投入产出的发明专利数量）处于较低水平，中国石油虽然拥有最高的科研投入金额，但其科研投入效率较低，投入和产出不匹配，如图3-2所示。

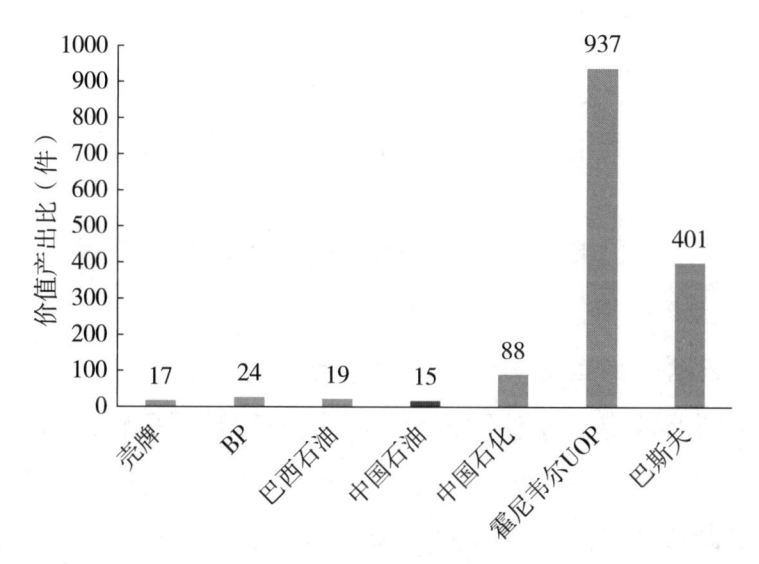

图3-2 价值产出比情况对比

从人才的创新效率来看，尽管中国石油新增发明专利数量处于中等水平，但是中国石油人员规模大，人均新增发明专利数量相对最少，如图3-3所示。

这表明中国石油虽然在数量和规模上处于领先优势，但中国石油科技创新效率不足，从而制约中国石油的技术发展速度。

2. 符合人才成长规律和科技研发规律的创新生态有待完善

专业技术岗位序列制度完善了科研人才成长通道，但依然存在专家"行政化""老龄化"等问题，挤占了科研与生产类专家和青年专家成长空间，需要持续完善人才培养评价使用激励等重点举措，着力构建科研人才良好发展环境。

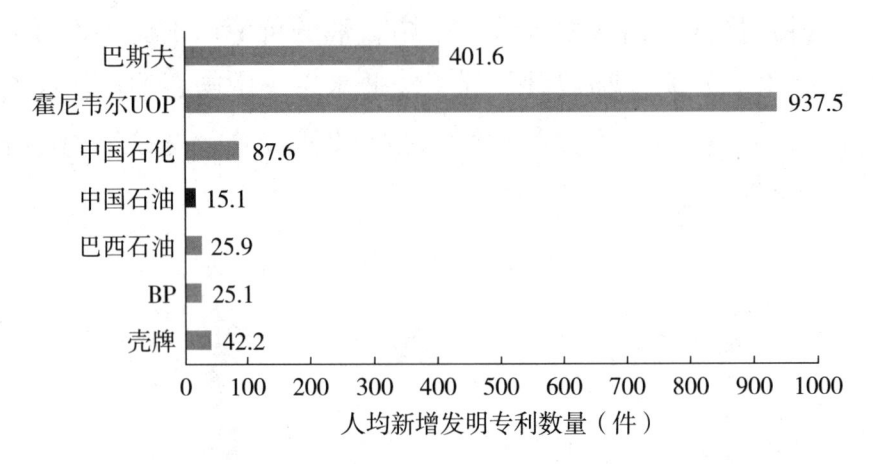

人才强企 建设能源化工领域人才和创新高地

公司	人均新增发明专利数量（件）
巴斯夫	401.6
霍尼韦尔UOP	937.5
中国石化	87.6
中国石油	15.1
巴西石油	25.9
BP	25.1
壳牌	42.2

图 3-3　人均新增发明专利数量情况

3. 专家队伍的国际影响力和竞争力仍有待提升

从中国石油专家担任国内外学术组织领导职务情况方面，如图 3-4 所示，担任国内一级学会（如中国石油学会、中国化学学会等）常务理事及以上职务（A）的专家有 6 人，占 1.98%；担任国家部委专家组成员及以上职务或入选国家科学技术部专家库的专家（B）有 17 人，占 5.61%；担任国际著名学术期刊编委及以上职务（C）的专家有 2 人，占 0.66%；担任国内核心期刊编委及以上职务（D）的专家有 20 人，占 6.6%；入选中国石油专业技术专家委员会成员的专家（E）有 31 人，占 10.23%；曾受聘为中国石油高级技术专家（F）的有 49 人，占 16.17%；其他组织领导职务的专家（G）有 178 人，占 58.75%。担任国际组织（如国际能源组织）或国际学术组织（如国际地球物理学会）领导职务（H）的专家没有。

从中国石油专家研究领域领先水平看，如图 3-5 所示，中国石油各层级专家大部分的研究水平仍处于国内领先水平（51.82%）和中国石油内部领先水平（33%），占据了 80% 以上，而认为自己在研究超前技术或下一代技术的仅占 3.63%，研究国际前沿理论与技术的仅占 8.91%，说明中国石油目前在高层次人才储备上不足，需要加强对潜在人选的系统培养和外部人才引进。

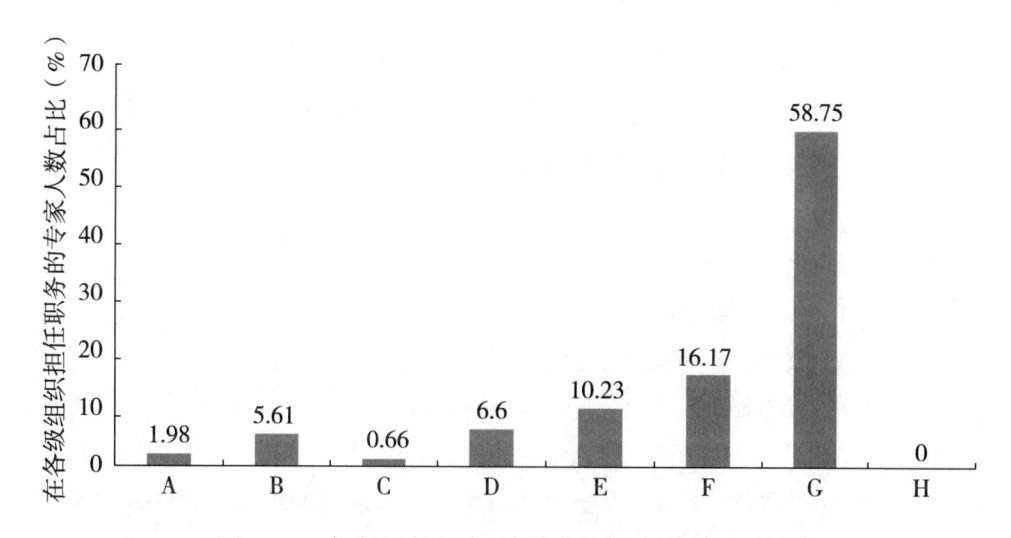

图 3-4 专家担任国内外学术组织领导职务情况

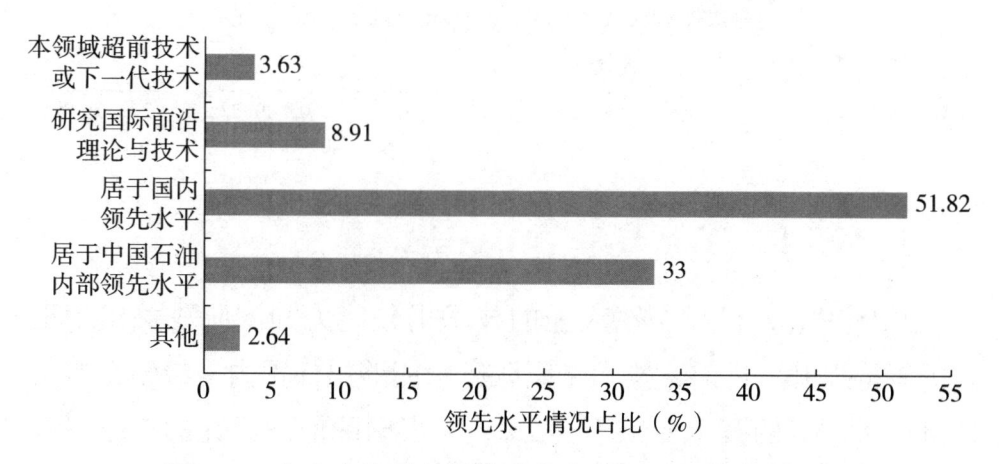

图 3-5 专家当前研究领域或专业方向的领先水平情况

从中国石油专家荣获科技奖励最高等级状况来看，如图 3-6 所示，获得国家科技奖励一等奖的专家有 1 人，占 0.33%；获得国家科技奖励二等奖的专家有 17 人，占 5.61%；获得省部级（含中国石油)科技奖励特等奖的专家有39人,占12.87%;获得省部级(含中国石油)科技奖励一等奖的专家有92人,占30.36%;获得省部级(含中国石油)科技奖励二等奖的专家有91人,占30.03%;获得企业级科技奖励的专家有56人,占18.48%;获得其他奖励的专家有7人,占2.31%。获得国际学术组织项目奖励(如World Oil奖等)以及国家科技奖励特等奖的专家没有。

奖励类别	占比(%)
国际学术组织项目奖励	0
国家科技奖励特等奖	0
国家科技奖励一等奖	0.33
国家科技奖励二等奖	5.61
省部级(含中国石油)科技奖励特等奖	12.87
省部级(含中国石油)科技奖励一等奖	30.36
省部级(含中国石油)科技奖励二等奖	30.03
企业级科技奖励	18.48
其他	2.31

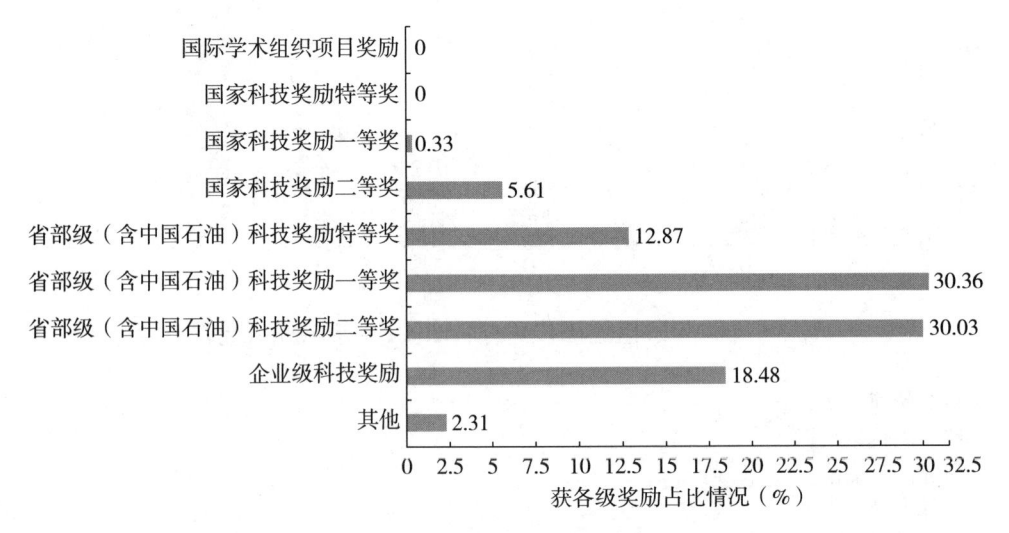

图3-6 专家获各级科技奖励情况

总体来看,科技领军人才的技术引领能力和团队攻关组织能力仍有待提升。目前,技术专家队伍中能够担任国内一级学会常务理事以上职务的技术专家不到2%,从事国际前沿研究的专家只有12.54%。从上述研究结果可以看出,中国石油科技人才国际竞争力有待加强,需要进一步加强中国石油专家的培养引进工作,加强人才成长平台的建设,持续为人才赋能。

（二）主要原因分析

1. 外部因素

随着中国进入高质量发展阶段，新时代新形势对人才队伍和人才工作提出了更高定位和全新挑战。习近平总书记在中央人才工作会议上强调要深入实施新时代人才强国战略，加快建设世界重要人才中心和创新高地，提出"到2035年，形成我国在诸多领域人才竞争比较优势，国家战略科技力量和高水平人才队伍位居世界前列"的愿景目标，为做好新时代人才工作提供了重大指引和根本遵循。党的二十大报告进一步提出深入实施人才强国战略，着力形成人才国际竞争比较优势，并首次将科教兴国战略、创新驱动发展战略、人才强国战略放在了同等重要的位置，进行集中论述并作出重要部署，尤其是更加突出强调坚持创新在我国现代化建设全局中的核心地位，科学规划了新时代我国现代化建设发展模式和发展赛道。这些都对人才工作提出了更高要求。

2. 内部因素

企业对于人才的理念认识仍需进一步深化，对人才发展和创新规律的把握有待进一步提升。目前企业对人才的认识，特别是对科技人才在现代企业发展中的地位与作用认识仍不到位，重物质投入、轻人才开发现象存在，一些单位还没有把人才工作摆上重要议事日程。有的企业虽然有人才意识，但受传统"官本位"意识、平衡照顾意识影响，对专业技术人才工作重视主要体现在落实上级要求上，人才工作主动性不强，人才工作定位不高，"四个尊重"文化氛围不够浓郁。

第二节　能源化工领域人才和创新高地建设总体思路与重点举措

一、总体思路

在准确把握新时代人才强国战略的基础上，深入分析中国石油能源化工领域产业发展现状，综合研判当前国内外人才发展环境，进而提出中国石油建设能源化工领域人才和创新高地的总体思路、发展目标和战略布局。

以习近平新时代中国特色社会主义思想为指导，深入贯彻党的二十大精神、中央人才工作会议精神和加快建设世界重要人才中心和创新高地重大战略部署，坚持党管人才原则，牢固确立人才引领发展战略地位，锚定世界一流目标和高质量发展需要，聚焦能源化工领域人才和创新高地建设，按照统筹兼顾、差异定位、互补发展的原则，构筑"能源""化工""工程技术"三位一体的人才和创新高地，坚持目标导向、问题导向和结果导向，纵横打造具有石油特色的"3+N"科技人才队伍，提升创新体系效能，建设一流科研创新平台，深化人才发展机制改革，促进人才充分涌流、创新活力竞相迸发，构建资源共享、优势互补、特色突出、竞相发展的能源化工领域人才发展新格局，为我国建设世界重要人才中心和创新高地贡献石油力量。

（一）基本方针

1. 坚持差异定位、特色发展

以中国石油业务发展的现实基础和特色优势为依托，将优势领域做大做优，弱势领域做强做精，打造整体领先、各具特色、竞相发展的"能源""化工""工程技术"三位一体的人才和创新高地，形成互补化发展，共同为中国石油建设能源化工领域人才和创新高地构筑基本框架，提供重要战略支点。

2. 坚持聚焦重点、以点带面

以科技人才队伍建设为抓手，以深化人才发展体制机制改革为依托，打造中国石油人才发展战略的"极化点"，以点的突破带动产生全局人才聚变、裂变和链式反应，带动中国石油整体人才队伍建设迈上新台阶，为实现人才强企奠定坚实基础。

3. 坚持统筹兼顾、共建共享

牢牢把握中国石油整体业务发展和战略布局，紧紧围绕高质量发展需求，立足新发展阶段，贯彻新发展理念，构建新发展格局，将中国石油整体发展布局融入人才和创新高地建设中，构筑人才和产业统筹发展的新优势。

（二）发展目标

按照中国石油发展总体战略，结合中国石油在不同业务领域的基础条件、特色优势和战略分工，打造各具特色的"能源""化工""工程技术"三位一体的人才和创新高地，将中国石油打造成为全球能源化工领域人才集聚、赋能、成就新高地，形成资源共享、优势互补、特色突出、竞相发展的能源化工体系发展新格局，打造我国世界重要人才和创新高地的重要战略支点。

二、重点举措

打造全球具有影响力的人才和创新高地是一个长期而复杂的系统工程，需要立足长远、站在全国乃至全球的高度来系统谋划。按照本书提出的人才和创新高地的理论模型，人才和创新高地需要从"一流人才实力、一流人才发展平台和一流人才创效"三方面全面发力，结合全国人才和创新高地建设动态（附录一），借鉴国际先进企业人才战略（附录二），坚持目标导向和问题导向，坚持系统推进统筹谋划，纵横打造具有石油特色的科技人才战略格局，强化创新主体建设，如图3-7所示。

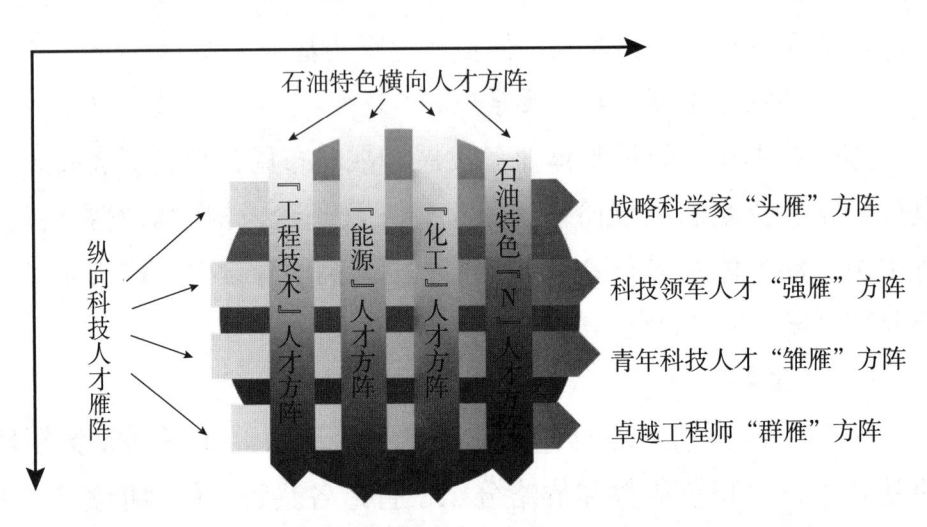

图3-7 "横纵交错"的石油特色科技人才战略格局示意图

（一）在人才队伍建设上抓重点，打造石油科技纵向人才雁阵

打造科学合理的人才梯队，构建高质量的人才雁阵格局是建设能源化工领域人才高地的必要基础，是中国石油迈向世界一流企业的人才根基。聚焦"战略科技人才、科技领军人才、青年科技人才和工

程师队伍"四大重点人才群体，从纵向上系统打造层次清晰、充满活力的石油特色科技人才雁阵格局，要形成以"头雁"为引领、"强雁"为骨干、"雏雁"为基础、"群雁"为支撑的人才梯队，如图3-8所示。

实施"科技领军人才培养计划" 02
壮大"强雁"，稳固护航主体

实施"卓越工程师培养计划" 04
支持"群雁"，建强平稳支撑

01 实施"战略科技人才培养计划"
激励"头雁"，发挥领航作用

03 实施"青年科技人才培养计划"
呵护"雏雁"，增强续航动能

纵向人才雁阵格局

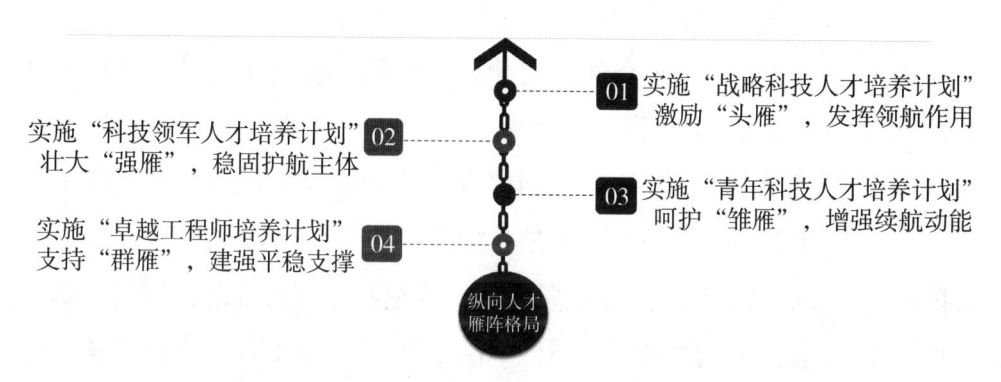

图3-8 石油科技人才纵向雁阵格局示意图

1. 实施"战略科技人才培养计划"激励"头雁"，发挥领航作用

战略科技人才作为中国石油人才雁阵格局中的"头雁"，专业拔尖、视野广阔、思维超前，前瞻性、判断力、跨学科理解能力、大兵团作战组织领导能力强。建设能源化工领域人才和创新高地，要突出高精尖缺的人才导向，大力培养一支以中国石油首席专家、院士及院士有效候选人为主体的战略科技人才方阵，让更多人才"头雁"在"卡脖子"等关键核心技术和科技前沿领域当主角，抢占科技创新制高点。

（1）培养造就能源领域战略科学家

积极联系国家部委，推荐中国石油两院院士进入国家"战略科学家培养支持工程"，围绕国家科技发展战略、重大科研项目立项等方面进行研究，发挥重大决策咨询作用。统筹中国石油院士工作办公室建设，研究制定院士联系服务工作细则，坚持每年组织开展院士学术休假活动，协助做好院士团队建设，为中国石油两院院士科技攻关、学术研讨、合作交流等提供服务；支持根据国家重大科技任务需要，由院士工作办公室申请协调内外部科研力量，开展跨学科研究、组织大规模科研攻关，强化大兵团作战组织领导能力。

（2）研究提出战略科技人才重点培养人选

在中国石油人才强企领导小组指导下，由院士工作办公室牵头，聚焦石油天然气主营业务和新能源新材料等新兴业务领域，重点从入选国家人才计划专家、国家科学技术奖励（二等奖及以上）获得者、国家科技重大专项负责人中进行综合评估，结合中国石油目前院士候选人情况，分梯次掌握20名左右中国石油战略科技人才重点培养人选，人选情况不公开、不公示，不与级别、待遇挂钩。

（3）大力提升重点培养人选学术能力和学术影响力

针对重点培养人选情况"一人一策"制定培养方案；安排担任中国石油科技委员会、科学技术协会职务，参与中国石油科技发展战略顶层设计、重大原始创新、重大科研项目立项等方面探索研究；定期组织学术技术交流活动，邀请两院院士进行有针对性学术指导；配备科研助理，在辅助研究、预算编制、经费报销等方面提供服务保障，对科研助理进行动态跟踪，了解服务保障情况。完善培养人选举荐机制，推荐参加两院学术会议，优先举荐参与国家级学术奖项、国家级荣誉称号等评选，鼓励并推荐进入国内外学术组织领导层和核心期刊编委会，持续提升学术影响力。

2. 实施"科技领军人才培养计划"壮大"强雁"，稳固护航主体

科技领军人才作为中国石油人才雁阵格局中的"强雁"，业务过硬、经验丰富、长期在一线实践，发挥着承上启下的重要作用。建设能源化工领域人才和创新高地，要突出选优配强的人才导向，大力培育一支以中国石油高层级专家为主体能够覆盖主营业务主干领域和分支专业的科技领军人才方阵，让更多人才"强雁"在重

大科技攻关项目中担当"核心骨干",在攻坚克难中发挥中流砥柱作用。

(1)着力优化中国石油专家队伍结构

完善中国石油高层级专家选聘办法,开展常态化分析研判,梳理专家职责界面,掌握中国石油高级专家和企业首席专家专业特点,逐步加大科研和生产类专家选聘比例,到"十四五"末,中国石油高级专家和企业首席专家中科研和生产类专家占比不低于90%。聚焦中国石油专家人才队伍接替人才不足现状,进一步拓宽中青年领军人才成长通道,明确新选聘中国石油高级专家和企业首席专家45岁以下、45~50岁、50岁以上各占1/3。

(2)搭建完善科技领军人才创新载体

以科技领军人才为主体,建设集团和企业两级科技创新团队,团队依托单位负责落实领衔专家技术路线决定权和"人财物"资源调配权,充分发挥人才集智攻关作用;鼓励与高等院校、科研院所、头部企业共建跨系统、跨单位、跨专业、跨体制的"四跨"团队,推动产学研用协同攻关。

(3)分类开展科技领军人才支持培养

加大"卡脖子"关键核心技术攻关人才支持力度,对于承担技术攻关的核心骨干,可以按照市场化原则确定具有竞争力的薪酬水平,所需工资总额予以单列,可适当提高科研项目经费中间接经费用于绩效奖励的比例;进一步强化基础研究人才培养,设置"重大基础及前瞻性研究专项",对于入选国家"基础研究人才专项"的,每人每年同步资助科研经费100万~300万元,经费使用实行"包干制";大力引进海外高层次人才,按照业务特点分类设置引才工作目标任务,"一人一策"制定个性化引进方案,提供事业平台、科研经费、团队支持、生活保障等一揽子支持政策。

（4）研究提出科技领军人才重点培养人选

"十四五"期间，优选30名左右深耕学术领域的科技领军人才重点培养人选，由中国石油按每人每年100万元标准给予专项补助，直接认定正高级职称，支持专家及其团队开展学术交流、改善工作条件和计划外支出；优先推荐申报国家高层次人才特殊支持计划，支持承担国家科技重大项目。到"十四五"末，对于考核业绩优秀、贡献特别突出的，纳入战略科技人才培养范畴。

3. 实施"青年科技人才培养计划"呵护"雏雁"，增强续航动能

青年科技人才作为中国石油人才雁阵格局中的"雏雁"，基数庞大、精力充沛、可塑性强，让羽翼未丰的"雏雁"加快成长，未来发展就更具潜力和后劲。建设能源化工领域人才和创新高地，要突出选育并进的人才导向，大力培育一支以企业高级专家和一级工程师为主体的青年科技人才方阵，让更多人才"雏雁"在科研项目攻关中崭露头角，为中国石油科技发展注入源源不断的鲜活动能。

（1）注重青年科技人才能力素质赋能

优先安排"培养人选"承担或参与重大项目（课题）、重点工程，原则上培养周期内，至少参与1项企业级及以上科研项目，担任企业级项目课题长及以上职务人数应不低于本单位"培养人选"总人数的70%；优先选派进入企业两级专家科技创新团队，团队核心成员中青年科技人才占比不低于30%。探索建立内部成果孵化与培育机制，由中国石油人力资源部会同昆仑资本有限公司共同研究设立"青年创新创意基金"，重点面向"培养人选"征集评选优秀创新创意成果，资助创新性强、应用前景好、具有产业化潜力的新概念、新技术、新成果，助力成果快速迭代完善，推动成果产出形成规模经济效益。

（2）加大青年科技人才培养交流力度

建立"双导师"培养机制，结合研究领域方向，安排企业两级专家、中国石油技能专家共同担任"培养人选"导师，加强学术研究和生产现场实践锻炼；每年选送 25 名左右"培养人选"参加校企联合硕士、博士培养，到"十四五"末，中国石油"青年科技人才培养计划"硕博士占比达到 90% 以上。组织"培养人选"到科研单位和生产企业开展双向交流锻炼，丰富科研单位人员实践经验，提升生产企业人员理论研究水平；交流锻炼接收单位应安排"培养人选"承担或参与企业级及以上科研项目，交流时长应与项目研究周期相结合，原则上不少于一年。

（3）构建青年科技人才长效跟踪机制

在中国石油人力资源管理系统中组建"青年科技人才培养计划"业务模块，对"培养人选"进行全周期动态管理跟踪，掌握成长成才情况。对于年龄超过 40 周岁且经过一个培养周期的人选，或者入选"培养计划"后工作业绩、创新成果、履职表现不佳的人选，有序退出"培养计划"，确保"培养人选"能进能出、合理流动。前移人才培养关口，积极利用团青工作组织常态化推举优秀青年，强化职业生涯规划设计，形成各单位青年科技人才后备人才库，及时将高水平高学历应届毕业生、具有潜质的创新"苗子"纳入"培养计划"。

（4）优选支持一批青年科技人才重点培养人选

"十四五"期间，在"培养人选"中分领域选择 50 名左右青年科技人才重点培养人选，鼓励自主组建科研攻关团队，开展探索性、先导性、前瞻性、基础性研究，由所在单位给予每人每年 30 万~50 万元科研经费支持；可优先推荐到所在单位的"挂职团委副书记岗位"交流锻炼，推荐到所在单位科委会相关岗位任职；择优推荐参与院士学术技术交流活动、中国石油高层级专家咨询会诊活动，持续拓展学术视野。要求各单位将重点培养人选纳入企业两级专家接替人选培养范畴，到"十四五"末，由人才强企领导小组办公室组织对重点培养人选进行综合评估，获评优秀的，可直接选聘至高一层级专业技术岗位。

4. 实施"卓越工程师培养计划"支持"群雁"，建强平稳支撑

卓越工程师作为中国石油人才雁阵格局中的"群雁"，具有突出技术创新能力、善于解决复杂工程问题。建设能源化工领域人才和创新高地，要与高等院校联合培养卓越工程师，让更多人才"群雁"在生产实践中担当作为，在解决复杂技术问题过程中提升能力，为中国石油主营业务发展保驾护航。

（1）推进国家卓越工程师学院建设

围绕智慧能源、新材料以及人工智能、大数据、基础学科等专业领域人才培养需要，利用3年左右时间，初步建成具有石油特色的"国家卓越工程师学院"；成立"新能源工程师技术中心"和"新材料工程师技术中心"，由院士、科技领军人才领衔石油特色企业导师队伍；依托学院与高校共同建立科研合作平台，每年设置一批科研联合培养项目，提供科研经费支持，着力培养引进一批适应企业高质量发展需要的工程技术接替人才。

（2）推进卓越工程师交流培养

每年在主干领域、紧缺专业和基础学科领域，选送一批优秀人才参加校企联合培养；依托国家"卓越工程师培养工程"组织选派一批优秀青年科技人才赴国外高校、知名企业及学术研究机构交流研修，学习国际前沿工程技术和工程管理经验；筹划卓越工程师实践基地建设，引入真实工程场景，每年优选一批优秀人才开展"1+1"定点实习实训。

（二）补短板强弱项扬优势，全面壮大"3+N"横向人才方阵

紧紧围绕人才和创新高地总体部署和中国石油业务发展战略，进行"勘探开发""炼油化工""工程技术"三大人才方阵建设，同时结合能源转型和中国石油新兴业务发展，统筹补齐"三新""双碳"、数字信息、国际业务、市场营销、装备制造、法律合规等六大专项人才队伍建设，形成石油特色的"N"人才方阵，补短板、强弱项、扬优势，差异化、特色化，形成"3+N"横向人才方阵，充实人才雁阵格局的横向业务布局，与人才梯队形成纵横交错的具有石油特色的人才战略布局，如图3-9所示。

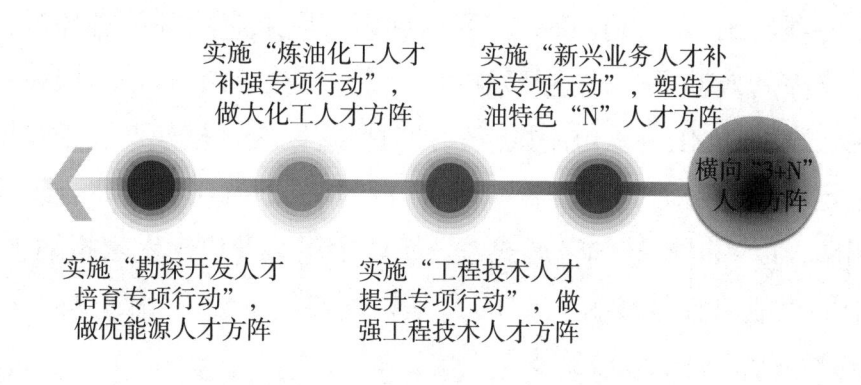

图3-9 横向"3+N"人才方阵示意图

1. 实施"勘探开发人才培育专项行动"，做优能源人才方阵

聚焦油气勘探开发战略需求，大力提升勘探开发力度，长期稳定培育支持一批实施科技攻坚任务、从事油气理论研究的勘探开发人才队伍，持续增强找油增气、增储上产硬实力。

（1）拓展核心骨干人才培养渠道

每年选派30名左右勘探开发领域核心技术骨干到国内外高校、科研机构开展中长期学术研修、前沿理论与技术培训等活动，完善

勘探开发技术骨干人才知识结构。加大人才靠前支持力度，每年选派40名左右科研单位研发骨干，支持参与新区新领域全周期勘探开发，在重点勘探开发项目中担任技术负责人，丰富油气资源评价和效益开发实践经历。设立勘探开发领域青年科技基金，设置10项左右重点支持项目，支持周期3～5年，鼓励青年人才开展勘探开发理论基础研究。每年组织勘探开发领域青年学术论坛，邀请行业领域知名专家对青年科技人才学术成果进行评议指导，定向精准提升青年人才创新能力。

（2）强化勘探开发人才重点激励

聚焦提升油气安全保障能力，创新激励考核机制，设置勘探开发专项奖励，在科技攻关、原始创新、成果应用等关键环节，对有力支撑高效勘探、效益开发的核心人才进行精准激励。探索实施"勘探开发一体化"承包制试点，针对风险区块规模建产、中晚期油藏稳定效益开发等，由直属科研单位和相关油气田企业联合组建攻关团队，以"揭榜挂帅"形式遴选企业中层级及以上专家担纲领衔，对于取得战略性发现和突破的，在效益转化分红、薪酬单列支持、职称评审等方面予以政策支持。

（3）加大人才合作交流力度

加快与国内外高校、科研机构建立产业技术创新联合体，拓展与国际知名油公司企业交流渠道，推动勘探开发人才积极融入全球创新网络。依托勘探开发技术创新和规模比较优势，支持企业组建或参与学术技术组织团体，鼓励人才参加国家（国际）勘探开发相关会议；构建以企业为主导的产业技术创新战略联盟，加强高水平人才资源整合能力。充分利用国内对外合作项目联合管理机构平台，推动勘探开发领域人才参与国际化管理，在岗位实践中学习先进技术和管理模式。

2. 实施"炼油化工人才补强专项行动",做大化工人才方阵

聚焦炼化企业转型升级,着眼布局炼油化工高端产业链,遴选培养一批科技领军人才,锻造一批"跨装置""多岗通""复合型"技术技能人才,推进炼化企业从"燃料型"向"化工产品和有机材料型"转变。

(1)加大科研人才创新支持力度

在炼油化工领域集中优势资源给予科研人才重点项目支持和政策支持,在中国石油各类重点人才项目(计划)中给予相应指数倾斜;设置炼化人才科研专项支持经费,对于承接国家级科研项目或入选国家级人才计划的优秀人才,可给予1:1配套科研经费支持。鼓励优秀青年科研人才参加所在省(市、自治区)人才评选,对于入选省部级人才计划的青年人才,优先纳入中国石油"青年科技人才培养计划"。

(2)增强炼化骨干人才队伍实力

持续完善炼油化工领域专业技术岗位序列制度,强化炼化企业专业技术岗位论证,提高企业中层级专家选聘比例,稳步提高青年人才专业技术序列占比,持续畅通科技人才发展通道。优化人才评价标准,加大炼化骨干人才发现力度,为其提供主持项目机会。组织开展同类型装置专业技术人才跨企业交流,提高解决现场复杂问题能力。

(3)强化技术技能复合型人才培养

面向生产一线优秀青年人才开展"双师型"培养,每年选派200名专业技术骨干,通过内训学习、仿真培训、深入化工装置交叉实践锻炼等措施,提高解决企业技术难题实践能力;选派500名左右技能操作骨干到高校参加中长期研修,提升技术技能理论水平;组织企业优秀技术专家到技术先进的企业集中学习培训。对于新

建重点项目,坚持"一企一策",组织相近工况装置技术技能专家"送教上门"。

3. 实施"工程技术人才提升专项行动",做强工程技术人才方阵

围绕打造物探、钻井及测井、压裂"三把技术利剑",以提高专业技术水平、提升技术攻关实力、拓宽国际化视野为导向,着力强化工程技术人才技术服务保障能力,提高满足高效勘探、效益开发需求的技术能力。

(1)持续提升人才综合能力水平

每年择优推荐100名优秀技术骨干到中国石油、企业两级工程作业智能支持中心开展轮岗锻炼培养,提升专业素质和综合技术能力;每年选派青年科技人才到国际先进油服公司交流学习,着力提升业务素质、市场意识和竞争能力;支持参与区外市场工程技术项目投标、项目汇报、技术交流等,全面了解前沿技术需求,培养全球视野和战略眼光;组织工程技术领域"青年科技人才培养计划"人选到中国石油重点勘探开发井轮值驻井,丰富钻井现场实践经验。

(2)优化完善工程技术人才职称评价制度

对工程技术领域高级工程师职称试点推行考评结合,申报人员须参加专业技术水平考试并达到合格成绩;突出能力、业绩、贡献导向,对于工作年限达到10年以上的基层一线技术人员,探索实施以考代评职称评定模式,鼓励技术人员扎根一线、潜心开展创新性科技攻关。将技术技能竞赛和技能等级晋升挂钩,提高关键技术技能岗位人才使用质量。

(3)加大高质量创新创效激励力度

鼓励中油技服及其成员企业,对于实现工程技术突破、取得重大油气发现的,给予本人及领衔团队核心成员奖励;依托重点实验室、重点项目,在物探、解释、测录定、工程地质一体化等领域优

选 20 名科技领军人才，聘任到企业高级及以上专家岗位，作为中国石油高级专家后备人选重点培养。鼓励支持工程技术企业与国内外高校、科研机构开展高水平创新合作，对于取得创新突破、形成创新成果，在国际顶级期刊或国际学术论坛发表高水平技术论文的，可予以适当表彰奖励。

4. 实施"新兴业务人才补充专项行动"，塑造石油特色"N"人才方阵

紧密结合能源转型需求和中国石油新兴业务发展需求，统筹推进石油特色化"N"人才方阵，围绕"三新""双碳"、数字信息、国际业务、市场营销、装备制造、法律合规等 6 大新型业务专项人才队伍建设，如图 3-10，补短板、强弱项，加大急需紧缺人才培养支持力度，搭建人才作用发挥平台，着力打造一批高水平专业化人才。

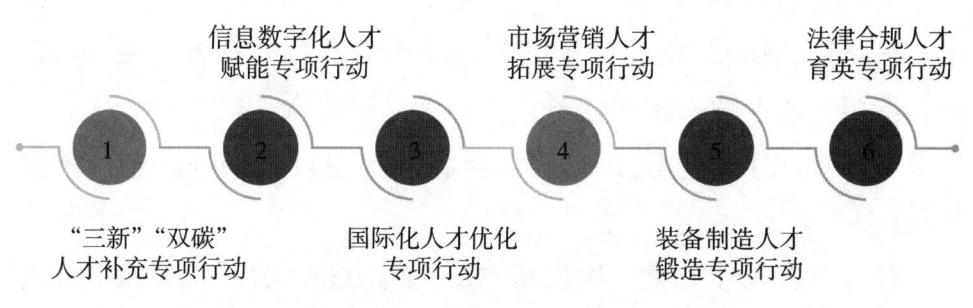

图 3-10 新兴业务人才补充专项行动内容框架示意图

（1）"三新""双碳"人才补充专项行动

着眼绿色低碳转型，持续加强"三新""双碳"人才队伍建设，采取"高端引、骨干育、内部转"等方式，加快形成支撑引领发展的专业化人才队伍，积蓄转型发展强劲动力。

盘活内部人才存量。针对中国石油能源转型需求，开展"三

新""双碳"人才盘点工作，精准掌握目前企业核心骨干情况、高端人才引进需求以及内部存量底数。重点考虑老油田转型发展现实需要，充分盘活内部人才，除特殊专业人才及部分储备人才外，一般岗位用工原则上从现有人力资源中培养调剂。加大"三新""双碳"技术技能培训力度，原则上涉及业务转型的企业，年度培训计划中相关培训内容占比不低于15%，确保转岗人员能力素质适应业务发展需求。将"三新""双碳"专业纳入职称评审工程技术系列范围，组建相关专业评审委员会；逐步健全完善职业工种目录，进一步规范职业技能标准，探索开展"三新""双碳"领域职业技能等级证书培训与考核。

稳定骨干人才增量。分级分类建立人才库，制定实施入库人才培养计划，支持入库人才参与中国石油"三新""双碳"领域的重大科研项目、重点工程建设，择优推荐进入国家"碳达峰碳中和专业人才培养支持计划"，着力培育一批推动能源转型的优秀人才；强化"三新""双碳"培训课程设置，推动中国石油各级党校、培训中心将相关课程纳入教学体系；主动参与国家碳达峰碳中和未来技术学院、现代产业学院和示范性能源学院建设，推进产学研深度融合。

提升引进人才质量。聚焦新建研发机构和部分重点单位引才需求，加大研发、市场营销、商务谈判等高层次人才引进工作力度，对于符合企业发展需要的"三新""双碳"领域青年人才，可适当放宽高层次人才认定年龄条件；支持企业按照市场化方式引才，确定具有竞争力的薪酬水平，所需工资总额予以单列；鼓励整建制引入科研团队，由引才单位落实团队科研启动经费。加大国内外高校"三新""双碳"相关专业优秀硕博士毕业生引进力度，引进后择优纳入企业两级专家科研团队。

（2）信息数字化人才赋能专项行动

紧紧围绕"数智中国石油"建设需要，按照"业务发展、管理变革、技术赋能"主线，在数字化转型、智能化发展过程中，加大人才培养引进使用力度，着力打造一批服务主营业务发展和能源转型升级的信息数字化人才。

建立多元化人才培养模式。依托"国家网信人才培养基地"、国家网络安全平台和竞赛等载体，与国内外科研院所和业界头部企业持续开展学术交流和人才培养合作，构建订单制、现代学徒制等多元化培养引进模式，发现和培育更多高水平、创新型、复合型人才。

提升多层次数字化能力水平。系统开展面向生产经营全环节的数字技能培训，积极申报"国家全民数字素养与技能培训基地"，全面提升专业领域人才数字化生产能力和企业全员数字素养；加大企业经营管理人才信息化数字化培训工作力度，加快提升企业管理人员数字化思维，加强数字化经营管理能力建设，形成数字化人才成长梯队。

聚焦多领域培育数字信息人才。着眼提升信息化、数字化、智能化技术水平，在智能油气田、智能炼化、智慧销售、智能运营等建设过程中，分类分层培养引进一批跨行业融合的高层次人才，支持申报国家"网信创新人才支持计划"，参与国家网络安全和信息化技术等数字产业重大战略任务，支撑中国石油数字化转型智能化发展。

（3）国际化人才优化专项行动

聚焦建设世界一流综合性国际能源公司战略目标，着眼于海外油气业务优质高效发展，防范海外业务风险，提升中国石油在国际行业影响力，打造一支高水平国际化专业人才队伍。

建设国际化人才管理体系。从国际业务长远发展规划需求出发，制定国际化人才发展规划，建立符合国际业务需要的人才选拔和评估办法，搭建人才培训、派遣使用、轮岗交流、薪酬考核激励等管理体系和退出机制。建立面向国际（外籍）员工的人力资源管理体系，推动国际化人才管理系统化、科学化。

深化国际化人才储备培养。深入实施"国际化新千人培育计划"，常态化开展市场开发人才、项目管理人才、翻译人才以及复合型人才培养储备工作，形成高端人才示范带动效应；加大海外属地高层次人才引进力度，对于符合国家引才计划条件的海外人才，探索建立来华轮岗机制；加强国际化人才流动配置，完善海外油气业务人才对口支持、选拔培养、使用轮换和返回安置等办法，实现人才在国内与海外、国际项目间"双向循环"。

加强国际组织人才培养推送。梳理掌握国际行业组织运行机制、职位及任职条件，有计划培养选拔优秀人才到国际组织任职，推送人才参与国际行业组织事务，提升中国石油国际行业影响力；建设国际组织后备人才信息库，依据岗位标准条件，对中国石油符合条件优秀人才进行入库管理。

（4）市场营销人才拓展专项行动

紧扣打造"油气热电氢"综合性能源公司目标，加强市场营销人才能力培养，完善销售企业"油气氢电非"综合能源服务布局，培养一支能够谋划市场布局、精准分析需求、创造核心价值的市场营销人才队伍。

突出营销人才分类施策。加强经理人队伍建设，定期组织业务轮训、"阿米巴"专训、跨地域交流学习，强化互联网、物联网、营销、管理技能等知识储备和更新，确保销售经理人队伍每3年全部轮训一次，力争实现专业化的基层经理人规模达到5000人。在部分销售企业试点推行职业经理人制度，选拔一批优秀人才按照职业经理人进行选聘和管理,享受市场化同等待遇。加强销售企业高技能人才队伍建设,持续完善技能人才培训体系。立足市场营销、营运统筹等主干领域,深刻把握成品油营销、天然气营销、化工产品营销、工程管理、物装管理等业务规律,逐步建立和完善市场营销专家队伍。

拓展营销人才市场思维。建立高质量高层次市场营销培训体系,强化服务意识、成本意识,加快培养懂生产、会服务的市场营销人才队伍。突出国内外市场营销新知识、新技术、新模式实战演练和市场营销管理实务培训,安排两级本部领导人员参加高级地市经理、领导力提升等培训,着力提升营销能力素质,到"十四五"末实现全面覆盖。定期选派市场营销骨干人才参与加油站经理人论坛、市场营销人才座谈会等内外部活动。

突出营销青年人才培养。注重推进市场营销领域青年人才开展"双向交流锻炼",实施干部人才挂职锻炼"三年计划",按照"向红海倾斜"原则,推进优秀年轻干部人才跨区域、跨企业、跨专业、跨岗位挂职锻炼。定期选送优秀产品研发制造、生产经营人才到市场销售前沿领域进行培养锻炼,提升需求分析、产品营销、服务保障等方面能力素质;选送优秀市场营销人才到研发、制造、新能源、投资、工程等其他专业领域学习培训,全方面了解产品研发、生产过程,产品性能及新能源项目投资基建,持续拓展知识覆盖面。

(5)装备制造人才锻造专项行动

围绕装备制造企业结构调整和转型升级需要,着眼关键装备自主可控,培养一批装备制造研发科技人才和"大国工匠",加快突破装备制造关键核心技术。

大力培养一批工程利器高端装备研发人才。对于承担关键核心技术（装备）研发的企业，重点支持企业两级专家同等条件下优先承接集团公司级技术改造和攻关项目，所在单位应配备相应研发团队，持续加大攻关力度。对于入选国家"制造业人才支持计划"先进制造技术人才项目的人选，支持直接申报评审正高级工程师职称。

着力打造一批装备制造领域"大国工匠"。支持装备制造企业设计大师、技能专家参与关键装备（工具）研发与制造，企业可对作出突出贡献的高技能人才加大绩效奖励力度。鼓励建设技能大师工作室，对于技能大师在人员配备、场地建设、试验研究等方面给予充足保障；对于入选国家"制造业人才支持计划"先进基础工艺人才项目的技能专家，优先选派承担中国石油技术改造项目等重大任务。探索建立高技能人才参与重大生产决策、重大技术革新和技术攻关项目制度；全面推行企业新型学徒制和工学一体化技能人才培养模式。

（6）法律合规人才育英专项行动

锚定建设世界一流法治企业需要，全面落实法律合规队伍"革命化、专业化、职业化、正规化"要求，加快培养一支适应公司战略发展需要、能与世界一流企业法律合规人员同台竞技的高素质法律合规人才队伍。

实行"四个一批"强化力量配备。在全面摸清各企业对法律合规人员的现实需求、现有人员底数基础上，坚持"按需定编、按需选人"原则，制定企业法律合规力量配备标准和工作计划。通过现有队伍中不适应要求的人员分流一批、其他岗位具有法律专业背景的人员转岗一批、从知名高校招聘一批、从人才市场引进一批"四个一批"等措施，提高准入标准，严格入口把关，妥善解决部分单位法律合规专业人才匮乏问题。

多措并举强化人才培养。加大法律职业资格考前辅导支持力度，分层面每年举办考前辅导班，为法律合规人才取得国家法律职业资格创造条件。与知名高校、国际律所开展法律合规专业化人才培养合作，择优遴选专业基础好、综合素质强的法律合规人才参加脱产培训和实践锻炼，持续提升专业素养和实战能力。分类组建重大项目法律参与、合同管理、合规管理、纠纷案件处理等法律专家人才库，强化工作交流和"传帮带"，着力培养各领域法律合规专门人才。

持续强化人才政策激励。适应法律专业特点，加大法律合规管理专家选聘力度，创新职称评审办法，进一步畅通法律合规人员职业发展通道。全面推行公司律师制度、合规师制度，配套实行激励政策。设立专门奖励，对在重大项目参与、重大风险应对、重大纠纷解决中做出突出贡献的法律合规人员给予一定奖励。

加大涉外法治人才培养力度。聚焦我国法域外适用法律体系建设、涉外执法司法及法律服务等领域需求，培养一批能够深度参与国际法律事务、直接为涉外法律活动后提供对策建议的涉外法制高端人才。依托国家级涉外法治研究基地、涉外法治工作智库等平台，加快培养一批精通美国、欧盟法律制度和国际贸易规则人才。定期选派国内业务法律合规人才赴海外项目挂职锻炼，建立长效机制，实现年轻干部海外挂职全覆盖，进一步提高法律合规人员综合素质。加强小语种翻译人才、区域国别研究人才和法律标准等领域国际化专业人才引进培养，推动小语种更好服务"一带一路"油气合作。

（三）完善人才创新环境，增强人才使用效能

强化科技创新主体力量建设是中国石油建设能源化工领域人才高地的重要支柱，建设国家战略科技力量的主要依托。要进一步加强博士后工作站以及科技创新孵化器、产业基地等人才载体建设，

为各层次科技人才提供更优质的科技创新服务和舒适的创新活动空间，全面提升中国石油创新体系效能。

1. 健全博士后科研工作站管理制度，贯通集团科研平台体系

准确把握国家政策变化，贯彻落实新的文件精神，补全中国石油层面制度体系短板，更好发挥工作站在中国石油战略发展以及卓越工程师和青年高层次人才评价、发现、引进、培养中的支撑作用，分级分类明确管理标准和流程，围绕原创技术策源地、关键核心技术攻关、新能源新材料等领域重点项目创新需求，统筹优化导师资源配置、强化博士后招收管理、细化相关政策措施、提升工作站建设质量，充分发挥博士后制度产学研用融合的特殊优势，加快培养具有国际竞争力的高层次青年科技人才后备军。

（1）明晰管理界面

工作站实行归口管理，分级负责体制。中国石油人力资源部归口管理工作站建设，负责制定工作站管理制度，根据公司发展战略和业务发展需求，统筹指导工作站建设规划，组织实施工作站的设立推荐和评估。各设站单位负责工作站日常运行和博士后日常管理等工作。

（2）量化设站条件

强调新设立工作站应同时满足6项基本条件并符合至少1项推荐条件，基本条件侧重于培养基础，要求具备独立法人、研发机构、人才队伍、科技投入、薪资待遇和管理能力方面的基础条件，推荐条件则要求在国家级实验室等创新条件平台，国家级科技奖项、荣誉称号等行业地位评价，以及企业市值、营业收入和博士后培养成果等方面至少具备一项突出优势。按照单位自主申报、中国石油人力资源部核实推荐、全国博士后管理委员会办公室核查批复的程序开展设站工作。

（3）细化招收要求

围绕博士后引进培养，规范招收程序。一是强化顶层设计和计划指导，定期组织各单位编制招收计划，坚持四个面向，优先引进从事"双新双碳""策源地""卡脖子"等领域的博士后；二是强调德才兼备，在组织专家进行能力、水平、成果评估考核的同时，要对博士后品质、职业道德进行考察；三是注重青年人才培养，明确博士后应以35岁以下青年博士为主，全职从事在站研究工作的时间不得少于2年。

（4）强化导师配置

明确导师是博士后从事科学研究工作的指导者和合作者，设站单位应发挥高层次专家在创新人才培养中识才、育才、用才的导师作用，优先聘任中国石油两院院士、科学技术委员会委员、高层级专家等专家人才指导博士后，有关需求可提请中国石油人力资源部统筹指导协调。

（5）优化服务保障

全面落实博士后作为具有流动性质的研究人员，在站期间享受设站单位职工待遇的政策要求，从劳动合同签订、工龄计算、薪酬福利标准、社会保险、职称评定、户籍档案等方面明确中国石油层面对企业的管理要求。同时，对与工作站培养成效直接相关的创新环境建设、创新联合体建设等内容提出要求。

（6）强化动态监督

为确保在全国博士后管理委员会组织实施的各类评估检查活动中不出现问题和负面影响，建立工作站评估检查制度。不定期组织抽查评估，督导设站单位发挥工作站人才培养引进平台作用；定期（3年）组织已设站单位自评，对长期未招生、作用发挥不好、存在学术不端等的工作站，限期整改或申报撤销。

2. 强化集团内部人才投入流动,提升人才贡献度

(1) 加强人才培养投入水平

重视人才自主培养,持续健全完善人才培养体系,深入开展对人才培养的规律性研究,增加创新型人才培训项目,提高前沿知识、技术等培训内容的比例,优化培训方式,支持各企业和科研院所形成跨区域、跨企业交流锻炼机制。

(2) 强化核心骨干人才流动保障

加强对人才流动中知识产权、商业秘密的保护,对于重点领域、重点项目和专项支持人才,严格落实服务期、竞业限制、保密脱密等规定。建立集团内部人才跨区域、跨企业流动服务体系,在资源共享、信息互通、资格互认、服务互补等方面逐步建立一体化工作流程;在子女入学、住房安居、医疗服务、社会保险等方面提供协助服务。

(3) 基于ERP系统搭建中国石油人才资源管理信息平台

在已有ERP系统及其人员信息基础上,进一步开发人才资源管理模块,一体化统筹管理中国石油高层级专家,同时系统化建立能源化工领域专家库,收集汇总中国石油内外部专家和优秀青年科技人才信息,日常管理做到"通达知晓",制定政策做到"手随心到"。

3. 加快科研创新转型升级,提升企业全要素生产率

(1) 提高规模效率和技术效率

构建中国石油内部科研资源共建共享平台,以提升原始创新能力、支撑重大科技突破为目标,通过引进、共建、战略联盟等方式,以油气和新能源、炼化和新材料、工程技术三大产业领域为重点,集合国内外著名高校、国家重点实验室、中国石油优质实验室设备仪器资源,建设能源化工领域规模大、种类全、功能强的大科学设施群集群,以及新能源新材料等科技基础设施。建立健全开放

共享机制，利用信息化智能化手段建设研发云平台，实现人才和信息共享，分级授权，为科技创新研究提供重要支撑。建立技术研发设备资源库，实现区内企业与高校、科研院所间仪器设备的共享，为区内的中小型科技企业提供仪器设备租用、技术评测、合作研发、技术查新等全方位的技术研发服务。

（2）加快技术进步

以新型研发机构为载体，加大政策引导孵化高新技术，培养高端人才。在新型研发机构，推行高新技术孵化支持计划，支持科研试剂、配套方法等创新突破，加快国产科学仪器、实验材料等在科技创新研究中的应用示范。鼓励研发科学计算、建模仿真、科学实验等工具软件，保障研发设计过程自主安全可控。推进建设科学数据中心（库），加强科学数据开放共享。在技术研发中，重点发现和培养一批高水平创新型人才，及时纳入中国石油人才管理系统。

（3）增强配置效率

充分发挥市场在人才资源配置中的决定性作用，以更加灵活有效方式吸引人才和团队。基于就业平台对优秀人才就业需求的调研分析，提出：以市场化薪酬待遇吸引高端人才，严格落实就业协议和相关承诺，建立良好的雇主声誉；为敏捷人才提供富有挑战性、有意义的工作；持续性对外建立和展示石油石化专业知识和企业文化，不断加强中国石油在能源领域的影响作用；以公司办公环境改善为抓手，为人才及其团队提供开放协作式工作场所；为人才提供能够平衡工作与生活的工作模式；提供与全职员工同等公平、尊重的工作待遇。

第三节　能源化工领域人才和创新高地建设的保障措施

根据人才和创新高地建设面临问题的内在原因，为保障人才和创新高地建设的稳步推进，提出针对性的对策措施，全力确保人才和创新高地建设稳扎稳打、步步为赢（图3-11）。

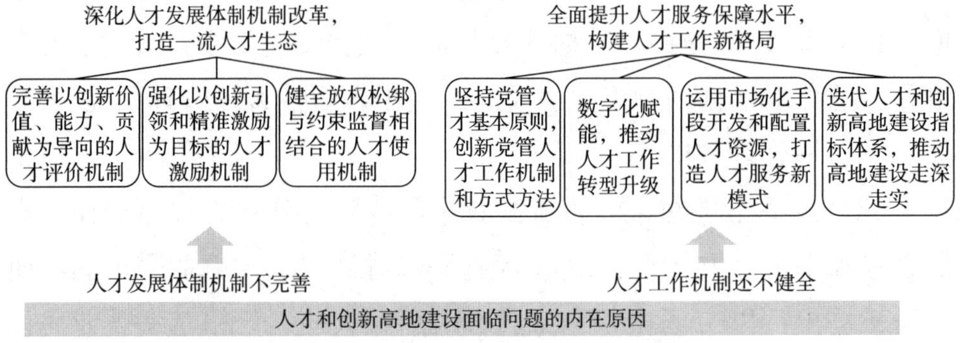

图3-11　人才和创新高地保障措施框架示意图

一、深化人才发展体制机制改革，打造一流人才生态

建立健全人才培养、使用、评价、服务、支持、激励等方面制度体系，加快构建既有石油行业特色，又具备国际竞争比较优势的人才发展机制，持续激发人才队伍内生动力。

（一）完善以创新价值、能力、贡献为导向的人才评价机制

1. 扎实推进人力资源价值评价

全面实施《中国石油企业人力资源价值评价办法（试行）》，把

价值创造作为评价人才、激励人才、用好人才的关键指标，聚焦企业队伍实力、组织活力、产出效力，突出分类评价、量化评价，从先进性、进步性、完成度三个维度开展人才工作评价，评价结果纳入领导班子任期考核和主要领导离任审计，促进企业持续提升人力资源价值。

2. 强化人才岗位业绩分类评价

以激发科技人才创新活力为目标，坚持德才兼备原则，健全完善以创新价值、能力、贡献为导向，特色鲜明、方式多元的人才评价体系。探索建立学术成果认定机制，广泛推行"代表作"评价制度，坚持行业领域同行评议，建立适应人才发展的人才评价标准流程。按照分级分类原则开展评价工作，对于基础前沿研究评价突出原创导向，对应用技术开发和成果转化评价突出市场导向；注重"评用结合"，重点关注人才解决重大科技难题、实现重大技术突破或对行业发展的实际贡献。

3. 持续加强人才评价治理工作

坚持破"四唯"和立"新标"相结合，督导各单位建立人才评价自查自纠机制，清理各级各类评价指标中涉及"四唯"的内容。按照国家唯人才"帽子"专项治理要求，重点整治将薪酬待遇、学术资源配置、职称评审、职务晋升、课题申报、表彰奖励等简单与人才称号、学术头衔直接挂钩等行为。强化各类人才计划统筹管理，明确人才计划支持期限，避免给入选者贴上"永久牌"标签。

（二）强化以创新引领和精准激励为目标的人才激励机制

1. 健全鼓励科研人才自由探索的服务保障制度

坚持自由探索与任务攻关并重，引导科研人员把兴趣导向与国家和中国石油战略需求相结合；对于解决重大现实问题、服务重大需求的科研项目，做好资源要素整合，避免科研项目分散化、碎片化；聚焦中国石油主营业务发展和战略转型需求，研究设立自主命题类项目，尊重科研人才的学术灵感，鼓励极具专业特长的优秀人才按照个人兴趣深耕专业。完善鼓励创新、宽容失败、最大限度管控风险的试错机制，做好容错纠错工作，在依法依规、勤勉尽责前提下，对失败项目相关职责予以免除或不予追责。

2. 完善差异化、精准化薪酬激励制度

突出价值导向，强化精准激励，对于入选国家人才计划的专家及其领衔科研团队，在岗位薪酬水平、专项奖励、工资总额单列、中长期激励等方面给予全面支持；对于在重大项目、重点工程、重要工作上取得突出成绩，在科研攻关上获得重大发现、重要发明的个人或团队实施精准奖励，激励政策一事一议、应给尽给。研究建立人才发展专项奖励制度，对一定时期内人才队伍建设工作取得明显成效的单位，给予一次性工资总额奖励。

3. 优化人才精神激励和荣誉褒奖制度

持续加强人才政治引领，落实党委联系服务专家制度，做好专家人才思想政治工作和生活服务保障。大力弘扬科学家精神，建设科学家精神教育基地，科学设置人才荣誉称号，定期组织优秀人才评先选优活动，大力宣传优秀人才典型，充分营造尊重科学、尊重人才、鼓励创新的良好氛围。

（三）健全放权松绑与约束监督相结合的人才使用机制

1. 向用人主体和科研人员精准放权

遵循人才成长规律和科研规律，根据需要和实际向用人主体授权，选择一批科研院所、重点企业开展人才管理授权范围试点，提出人才培养、引进、使用、经费管理、绩效工资和岗位聘用等方面的授权清单和负面清单。对于入选国家级人才计划的专家赋予更大技术路线决定权、更大经费支配权、更大资源调度权，扩大经费包干制实施范围,营造潜心研究科研环境。

2. 为科研人员减负松绑

积极落实国家科研人员减负专项行动,针对人才填表多、证明多、评估检查多、会议多、报销难等形式主义问题,开展专项治理。在科技项目、人才计划、职称评审中,进一步合并压缩科研人员填报的各类表格和材料,全面推行在线申报、信息共享。每个科研项目执行期内进度检查不超过1次,避免科研人员为检查工作提供"应景式"材料。推行"无会日"制度,对于科研人员,每周可安排1次非学术会议,其余时间均为"无会日",非必要不要求科研人员列席、陪会。

3. 建立授权追踪反馈制度

探索建立规范授权行使行为和边界的内部管理制度,明确违规行为处理办法和追责制度。督促用人单位履行主体责任,建立有效的自我约束机制和外部监督机制,确保下放的权限接得住、用得好。定期开展授权专项监督,及时发现和纠正企业在授权用权方面存在的问题,对授权使用不当的有关责任人按规定追究责任。建立健全经费资助成效跟踪机制,定期开展研究任务目标完成情况、产出、效果、影响等工作评估,动态调整资助经费额度和频次,进一步提高经费投入产出实施成效。

二、全面提升人才服务保障水平,构建人才工作新格局

能源化工领域人才和创新高地建设是立足中国石油长远发展提出的一项前瞻性战略谋划,人才工程是系统性工程,涵盖领域广、参与主体多,政治性、政策性都很强,必须要从"党管人才、拓宽手段、科技赋能、迭代优化"等几个方面推进人才和创新高地建设,为高地建设提供坚强保证。

（一）坚持党管人才基本原则，创新党管人才工作机制和方式方法

党管人才是人才工作沿着正确方向前进的根本保证，要将党管人才原则落实到聚才、兴才、爱才、用才的具体行动上，全面激发各类人才创新创造活力，需从以下几点着力。

1. 发挥好组织优势

各单位通过"一把手""抓牢"第一资源，用好人才目标责任考核制度，督促相关单位对标对表，并将人才工作纳入党建述职评议重要内容，以述促改抓好落实、以评促进增添动力，强化引才工作"一盘棋"合力。

2. 提高党管人才工作水平

坚持将党管人才同市场配置人才、尊重人才成长规律、拓展人才成长空间相结合，营造近者悦、远者来的发展环境。

3. 突出政治引领

加强对人才的政治吸纳和政治引领，通过党管人才机制在人才群体中厚植红色基因，完善加强领导干部联系服务专家人才制度，感召公司各类人才始终与党和国家的发展同向同行。

（二）数字化赋能，推动人才工作转型升级

人才领域是数字化转型、数字化建设的重要组成部分，加快推进人才工作数字化转型，让数字赋能人才发展，让数字化转型成为人才引领发展的重要动力，是建设人才和创新高地的题中之意。

1. 要树立数字思维

统筹运用数字化技术、数字化思维、数字化认知，把数字化、一体化贯穿到人才发展治理全过程，推动人才发展治理的体制机制、组织架构、方式流程、手段工具的变革。

2. 要积极推进人才资源和信息的数字化建设

既要加快人才发展的数字基础设施建设，加快推进数字架构

的建设，为推动人才工作数字化转型奠定重要基础；也要加大人才领域的数字技术和内容开发，加快推进人才领域的数字规则，用数字建设支持和推动政策制度体系、标准规范体系、组织保障体系发展。

3. 要着力强化数字赋能

从人才开发全流程角度出发，运用海量数据、打造丰富应用场景，推动人才引进、培养、评价、服务等各个环节无缝对接、紧密相连，优化再造人才工作流程机制，实现革命性重塑、全方位赋能，使人才开发更具竞争力、更具创造力。

4. 有效开展数字治理

积极推进人才发展的整体"智治"，要把握一体化、全方位、制度重塑、数字赋能的改革特征，统筹运用数字化技术、数字化思维、数字化认知，全面构建数字化治理新模式，以更大力度促进人才工作流程再造、规则重构、制度创新。

（三）运用市场化手段开发和配置人才资源，打造人才服务新模式

运用市场化手段解决人才问题的运行模式创新，能够推动人力资源结构优化，提升人力资源优势。在人才和创新高地建设中要统筹好国内国际两个大市场，立足中国石油自身发展精准选聘人才，需要专业机构全方位开发和配置人力资源。

1. 重塑市场化人才工作模式

通过整合相对分散的人才招引资源，系统重塑市场化人才工作模式，加快形成推动人才发展的全链式工作体系，更大力度集聚人才资源。

2. 推动人才工作市场化、专业化、产业化

用市场的标准对接人才、引进人才、评价人才，在更广阔的市

场范围内实现人力资源的调配、整合及优化，以此打破引才瓶颈。

3. 打造新型全链条人才服务体系

立足中国石油业务发展需要，系统打造人才数据、人才引进、人才培养、人才双创、产业合作及人才服务"六位一体"的新型智能人才服务模式，促进人才与产业深度融合。深度融入全球全国人才链、创新链、产业链、服务链，构建全链条、全要素、全周期人才服务及科技金融服务新模式，保障人才来得安心、干得开心、留得舒心。

4. 加强人才开发研究

开展人才政策、人才工作体制机制改革研究，为中国石油人才工作和发展提供前沿思路。同时建立人才大数据中心，利用大数据和智能手段开展人才调查和盘点，建立中国石油人才数据库，及时了解企业急需紧缺人才需求，绘制动态分布的人才地图。

（四）迭代人才和创新高地建设指标体系，推动高地建设走深走实

本研究建立了一套科学合理的人才和创新高地指标评价体系，在高地建设过程中，需要不断优化迭代指标体系，推动人才和创新高地建设走深走实。

1. 定期测评高地实现程度

人才和创新高地指标体系能系统评估人才发展对企业价值产出、科技创新等方面的影响，进而能测评人才和创新高地的实现程度。人才和创新高地指标体系是一个比较抽象的概念，对人才和创新高地指标体系内涵还需要更深入的研究和探索；同时高地的测评不是一成不变的，每个企业都在不断发展和变化，市场环境和国际政治环境的瞬息万变都会让指标体系的可操作性难度加大。通过不断深化人才和创新高地内涵研究和指标体系内容，每隔1～3年就

高地建设情况与对标公司进行系统测评，从而得出人才和创新高地建设对中国石油综合实力的影响和贡献。

2. 评估人才发展工作成效

人才和创新高地建设的实施效果直接显现在对人才发展的促进成效上。通过优化迭代人才和创新高地指标体系，系统评估高地建设对中国石油人才发展促进作用的成效，并引导人才的合理配置。

3. 引导人才发展工作方向

运用人才和创新高地指标体系，可以对人才强企战略实施情况进行综合评估，评估的结果可以重新审视中国石油的人才工作，发现人才工作中存在的问题和误区，为下一步工作指明正确的方向。

以上重点举措和保障措施，既延续了中国石油近年来对人才工作的探索与实践，也结合未来发展明确了更进一步的努力方向。体制顺、机制活，则人才聚、事业兴。建设能源化工领域人才和创新高地的征途已经开启，我们将以必胜的信念、创新的勇气、务实的作风以及海纳百川的胸怀，通过构建具有全球竞争力的政策环境与制度优势，广纳群贤，集智聚力，为中国石油高质量发展和建设基业长青世界一流综合性国际能源公司做出积极贡献！

附 录

附录一　全国人才中心和创新高地建设动态汇编（2021.9—2022.9）

中国共产党的百年奋斗历程，是一个培养人才、团结人才、引领人才、成就人才的历程，是一个团结和支持各方面人才为党和人民事业建功立业的历程。

早在延安时期，毛泽东同志就鲜明提出"我们应该尊重专门家"，强调"没有知识分子的参加，革命的胜利是不可能的"。改革开放后，邓小平同志大力倡导"尊重知识、尊重人才，党两次召开全国人才工作会议，提出实施人才强国战略。"

党的十八大以来，党中央作出人才是实现民族振兴、赢得国际竞争主动的战略资源的重大判断，作出全方位培养、引进、使用人才的重大部署，推动新时代人才工作取得历史性成就、发生历史性变革。

2021年9月27日至28日，在党成立100周年的重要时刻，一场高规格的会议——中央人才工作会议在北京召开，这是我国人才事业发展进程中具有深远意义的大事。习近平总书记从党和国家事业发展全局的高度，科学回答了新时代人才工作的一系列重大理论和实践问题，为做好新时代人才工作指明了前进方向，提供了根本遵循。

我国人才工作站在一个新的历史起点上。

人才强企 建设能源化工领域人才和创新高地

一、人才和创新高地建设动态

（一）各省（自治区、直辖市）人才中心和创新高地建设动态

各省（自治区、直辖市）纷纷召开人才工作会议，深入学习贯彻习近平总书记关于新时代人才工作的新理念新战略新举措，把中央精神转化为做好人才工作的强大动力，转化为推动人才工作高质量发展的思路举措，转化为加快建设人才强国的生动实践。

中央的顶层设计和战略谋划，在各省（自治区、直辖市）落地为一个个的地方发展大计，人才强国的战略支点和雁阵格局正在形成，党的人才工作迎来了新局面。

1.河北：构建形成具有全球竞争优势的京津冀人才一体化发展新格局

2021年10月30日，河北省委人才工作会议在石家庄召开。省委书记、省人大常委会主任王东峰在会议上强调，要深入贯彻习近平总书记在中央人才工作会议上的重要讲话精神和党中央决策部署，坚定不移贯彻落实新时代人才强国战略部署，全面提升人才工作整体水平，为加快建设经济强省、美丽河北提供有力支撑。

王东峰指出，要巩固拓展成果，持续升级加力，全面贯彻习近平总书记关于新时代人才工作的新理念新战略新举措，坚持党管人才原则，坚持"四个面向"，坚持"三六八九"工作思路，大力实施人才强冀战略，全方位培养、引进、用好人才，加快建设新时代人才强省。到2025年，全省研究与试验发展经费投入强度显著提升，人才自主培养能力不断增强，工程师数量、高技能人才占技能劳动者的比例大幅提高，"双一流"高校建设迈向更高水平，新型研究型大学建设实现突破性进展，以人才引领产业、以产业集聚人才的格局初步形成；到2030年，适应高质量发展的人才制度体系基本形成，

创新型应用型技能型人才自主培养能力显著提升，京津冀人才一体化发展模式成熟定型；到2035年，科技创新能力和高水平人才队伍整体实力跻身全国前列，构建形成具有全球竞争优势的京津冀人才一体化发展新格局，实现人才强省目标。

2.广东：以在粤港澳大湾区建设高水平人才高地为牵引，奋力开创新时代人才强省建设新局面

2021年11月1日，广东省委人才工作会议在广州召开，全面贯彻落实中央人才工作会议部署要求，对推进新时代人才强省建设进行研究部署、推动落实。

广东省委书记李希指出，要以在粤港澳大湾区建设高水平人才高地为牵引，扭住"五大工程"精准发力，奋力开创新时代人才强省建设新局面。一要实施战略人才锻造工程，壮大支撑科技自立自强的重要力量。着力构建战略科学家成长梯队，打造一流科技领军人才和创新团队，造就具有国际竞争力的青年科技人才队伍，培育支撑广东制造业高质量发展的卓越工程师队伍，在新的高度挺起高质量发展的人才脊梁。二要实施人才培养强基工程，全面提升人才供给自主可控能力。发挥高校人才培养主阵地作用、企业承载创新人才主体作用、重大人才工程牵引作用，推动各类人才如雨后春笋般竞相破土、茁壮成长。三要实施人才引进提质工程，集聚全球人才为我所用。精准链接全球一流人才，与时俱进优化引才路径，加快建设高水平多层次聚才平台，积极有效引进急需紧缺的高层次人才。四要实施人才体制改革工程，全方位释放人才创新创造活力。充分向用人主体授权，遵循规律积极为人才松绑，突出实绩完善人才评价体系，加快构建具有全球竞争力的人才制度体系。五要实施人才生态优化工程，营造拴心留人的人才发展环境。下功夫打造尊重人才、求贤若渴的社会环境，公正平等、竞争择优的制度环境，

待遇适当、保障有力的生活环境，厚植人才发展沃土。

3. 北京：力争率先建成高水平人才高地

2021年11月15日，北京市委人才工作会议召开。北京市委书记、市委人才工作领导小组组长蔡奇强调，要深入学习贯彻习近平总书记关于新时代人才工作的新理念新战略新举措，以建设国家战略人才力量为主线，以首善标准抓好人才工作，力争率先建成高水平人才高地，为我国建设世界重要人才中心和创新高地提供战略支撑。

蔡奇指出，党中央明确提出了加快建设世界重要人才中心和创新高地的战略目标，在北京、上海、粤港澳大湾区建设高水平人才高地。对北京而言，这是国际科技创新中心建设的重要内容，是立足新发展阶段、贯彻新发展理念、融入新发展格局、推动高质量发展的必然要求，是率先基本实现社会主义现代化的重要支撑。要切实增强建设高水平人才高地的责任感紧迫感，以钉钉子精神推动各项重点任务落地落实。

蔡奇提出，要把建设战略人才力量作为重中之重来抓。服务国家战略需要，聚焦战略科学家这个"关键少数"，引进一批、遴选一批、培养一批，形成战略科学家成长梯队。围绕人工智能、量子信息、区块链、生物技术"四个占先"和集成电路、关键新材料、通用型关键零部件、高端仪器设备"四个突破"等关键核心技术领域，集聚和支持一批科技领军人才和创新团队。把政策重心放在青年科技人才上，建立早期发现和跟踪培养机制，完善全链条培养制度，扩大青年项目支持规模。以企业需求为导向，校企联合，培养大批卓越工程师。

4. 重庆：加快建设全国重要人才高地

2021年11月22日，重庆市委人才工作会议召开，提出全面落实中央人才工作会议部署要求，加强和改进新时代重庆人才工作，加快建设全国重要人才高地,为推动高质量发展、创造高品质生活提供坚实人才保障。

重庆市委书记陈敏尔强调,要坚持问题导向,深化人才发展体制机制改革。发挥用人主体在人才培养、引进、使用中的积极作用,根据需要和实际向用人主体充分授权,打通人才政策落地"最后一公里"。释放人才创新创业活力,遵循人才成长规律和科研规律,深化人才管理制度、科研经费管理、科研项目等改革,让人才多出成果、出好成果。加快建立以创新价值、能力、贡献为导向的人才评价体系,破除"四唯现象",形成有利于科技人才潜心研究和创新的评价制度。要注重精准发力,加快壮大科技创新主力军。突出需求导向,树立长远眼光,瞄准科技发展前沿和重点领域,集聚使用战略科技人才。聚焦攻克关键核心技术,打造一流科技领军人才和团队,在更大范围、更宽领域、更深层次上配置创新资源、集聚创新要素。大力造就规模宏大的青年科技人才队伍,给予青年人才更多的信任、更好的帮助、更多的支持。深化高校教育改革,发挥企业主观能动性,培养大批卓越工程师,助推制造业高质量发展。要盯牢关键环节,全方位培养、引进、用好人才。全方位提升人才培养水平,统筹推进各领域人才培养,让各类人才各得其所、大展其才。全方位拓宽人才引进渠道,广开进贤之路,提升人才引进工作竞争力、开放度、实效性。全方位优化人才使用机制,让优秀人才发展有空间、干事有平台、价值有回报,让更多人才在重庆行千里、致广大。

5.贵州:把贵州建设成为全国最有吸引力凝聚力的人才高地之一

2021年11月24日,贵州省委人才工作会议在贵阳召开。贵州省委书记、省人大常委会主任、省委人才工作领导小组组长谌贻琴提出，深入实施新时代人才强省战略，以超常规举措培养、引进、用好人才，奋力推进人才大汇聚，把贵州建设成为全国最有吸引力凝聚力的人才高地之一。

谌贻琴强调，要认真落实习近平总书记关于人才工作"四个面向"的要求，紧扣高质量发展的重点领域关键环节，以服务"四新""四化"为方向，全力推进人才大汇聚：围绕推进工业大突破、城镇大提升、旅游大提质汇聚人才，围绕实施乡村振兴战略行动、大数据战略行动、大生态战略行动汇聚人才，围绕金融服务实体经济汇聚人才，围绕保障改善民生汇聚人才。

谌贻琴强调，要围绕人才"引、育、用、留"全链条全环节，大力实施人才"四大工程"，推进重点人才实现倍增，全面提升人才工作水平。要大力实施"引才工程"，抢抓机遇引才、优化政策引才、创新方式引才、办好活动引才。要大力实施"育才工程"，走好人才自主培养之路，最大限度挖掘和开发现有人才潜能。要大力实施"用才工程"，在精准用才、授权松绑、完善评价体系、创新激励机制上狠下功夫，坚决破除体制机制障碍。要大力实施"留才工程"，态度要更加诚恳、服务要更加周到、平台要更加广阔。要高度重视青年人才，大力支持青年人才挑大梁、当主角。

6. 上海：努力在人才强国雁阵格局中发挥"头雁效应"

2021年11月26日，上海市人才工作会议召开。上海市委书记李强指出，要深入学习贯彻习近平总书记关于新时代人才工作的新理念新战略新举措和中央人才工作会议精神，胸怀"国之大者"，下好人才"先手棋"，举全市之力加快推进高水平人才高地建设，努力打造我国建设世界重要人才中心和创新高地的重要战略支点，为加快建设具有世界影响力的社会主义现代化国际大都市提供人才支撑、打好人才基础，让上海因人才更精彩、人才因上海更出彩。

李强指出，中央赋予上海建设高水平人才高地的重大任务，是着眼全局作出的战略布局，是推动上海发展的重大战略、重大机遇，是上海的重大使命、重大责任。要把建设高水平人才高地作为上海人才工作的总抓手、总牵引，努力在人才强国雁阵格局中发挥"头雁效应"，使人才资源更好成为城市核心竞争力的关键支撑，使人才优势更好成为城市软实力的显著标志。上海高水平人才高地建设，要彰显国际化的人才导向，构筑世界级的人才平台，实行更开放的人才政策，造就战略性的人才力量，构建金字塔型的人才结构，营造高品质的人才生态。要推出一系列举措、展开一系列行动、实施一系列工程，以更加开放的格局、更加宽广的胸襟、更加包容的环境，吸引更多人才来到上海，让上海成为天下英才的筑梦之地、逐梦之城、圆梦之都。

李强强调，要充分发挥上海开放引才的综合优势，大力吸引集聚海外高层次人才；要率先开展人才发展体制机制综合改革试点；要加快建设战略人才力量，打造"硬核科技"的"硬核力量"；要持续优化对人才的精准服务，以精准的服务吸引、延揽、凝聚人才。

7. 新疆：为实现社会稳定和长治久安总目标提供坚强人才支撑

2021年11月27日，新疆维吾尔自治区党委人才工作会议召开。会议强调，要贯彻落实新时代人才强国战略，推动新时代新疆人才工作高质量发展，为实现社会稳定和长治久安总目标提供坚强人才支撑。

会议强调，要准确把握目标任务，扎实推动新时代新疆人才工作高质量发展。一要把牢政治方向，加强对人才的政治引领，增强政治认同感和向心力，确保人才工作沿着正确政治方向前进。二要服务工作大局，聚焦社会稳定和长治久安总目标，着力打造维护社会稳定、科技创新、高质量发展等人才队伍,加快建立人才资源竞争优势。三要完善体制机制,坚持深化人才发展体制机制改革。四要注重自主培养,充分发挥高校、职业院校主阵地作用,突出企业主体地位,源源不断培养造就大批优秀人才。五要加大开放力度,不断提高引才质量和效率。六要用好用活人才,坚持营造识才爱才敬才用才的环境。七要提升人才质量,紧密结合新疆实际,着力建设吸引和集聚人才的平台,充分发挥重大人才工程牵引作用,实施好自治区重点人才计划,提高人才培养引进的质量和效益。八要注重关心激励,不断加强和改进知识分子工作。九要发挥援疆优势,坚持把智力援疆作为援疆工作重点,拓展"组团式"援疆领域,加大柔性人才援疆力度,用好援疆干部人才,不断带动受援地干部人才能力素质提升。十要深化兵地交流,构建成规模、宽领域、多层次的人才交流模式,深入推进兵地人才融合发展。

8.湖北:打造全国重要人才中心和创新高地

2021年11月30日,湖北省委人才工作会议在武汉举行。湖北省委书记应勇出席会议并强调,要深入实施新时代人才强省战略,以超常规举措精准引才、系统育才、科学用才、用心留才,举湖北全省之力打造全国重要人才中心和创新高地。

应勇强调,要坚决落实新时代人才工作战略部署,全面提升人才工作科学化水平。要抓重点强支撑,加快建设战略人才力量,探索"见苗浇水、精准滴灌"式的培养路径和措施,锻造湖北省战略科学家成长梯队,打造一批科技领军人才和创新团队,加快培养大批卓越工程师;抓好后继有人这个根本大计,促进更多优秀青年人才脱颖而出;要抓基础固根本,努力培养更多优秀人才,对基础研究人才,加大源头培育力度、创新发现培养模式、加强长期稳定支持,重点培养一批甘坐"冷板凳"、勇闯"无人区"的基础研究人才，包容"十年不鸣"，静待"一鸣惊人"。要统筹抓好各类人才培养，形成"天下英才聚荆楚、万类霜天竞自由"的生动局面。

应勇强调，要抓机遇引人才，精准引进急需紧缺人才，引才靶向要精准，引才方法要灵活，聚天下英才而用之，把湖北打造成为各类人才竞相逐梦的理想之地。要抓改革激活力，积极用好用活各类人才，形成具有鲜明标识度、较强竞争力的人才制度优势，向用人主体充分授权，积极为人才松绑，完善人才评价体系。要抓服务优环境，着力打造"近悦远来"的人才生态。要为人才提供全周期全方位服务，统筹人才荣誉和奖励制度，当好服务人才的"店小二"。要完善大学生就业创业支持政策和服务体系，吸引更多大学生留在湖北、发展湖北。

9. 浙江：加快打造世界重要人才中心和创新高地的战略支点

2021年12月7日，浙江省委人才工作会议在杭州召开。浙江省委书记、省委人才工作领导小组组长袁家军强调要深入学习贯彻党的十九届六中全会精神和习近平总书记关于新时代人才工作的新理念新战略新举措，加强党对人才工作的全面领导，全面落实人才强省、创新强省首位战略，全方位培养、引进、用好人才，着力打造战略人才力量，在高能级创新平台建设、关键核心技术攻关、产学研深度融合等方面取得重大标志性成果，推动全省人才工作全面进步、整体跃升，加快打造世界重要人才中心和创新高地的战略支点。

袁家军强调，要大力建设战略科技力量，形成顶天立地的战略平台支撑，建设创新资源联动枢纽，以创新平台组织形态促进人才集聚裂变，进一步推动平台建设提能；打造自主可控的人才全供应链，壮大高校人才培养主阵地、青年科技人才生力军、人才队伍基本盘，进一步推动人才培育提质；着力打造国际人才大循环的重要枢纽，深入实施"鲲鹏行动"计划，细化人才招引颗粒度，打造人才国际交流合作新载体，进一步推动人才引进提速；以数字化改革破解人才发展难点堵点，打造人才工作重大场景应用，积极推进人才发展体制机制综合改革，积极破解人才发展难点堵点，进一步推动体制改革提效；强化全周期全要素保障，做精增值服务、做优服务质量，加快产权激励，给人才吃下定心丸，让尊重人才、崇尚科学成为社会风尚，进一步推进人才生态提优。

10.新疆生产建设兵团：全面实施新时代人才强兵团战略

2021年12月12日，新疆生产建设兵团党委召开人才工作会议暨科技创新奖励大会，表彰奖励为兵团科技进步、经济社会发展作出突出贡献的科技人员和组织，研究部署推进新时代人才强兵团、科教兴兵团工作。

新疆维吾尔自治区党委副书记、兵团党委书记、政委李邑飞指出，要深入学习贯彻习近平总书记关于新时代人才工作的新理念新战略新举措和关于科技创新的重要论述，落实自治区党委人才工作会议部署，扎实推动新时代兵团人才工作和科技创新工作高质量发展。

李邑飞强调，要全面实施新时代人才强兵团战略，加快推进人才发展体制机制改革，深入实施重大人才工程和兵团各项人才支持计划，全方位引进、培养和使用人才，建设数量充足、素质优良、保障社会事业高质量发展的人才队伍，锻造高层次科技人才队伍，用好援疆干部人才，积极推进兵地人才融合发展，实施新时代人才"铸魂工程"，努力打造新时代兵团履行维稳戍边职责使命需要的高素质人才队伍。要加快实施科技创新驱动发展战略，持续深化科技体制改革，扎实推进科技政策落地，健全完善现代农业技术、高新技术、民生领域科技创新体系，不断提升科技创新供给能力，为兵团履行"三大功能"、发挥"四大作用"提供更加有力的科技支撑。要加强党的全面领导，落实政治责任，完善工作机制，强化服务保障，为做好新时代兵团人才工作和科技创新工作提供坚强保证。

11. 海南：扛起"聚四方之才"使命担当

2021年12月14日，海南省委人才工作会议在海口召开。海南省委书记沈晓明强调，要扛起"聚四方之才"使命担当，打造既有海南特色又能体现自由贸易港国际竞争比较优势的人才集聚高地。

沈晓明指出，近年来，海南认真贯彻习近平总书记"聚四方之才"的重要指示精神，围绕用足用好用活中央支持举措，推动人才工作取得长足进步。但海南缺乏人才的省情依然没有改变，全省各级各部门要增强紧迫感、使命感、责任感，以更高的站位、更大的力度把人才工作抓实抓好，让"四方之才"向海南涌流集聚。

沈晓明强调，要深化人才发展体制机制改革，赋予用人主体更大自主权，释放人才创新活力，完善人才评价体系，破除"官本位"、行政化传统思维，破除"四唯现象"，探索实行人才动态"注册制""积分制"，让各类人才在海南"各尽其用、各展其才"。要加大人才引进培养力度，既要注重引进外来人才、也要注重培养本地人才，既要注重刚性引才、也要注重柔性引才，既要注重集聚人才、也要注重人才团队建设，夯实自由贸易港人才基础。要营造一流人才环境，搭建具有标志性、显示度、影响力、吸引力的发展平台，构建有利于人才发展的产业环境、创新环境，突出人才社会地位，提高经济收益和政治待遇，当好为人才服务的"红娘""保姆""店小二"，提升广大人才扎根海南、建设海南的认同感和归属感。要加强党对人才工作的全面领导，狠抓责任落实、协调配合、能力提升，把人才建设作为"一把手工程"，全力构建人才工作高质量发展的崭新格局。

12. 广西：打造区域性人才集聚和面向东盟的国际人才高地

2021年12月15日，广西壮族自治区党委人才工作会议在南宁召开。广西壮族自治区党委书记刘宁强调，要围绕凝心聚力建设新时代中国特色社会主义壮美广西，以更高站位、更宽视野、更大力度谋划和推进新时代人才强桂战略，打造区域性人才集聚区和面向东盟的国际人才高地，让人才"第一资源"更好地激活创新"第一动力"、引领发展"第一要务"。

刘宁强调，要以勇于求变、敢于求新、善于求质的精气神抓深化改革、抓人才引育、抓平台建设、抓融合发展、抓环境优化，不断提高人才工作质量和人才效能。要全方位全链条深化人才发展体制机制改革，着力解决对用人单位"放管服"不到位、授权不充分，对人才松绑不到位、评价不合理、政策不落地，改革系统性、协同性、集成性不强等问题。要坚持政策为大，人才政策发力要适度靠前，切实提高政策供给的精准度，善于运用政策，狠抓政策落实。要坚持创新为要，聚焦"高精尖缺特"打造科技创新主力军，大力推动产教融合、产才融合。要建设吸引人才、造就人才、成就人才的平台体系，加强平台建设空间布局、产业布局、学科布局的统筹规划，切实增强开放合作意识。要切实增强人才对高质量发展的引领力，聚焦产业布局优化人才布局，以人才集聚整合创新要素和资源，突出企业承载创新人才的主体地位，让企业真正成为创新的盟主。要坚持项目为王，依托项目建设开发人才资源。要坚持环境为本，打造"近者悦、远者来"的人才发展环境。

13. 安徽：奋力打造具有重要影响力的人才中心和创新高地

2021年12月16日，安徽省委人才工作会议在合肥召开。安徽省委书记郑栅洁强调，要坚持党管人才，突出人才引领发展战略地位，聚焦赋能强化"两个坚持"、实现"两个更大"，坚定不移实施人才栽树工程，下好创新先手棋，加快形成天下英才荟萃江淮、创新成果并跑领跑、养人生态近悦远来的生动局面，奋力打造具有重要影响力的人才中心和创新高地。

郑栅洁强调，人才是发展的战略资源，没有人才优势，就没有创新优势、发展优势。要紧扣发展大局，坚持"四个面向"，培育造就高素质战略人才队伍，大力培育战略"帅才"、产业"英才"、青年"俊才"、制造"匠才"，既做实基本盘，又瞄准高精尖，全面升级人才平台，做强做优做大创新平台、企业平台、开放平台、高校院所平台，积极承接高端人才资源和创新要素外溢，着力形成集聚人才的强磁场。

郑栅洁指出，要坚持问题导向。勇于解放思想，大胆改革创新，开展人才发展体制机制综合改革试点，构建活力迸发的制度体系。抓好"育"这个基础，构建需求导向的人才培养机制。抓好"引"这个重点，建立"单位出榜、中介揭榜、政府奖补"引才机制。抓好"用"这个根本，赋予用人单位更大自主权和领军人才更大技术路线决定权、更大经费支配权、更大资源调度权。抓好"评"这个关键，建立以创新价值、能力、贡献为导向的人才评价体系，让各类人才的创造活力竞相迸发、聪明才智充分涌流。

14. 山东：打造具有山东特色的新时代人才集聚高地

2021年12月17日，山东省委人才工作会议在济南召开。山东省委书记李干杰强调，做好新时代全省人才工作，要坚持党管人才原则，大力实施科教强鲁人才兴鲁战略，着力建设吸引和集聚人才的平台，打造具有山东特色的新时代人才集聚高地，高水平建设人才强省，努力在人才工作高质量发展中走在全国前列，成为全国重要人才中心和创新高地。

李干杰强调，要全力推动新时代人才强省建设迈上新台阶。一是全力建设一流人才队伍。要对各领域人才一视同仁，只要是人才，都要支持用好。二是全力打造一流人才载体平台。要全力推进高水平大学和高水平学科建设，布局一流科研创新平台，培育一流创新型领军企业。各类平台要进一步增强服务和保障人才能力。三是全力抓好人才培养引进。要强化自主培养，深化产教融合培养，实施国际拓展培养，全面提升人才培养水平；全面加大人才引进力度，推进人才对外开放，扩大国内人才合作，提高人才来鲁便利化。四是全力深化人才发展体制机制改革。要在人才管理上有容才雅量，在人才评价上有识才慧眼，在人才使用上有用才胆识，在人才激励上有兴才胸怀，真正为人才松绑减负、护航鼓劲。五是全力构建最优人才生态。要着力构建有利于人才集聚的产业生态、便捷高效的市场生态、公正透明的法治生态、宜业宜居的人文生态，打造人才向往之地、奔流之地。

15. 吉林：加快建设全国重要人才中心和创新高地

2021年12月21日，吉林省委人才工作暨创新型省份建设大会以视频形式召开。吉林省委书记景俊海强调，坚持人才引领、科技支撑、创新驱动，大力实施人才强省战略，全面启动创新型省份建设，加快建设全国重要人才中心和创新高地。

景俊海指出，做好人才和创新工作，是应对百年变局、赢得竞争先机的战略选择，是促进转型升级、加快振兴发展的内在要求，是服务国家大局、体现吉林担当的现实需要。一要突出抓好引育留用，把战略人才作为重中之重，坚持待遇留人、事业留人、感情留人，畅通高层次人才引进"绿色通道"，提升人才培育规模和质量，建立以信任为基础的人才使用机制，鼓励人才轻装上阵、大胆创新。二要突出抓好产才融合，聚焦全面实施"一主六双"高质量发展战略，以"六新"产业和"四新"设施为主攻方向，切实做好人才与创新结合、与产业融合发展的大文章。三要突出抓好深化改革,赋予用人主体更大的编制使用、职称评聘、经费预算等自主权,加快健全以创新价值、能力、贡献为导向的人才评价体系,建立完善保障机制,让科研人员把主要精力放在科研上,让人才通过创新创造获得实实在在收益。四要突出抓好企业主体,健全完善政府支持企业创新的投入机制,加快建立以企业为主体、市场为导向的技术创新体系,让更多创新成果在吉林落地生根、形成配套、兑现价值。五要突出抓好生态优化,进一步创新人才政策,不断完善人才服务体系,为人才心无旁骛钻研业务创造良好条件。

16. 内蒙古:加快构建"一心多点"人才工作新格局

2021年12月22日,内蒙古自治区党委人才工作会议在呼和浩特召开。会议强调要大力实施人才强区战略,加快构建"一心多点"人才工作新格局,全方位培养、引进、用好人才,打造一支数量充足、结构合理、素质优良、作用突出的人才队伍,为加快建设现代化内蒙古提供强大人才支撑。

内蒙古自治区党委书记、人大常委会主任石泰峰强调,要准确把握新时代内蒙古人才工作的目标要求,不断开创自治区人才事业发展新局面。要着力优化人才发展布局,全面精准对接自治区经济、产业、科技、城镇布局,推动人才发展布局战略性调整。支持首府成为全区最具吸引力、竞争力、创新力、影响力的人才中心,推动呼包鄂乌建成全区人才集聚程度最高、创新创造活力最强、科技和人才成果最多的人才"高地",推动赤峰、通辽等区域中心城市形成纵深推进全区人才队伍建设的重要支点,促进其他盟市打造若干区域人才集聚地,形成全区人才发展雁阵格局。要积极改善人才队伍结构,着眼满足发展急迫需要和长远需求,深化人才资源供给侧结构性改革,紧扣产业链部署人才链教育链创新链,大力实施重点人才倍增计划，在人才结构持续优化中推动实现人才数量不断扩大、人才质量不断提高。把培养造就青年人才作为重大战略任务。要持续深化人才发展体制机制改革，着力打造一流人才生态和创新生态。加快转变政府人才管理职能，完善人才管理制度。加快建立以创新价值、能力、贡献为导向的人才评价体系，建立健全成果转化、产权归属、收益分配等机制，充分激发各类人才创新创造活力。

17. 黑龙江：为我国加快建设世界重要人才中心和创新高地做出龙江贡献

2021年12月22日，黑龙江省委人才工作会议在哈尔滨召开。黑龙江省委书记许勤强调，要深入贯彻新时代人才强国战略，推动人才工作高质量发展，为全面振兴全方位振兴提供坚强人才支撑，为我国加快建设世界重要人才中心和创新高地作出龙江贡献。

许勤强调，做好新时代人才工作，是服务国家重大战略、建设人才强国的必然要求，是解决突出问题、构筑区域竞争新优势的必由之路，是实施创新驱动发展战略、推进龙江振兴发展的基础支撑。要把人才工作置于实施国家重大战略、建设人才强国的大格局中去审视和考量，以超常规举措培养、引进、留住、用好人才，真正把"第一资源"转化为"第一动力"。

许勤强调，要坚持人才引领发展的战略地位，全面构建人才工作高质量发展新格局。坚持以改革激发活力，充分向用人主体授权，积极为人才松绑，完善人才评价体系，以制度先进性打造人才"强磁场"。坚持以平台集聚人才，发挥产业、资源、区位、科教等优势，加快构建梯次结构布局合理的创新平台体系，构建人才聚集战略支点。坚持以"头雁引领雁阵"，支持好战略科学家，重点培养科技领军人才，发展壮大青年科技人才队伍，着力培养卓越工程师，加快建设创新人才队伍。坚持以需求主导布局，建强乡村振兴、教育卫生、产业技能、企业经营管理、哲学社科等重点领域人才队伍，做到中心大局在哪里，人才工作就跟进到哪里，人才队伍就布局到哪里。坚持以开放视野引才，优化人才政策，建立柔性引才机制，打造良好人才生态，吸引更多优秀人才汇聚龙江、扎根龙江、建设龙江。

18. 江苏：让更多"千里马"在江苏创新创业竞相奔腾

2021年12月23日，江苏省委人才工作会议在南京召开。江苏省委书记、省委人才工作领导小组组长吴政隆强调，以更强烈担当、更务实举措、更过硬作风，加快推进新时代人才强省建设，全力打造人才发展现代化先行区，充分激发人才活力，让更多"千里马"在江苏创新创业竞相奔腾。

吴政隆指出，建设新时代人才强省，必须"强"在高水平的国际化人才队伍上，"强"在高能级的载体平台上，"强"在高含金量的政策举措上，"强"在高匹配度的人才供给上，"强"在高品质的人才生态上。

吴政隆指出，我们所处的时代，是一个呼唤人才也造就人才的伟大时代；我们推进的事业，是一项渴求人才也成就人才的伟大事业。要全方位培养引进用好人才，着力打造规模宏大、结构合理、素质优良的现代化人才队伍。聚焦科技自立自强，更大力度培育集聚战略科学家、科技领军人才和创新团队，加快建设高质量青年科技人才队伍，努力培养更多卓越工程师、大国工匠。聚焦制造强省建设，把做强现有产业、培育未来产业作为主攻方向，围绕数字经济重点领域、产业园区主战场、科技成果转化关键环节，更深层次推进产才融合发展，以人才链的"强"，激发创新链的"活"，托举产业链的"优"。聚焦扩大人才开放，更宽视野集聚全球智慧资源，让江苏成为天下英才向往的创新创业之地。聚焦江苏长远发展,突出高校人才培养主阵地作用、企业承载创新人才主体作用、重大人才工程牵引作用,更高水平推进人才自主培养,让各类人才在江苏现代化建设中各尽其才、各美其美。

19. 江西:以非常之举打造天下英才重要首选地

2021年12月27日,江西省委人才工作会议在南昌召开。江西省委书记易炼红强调,要以更高标准更大力度深入实施人才强省战略,抓重点、抓基础、抓改革、抓创新,全方位培养、引进、用好人才,让人才成就江西,让江西成就人才,加快建设中部地区重要人才中心和创新高地,努力把江西打造成为天下英才的重要首选地,为全面建设社会主义现代化江西提供有力人才支撑。

易炼红强调,要紧紧围绕解决人才工作中的深层次矛盾和突出问题,不拘一格、突破常规、系统谋划,以最优政策、最实举措、最好服务,以非常之举打造天下英才重要首选地。要加强人才与创新相互促进深度融合,突出人才在科技创新中的支撑引领作用,推动创新人才引进提速扩量和培养各方联动,推动创新成果转化落地见效,打造高水平创新队伍,不断夯实创新发展的根基。要坚决破除束缚人才发展的体制机制障碍,着力在改革人才管理体制上重"赋权",在健全人才使用机制上激"活力",在完善人才评价体系上破"四唯",放权松绑、以用为本、精准评价。要着力建设吸引和集聚人才的平台,全力提升重大人才平台建设能级,加快推进高层次人才产业园建设,积极搭建各类人才干事创业平台,让人才有用武之地,真正在江西能发挥其才智、实现其价值、成就其事业。要积极营造人才服务的最优生态,涵养"重才爱才"的深厚情怀,坚持人才环境和营商环境一起抓,做到政策落实用心、人才服务暖心、创业支持贴心、正向激励走心,切实让各类人才在江西施展才华、放飞梦想、成就大业。

20. 青海：让各类人才在新青海建设的生动实践中书写精彩华章

2021年12月27日，青海省委人才工作会议在西宁召开，部署新时代人才强省战略，加快推动新时代青海人才工作高质量发展。

青海省委书记、省人大常委会主任王建军强调，要以创新引领人才治理，不断推动人才工作理念创新、制度创新、实践创新，坚持用发展的眼光看待、包容、支持人才，用体制机制创新护航人才发展，在实践中发现、培养、聚集人才，让人才工作充满生机和活力。要以协调优化人才结构，遵循人才成长规律，把投资于人作为促进经济社会发展的重要路径，推动人才发展与经济社会发展紧密融合、良性互动，在同频共振中实现双赢。要以绿色厚植人才沃土，营造好人文生态、和谐环境，以人文生态彰显大气包容，以和谐环境滋养精神家园，激励广大人才热爱青海、建设青海、奉献青海，让人才有更多的认同感、归属感、自豪感。要以开放激荡人才活水，以三江源的胸怀、昆仑山的厚重识才爱才敬才用才，真正做到信任人才、尊重人才、善待人才、包容人才，以更加开放、更加开明的姿态拥抱人才。要以共享做强人才事业，充分发挥市场在人才资源配置中的决定性作用，更好发挥政府引导作用，积极探索人才共享模式，着力破解人才资源的瓶颈制约，推进人才服务共享、信息共享、成果共享，让各类人才在新青海建设的生动实践中书写精彩华章。

21. 山西：让三晋大地成为各类人才大有可为、大有作为的热土

2021年12月28日，山西省委人才工作会议在太原召开。山西省委书记林武强调，要加快实施创新驱动、科教兴省、人才强省战略，用心用情做好山西人才大文章，让三晋大地成为各类人才大有可为、大有作为的热土，让广大人才在全方位推动高质量发展征程

中施展才华、建功立业。

林武强调,要按照全方位推动高质量发展的目标要求,发挥优势、主动作为,努力在加快人才强国建设中展现山西担当、在全国人才版图中提升山西地位。一要服务全省大局,着眼保障太忻一体化经济区强势起步,把搭建人才事业平台作为首要任务,让具有山西特色的人才中心和创新高地率先挺起来。二要立足山西实际,引进战略科学家,深入实施"十四五"院士后备人选培养计划、科技领军人才和创新团队壮大行动、青年科技人才强基行动、卓越工程师和高技能人才扩容行动,让战略人才力量真正强起来。三要善于练好内功,着力构建更为科学的人才培养体系,让山西本土人才充分涌出来。四要依托省校合作,建好"12大基地"供需对接平台,以更广胸怀和最大诚意,让八方人才全面聚起来。五要加大改革攻坚,坚决破除一切制约山西人才发展的思想障碍和制度藩篱,让人才发展体制机制整体活起来。六要用心用情服务,强化政策执行和落地,使人才找政策有权威统一的清单、要认定有明确具体的标准、想创新有开放合作的平台、谋发展有多元向上的通道、出成果有名利双收的激励、去兑现有便利快捷的窗口、需服务有专业精准的代办、遇困难有周到暖心的回应,让人才发展生态全面优起来。

22. 四川:加快建设具有全国影响力的创新人才聚集高地和科技创新中心

2021年12月30日,四川省委人才工作会议在成都召开。四川省委书记彭清华强调,要大力实施科技强省和人才强省战略,以更有效的举措、更完善的制度、更广阔的舞台聚才用才,加快建设具有全国影响力的创新人才聚集高地和科技创新中心,不断开创新时代四川人才工作新局面。

彭清华指出,要建设适应四川高质量发展需要的人才队伍。要统筹推进人才"引、育、用"一体发展。以"天府英才工程"为统揽，优化实施重大人才工程，高标准举办各类人才活动，深化拓展省校（院、企）战略合作，构建顶尖人才、领军人才、优秀青年学者和名校毕业生等人才梯次招引体系。有效调动高校和用人主体两个积极性，完善优秀人才全链条培养机制，制定青年人才培养专项计划。用心搭建各类创新创业平台，持续优化政务环境、市场环境、社会环境，让各类人才安心扎根四川、携手建功立业。

彭清华指出，要进一步优化人才发展区域布局。适应主干带动引领、多支竞相发展的区域发展格局，加快构建以成都为龙头、区域中心城市为支撑、其他市（州）和县（市、区）为基点的人才发展雁阵格局。要用好改革关键一招更好激发人才活力。根据需要和实际向用人主体充分授权，为选才用才留足更大自主空间。改革科研立项方式，完善重大科技项目立项"揭榜挂帅""赛马制"制度，优化科研经费管理，健全让科研人员把主要精力放在科研上的保障机制。研究完善人才分类评价指导标准，加快建立以创新价值、能力、贡献为导向的人才评价体系，创造有利于科技人才潜心研究和创新的制度环境。

23. 福建：努力打造人才荟萃的东南高地

2022年1月20日，福建省委人才工作会议在福州召开。福建省委书记尹力强调，要深入实施新时代人才强省战略，全方位大力度培养、引进、用好人才，努力把福建打造成为人才荟萃的东南高地，让人才成就福建、让福建成就人才。

尹力强调，做好全省人才工作，要紧扣福建经济社会发展全局，加强人才工作系统谋划和政策创新，加速人才链与创新链、产业链深度融合，推动全省人才工作高质量发展。要加大引才育才工作力度，不断形成数量充足、结构合理的人才梯次队伍。全面做好人才引进工作，实行更加积极开放的人才政策，在福州、厦门、泉州等中心城市建设高能级引才聚才平台，推动各地因地制宜做好引才文章，形成具有福建特色的人才"雁阵格局"。精心培养各类人才，建立健全科技创新人才培养机制，持续深化高校教育体制改革。要扎实做好用才评才工作，不断激发人才创新能力、创造活力。完善人才使用机制，研究制定激励人才创新创业创造的具体办法，赋予科学家更大的技术路线决定权、经费支配权、资源调度权，大胆使用实绩突出、企业认可的实用人才。完善人才评价机制，建立健全"揭榜挂帅""军令状"等制度，积极推进人才分类评价改革，赋予用人单位编制使用、岗位评聘、职称评定更大自主权。要真情真意留住人才，努力为人才创造更加良好的工作生活条件。要面向经济发展主战场，着力解决急需短缺人才问题。聚焦重点领域，围绕突破"卡脖子"关键核心技术，充分发挥台港澳侨等优势，研究推出一批重大引才工程和灵活引才政策，千方百计引进急需短缺人才。要尊才爱才敬才，从内心里敬重人才、从感情上亲近人才，尊重人才价值，重视人才创造，做到人尽其才、才尽其用。

24. 宁夏：打造西部地区具有吸引力、竞争力、影响力的人才高地

2022年2月14日，宁夏回族自治区党委人才工作会议在银川召开。宁夏回族自治区党委书记、人大常委会主任陈润儿强调，要大力实施新时代人才强区战略，为加快建设先行区、继续建设美丽新宁夏提供智力支撑和人才保证。

陈润儿指出，要大力实施人才强区战略、明确目标要求，全面落实新时代人才工作的战略任务。要明确目标定位，聚焦打造西部地区具有吸引力、竞争力、影响力的人才高地这个总定位、总目

标、总牵引，形成以银川市为中心、其他市县（区）为支点的"一中心、多支点"人才发展"雁阵格局"，搭建部区合作、招才引智、成果转化平台，努力把宁夏建设成为人才成长的"沃土"、人才汇聚的"洼地"、人才创业的"乐园"。要紧扣发展大局、壮大人才队伍，坚持抓发展必须抓人才、抓人才就是抓发展，重点建设创新型科技人才队伍、领军型企业人才队伍、技能型产业人才队伍、战略型党政人才队伍，促进人才发展同经济发展高度匹配、深度融合，实现人才数量持续扩大、质量稳步提升。要落实重点任务、抓好"四大人才工程"，深入实施人才培养工程，发挥好教育基础、产业集聚、平台支撑的作用；深入实施人才引进工程，精准施策全职引才，创新方式柔性引才，开阔视野海外引才；深入实施人才活力工程，坚持解放思想、开放政策、下放权力，进一步创新人才评价发现、选拔任用、流动配置、激励励保障机制；深入实施人才暖心工程，坚持事业留人、感情留人、得遇留人，优化创业环境、成长环境、服务环境，让各类人才安心、放心、舒心。

25. 湖南：奋力谱写新时代"惟楚有材、于斯为盛"的崭新篇章

2022年2月15日，湖南省委人才工作会议在长沙召开。湖南省委书记、省人大常委会主任张庆伟强调，要坚定不移实施新时代人才强省战略，打造国家重要人才中心和创新高地，奋力谱写新时代"惟楚有材、于斯为盛"的崭新篇章。

张庆伟强调，人才是强省之基、发展之要、竞争之本。站在新的历史起点，必须正确把握全省人才发展面临的新形势新任务新挑战，进一步增强做好新时代人才工作的责任感使命感紧迫感，坚持党对人才工作的全面领导，坚持"四个面向"，深入实施新时代人才强省战略，深化人才发展体制机制改革，全方位培养、引进、用好人才，使湖南成为一流创新人才汇集区、产才融合发展样板区、

人才强企 建设能源化工领域人才和创新高地

人才综合政策改革先行区、人才自主培养引领区、人才生态最优区，为全面落实"三高四新"战略定位和使命任务、奋力建设社会主义现代化新湖南提供坚强人才支撑和智力保证。

张庆伟强调，要坚持把人才资源开发放在最优先位置，不断开创新时代人才强省建设新局面。大力培养集聚一流科技创新人才，聚焦战略科学家这个"关键少数"，抓住科技领军人才和创新团队这个中坚力量，突出青年人才队伍这个生力军，放大创新平台这个"强磁场"。围绕产业链建强人才链，引聚产业高端人才，壮大工程技术人才，造就一大批优秀企业家。持续深化人才发展体制机制改革，放权要更加到位，为人才松绑减负要更加积极，人才评价要更加科学，激励使用要更加有效。加强人才自主培养，依托科教资源优势培养人才，立足基层一线培养人才，聚焦社会民生重点领域培养人才。要切实加强党对人才工作的全面领导，强化责任落实、服务保障、政治引领，为广聚天下英才提供坚强保障，让尊才爱才用才在湖南大地蔚然成风。

26. 西藏：为实现长治久安和高质量发展提供有力人才支撑

2022年2月15日，西藏自治区党委人才工作会议在拉萨召开。西藏自治区党委书记王君正强调，要立足西藏经济社会发展，大力实施人才强区战略，稳存量、扩增量、提质量、释能量，努力营造优秀人才脱颖而出的环境，打造一支规模适宜、结构合理、素质优良、特色鲜明的人才队伍，为实现长治久安和高质量发展提供有力人才支撑。

王君正强调，人才是强国之根基，兴邦之大计，推进新时代西藏长治久安和高质量发展需要大批优秀人才。要紧紧围绕"四件大事"主攻"四个创建"，把各方面优秀人才汇聚到建设社会主义现代化新西藏伟大事业中来。王君正强调，要努力形成优秀人才脱颖而出的工作机制，实施"育、引、用、留"四大工程，不断开创人才工作新局面。多措并举实施育才工程，积极主动适应形势发展，发挥高校主阵地作用，盘活现有人才资源，培养高素质技能型人才，注重青年人才培养和使用，走好人才自主培育之路。广开门路实施引才工程，抢抓机遇、创新方式，突出需求导向，注重质量效益，引进关键领域、重点行业急需紧缺人才，确保引进人才选得准、用得好、干得优。守正创新实施用才工程，深化人才发展体制机制改革，在更新观念、精准使用、授权松绑、科学评价、创新激励、促进流动上狠下功夫，坚决破除人才培养、使用、服务、支持、激励等方面的体制机制壁垒，充分发挥用人主体的积极性，不拘一格用好人才、千方百计成就人才。用心用情实施留才工程，满腔热情为各类人才当好"后勤部长"，完善人才优待服务政策和办法，解决好人才的后顾之忧，真正做到感情留人、待遇留人、事业留人。

27. 辽宁：全力打造国家重要的人才中心和创新高地

2022年2月16日，辽宁省委人才工作会议在沈阳召开。辽宁省委书记张国清指出，要坚持党对人才工作的全面领导，牢固树立人才是第一资源的理念，围绕服务振兴发展大局，紧扣履行维护国家"五大安全"政治使命，坚持创新生态、创新平台、创新人才"三位一体"推动，全力打造国家重要的人才中心和创新高地，为加快建设世界重要人才中心和创新高地贡献辽宁智慧，展现辽宁作为。

张国清指出，要着眼打造良好创新生态，深化人才发展体制机制改革。向用人主体授权要到位，应该下放的权力都要下放，同时加强事中事后监管。为人才松绑要积极主动，遵循人才成长规律和科研规律。深化科研经费管理改革，把科研人员从烦冗审批、烦琐杂务中解放出来。人才评价改革要坚持"破立并举"，优化创新创业环境要持续用力。

张国清指出，要加强创新平台建设，聚焦关键领域、瞄准一流水平，为人才搭建干事创业舞台。加快建设国家级创新平台，加快建设区域创新平台，加快引育壮大科技型企业，注重发挥头部企业对人才的集聚作用。

张国清指出，要深入实施"兴辽英才计划"，全方位培养、引进、用好人才。人才培养要充分发挥国家重点实验室、中科院驻辽院所、"双一流"高校、科技领军企业作用。人才引进上要注重实效，采取"带土移植"方式一体引进项目、团队和技术。人才使用要坚持以用为本，面向振兴发展主战场，强化科技同经济对接、创新成果同产业对接、创新项目同企业对接、更多进行"撮合"，更好发挥人才引领和支撑作用。

28. 云南：为推动经济高质量跨越式发展提供坚实人才支撑

2022年2月16日，云南省委人才工作会议在昆明召开。会议强调，要深入实施人才强省战略，营造人才发展的最优生态，为推动全省经济高质量跨越式发展提供坚实人才支撑。

云南省委书记王宁强调，人才是创新之核、发展之要，强滇之基。要充分肯定成绩，找准存在问题，以服务产业、服务经济社会发展为着力点，以对云南发展高度负责的态度深入实施人才强省战略，努力建设成为我国面向南亚东南亚人才新高地和区域性人才中心。要真心爱才，牢固树立人才是第一资源理念，做到人才为本、信任人才、尊重人才、善待人才、包容人才。要悉心育才，加快形成有利于人才成长的培养机制，发挥高校人才培养主阵地作用，围绕服务和推动地方经济社会发展、面向经济主战场育才。着力壮大青年人才生力军，让各类人才茁壮成长、发挥作用。要诚心引才，大力实施"兴滇英才支持计划"，聚焦重点、拓宽渠道、创新方式，聚天下英才而用之。要精心用才，深化人才发展体制机制改革，充分向用人单位授权，真正为人才松绑减负，提供干事创业舞台。滇中地区特别是昆明市要在人才工作中走在全省前列，发挥示范引领效应。

王宁强调，要加强党对人才工作的全面领导，健全工作机制，加强政治引领，做好服务保障，强化考核问责，切实把党的政治优势、组织优势转化为人才发展优势。各级领导干部特别是"一把手"要树立强烈的人才意识，亲自抓人才工作，努力把云南建设成为人才聚集之地、人才辈出之地、人才向往之地。

29. 甘肃：努力建设西部地区重要人才中心和创新高地

2022年2月17日，甘肃省委人才工作会议在兰州召开。甘肃省委书记、省人大常委会主任尹弘强调，要牢牢把握"三新一高"导向，深化人才发展体制机制改革，努力建设西部地区重要人才中心和创新高地，让甘肃这片热土成为各类人才施展才华、实现抱负的广阔舞台。

尹弘强调，要坚持破立并举、敢破敢立，深化人才发展体制机制改革，实现以制度换人才聚集、换科技创新的最大效益。破除"官本位"、行政化传统思维，授权松绑放活人才管理，打破户籍、身份、学历、人事关系等限制，促进人才顺畅流动。坚持"破四唯""立新标"，建立健全以创新能力、质量、实效、贡献为导向的人才评价体系。创新激励机制，构建充分体现知识、技术等创新要素价值的收入分配机制，让人才"名利双收。"要抓主抓重，突出科技创新、产业发展、乡村振兴等领域，打造一支规模宏大、结构合理、素质优良的现代化人才队伍。要全方位培养引进用好人才，处理好"塔尖"与"塔基"的关系，既培育引进"高精尖"人才，也要建设"工匠型"队伍；处理好培养与引进的关系，既立足当前引进短缺人才，又着眼长远培育后备人才；处理好引得进与留得住的关系，真心与人才做朋友，让人才以甘肃为家；处理好党委领导与用人主体的关系，党委把方向、搭平台、创环境，用人单位充分发挥主体作用。要建强服务保障体系，让人才顺心工作、安心发展。要坚持党管人才原则，努力形成人才辈出、各展其才的生动局面。

30. 天津：全力建设人才强市、打造人才高地

2022年2月21日，天津市委人才工作会议召开。天津市委书记李鸿忠强调，要以更大气魄、更宽视野、更强力度广聚天下英才，全力建设人才强市、打造人才高地，在津沽大地构筑千里马竞相奔腾的生动局面，以优异成绩迎接党的二十大胜利召开。

李鸿忠提出，聚焦高质量发展战略目标和未来需要，全力培育战略人才力量。引育一批领军人才和创新团队，坚持"以用立业、以业聚才"，围绕产业急需、"卡脖子"技术攻关、产业链薄弱环节等，大力引育具有前瞻性、引领性、典范性的战略人才。造就一支规模宏大的青年科技人才队伍，政策设计、科研资源、科研项目向青年人才和团队倾斜，让青年科技人才安身、舒心、乐业。培养一批卓越工程师，深化工程教育改革，实现产学研深度融合。壮大工匠队伍，用好用足职业教育优势，激励更多劳动者特别是青年人走技能成才、技能报国之路。

李鸿忠指出，要深化人才发展体制机制改革。大胆向用人主体放权，把引才用才自主权放给企业、交给市场，强化用人单位自我约束。为科研人才松绑减负，建立健全创新创业激励机制，赋予科学家和领军人才更大的技术路线决定权、经费支配权、资源调度权。进一步优化人才评价机制，激励更多科研人员主动投身科研事业。

李鸿忠强调，要大力营造识才爱才敬才用才的良好环境。做好以心换心、以心赢心的人才引育工作，尊重人才、用好人才，坚定

不移实施好"海河英才"行动计划,让人才"第一资源"享受一流的环境、创造一流的业绩。大力弘扬科学家精神,激励人才继承和发扬老一辈科学家爱国主义情怀,勇于创新争先。加大优秀人才表彰奖励力度、先进典型宣传力度,营造求贤若渴的社会环境,为各类人才施展才华创造良好条件。

(二)中央企业人才中心和创新高地建设动态

2022年5月30日,国资委党委召开中央企业人才工作会议,围绕进一步落实中央人才工作会议精神,总结工作、交流经验、部署任务,纵深推进新时代人才强企战略。

中央企业人才工作会议强调,做好新时代中央企业人才工作,要始终把习近平总书记关于做好新时代人才工作的重要思想作为根本遵循,全面贯彻党中央、国务院关于新时代人才工作的决策部署,以更大力度更实举措深化新时代人才强企战略,在加快建设世界重要人才中心和创新高地中当好先锋队,在深化人才发展体制机制改革中当好排头兵,在加快建设国家战略人才力量中当好主力军。要坚持系统谋划,进一步优化人才结构和人才布局,积极支持、参与国家实验室建设和大科学计划、大科学工程,着力在建设世界重要人才中心和创新高地中担当作为;持续深化改革,对科技领军人才充分授权赋能,切实松绑减负,建立保障科研人员专心科研制度,在科研项目、经费管理等方面加大改革力度,完善以创新价值、能力、贡献为导向的人才评价,着力优化人才发展体制机制;立足自主培养,注重发现一批科学素养深厚的高层次人才、培养潜力大的优秀骨干人才,长期稳定支持一批在基础研究方面取得突出成绩且有明显创新潜力的科技人才,有计划安排青年骨干参加重大科研任务,着力打造优秀科技人才队伍,统筹推进经营管理人才队伍和技能人才队伍建设;强化人才引进,着力集聚急需紧缺人才,汇集更多贤才良将共创央企事业;突出用好用活,在科研任务中积极推广实施"揭榜挂帅""赛马"等机制,让有真才实学的人才有用武之地,细化科技人才岗级职级,完善首席科学家、首席专家、科技带头人等制度,进一步加大中长期激励力度,促进人才与企业风险共担、利益共享,加强对一线骨干人才激励,完善荣誉表彰体系,加大选树和宣传先进典型力度,着力激发人才创新创造活力;加强党的领导,做深做实思想政治工作,落实落细人才服务保障,配强培优人才工作力量,着力筑牢人才工作组织保证。

各中央企业及其他组织也就人才中心和创新高地提出了相关战略目标和举措。

1. 中国石化:加快建设能源化工领域重要人才集聚中心和创新高地

2022年7月28日,中国石化召开人才工作会议,认真学习贯彻习近平总书记关于做好新时代人才工作的重要思想,深入落实中央和央企人才工作会议精神,总结党的十八大以来中国石化人才工作,部署当前和今后一个时期人才工作重点任务。

中国石化董事长、党组书记马永生强调,要勇立潮头、锐意进取,加快建设能源化工领域重要人才集聚中心和创新高地,为建设具有强大战略支撑力、强大民生保障力、强大精神感召力的中国石化提供坚强的人才支撑。

马永生要求,要加快建设能源化工领域重要人才集聚中心和创新高地,扛稳扛牢公司三大核心职责。要在战略支点上抓紧布局,形成科技人才雁阵格局,围绕产业链部署创新链,围绕创新链布局人才链,强化高层次创新人才、基础研究人才、科技成果转化人才布局,早日促成科技创新"井喷期"的到来。在培养引进上抓紧突破,壮大战略科技人才力量,培养引进一批战略科学家、一批科技领军人才和创新团队、一批青年科技人才,做强支撑中国石化高水平科技自立自强的重要力量。在系统推进上统筹谋划,深入实施六大人才工程,建强六大人才方阵,把握好立足当前与着眼长远的关系,把握好队伍规模与素质结构的关系,把握好高端引领与重视一线的关系,为公司高质量发展奠定坚实人才根基。在改革举措上抓紧试点,充分释放人才创新效能,向用人主体授权,积极为人才松绑减负,加快推动政策试点向制度示范转变,以政策上的突破引领创新活力的释放。

马永生强调,要系统构建人才发展体制机制,加快形成创新活力竞相迸发的工作局面。面对新时代新形势新要求,要牢固树立正确的人才工作导向,强化人才工作的政治引领,加强党对人才工作的全面领导,做深做实思想政治工作,注重对人才的政治吸纳,把各类人才集聚到公司改革发展事业中来。强化人才开发的战略导向,把人才开发摆在更加突出位置,在战略性、系统性、针对性上下功夫,以人才开发水平提升带动人才素质能力提升。强化人才引进的开放导向,持续解放思想、开阔思路,集成、放大、用好各类创新举措,建好引才大平台,持续深化协同合作,全方位聚集各类优秀人才。强化人才使用的价值导向,坚持企业和人才价值最大化,深耕成长土壤,科学公正评价,用好用活人才,让各类人才的聪明才智充分涌流。强化人才激励的多元导向,健全市场化薪酬激励机制,加快构建中长期激励机制,完善精神文化激励,大力营造尊重劳动、尊重知识、尊重人才、尊重创造的良好风尚。

2. 中国电科:加快建设信息科技重要人才中心和创新高地

2021年11月3日,中国电科人才工作会议在京召开。中国电科党组书记、董事长陈肇雄出席会议并讲话,强调要认真学习贯彻习近平总书记重要讲话精神和中央人才工作会议精神,深入贯彻落

人才强企 建设能源化工领域人才和创新高地

实党中央关于加快建设人才强国的决策部署，增强"四个意识"、坚定"四个自信"、做到"两个维护"，全面部署和实施中国电科人才强企战略，全方位培养、引进、用好人才，为打造世界一流企业提供人才支撑，为加快建设世界重要人才中心和创新高地贡献电科力量。

陈肇雄强调，要坚决抓好党中央关于新时代人才工作部署和重大举措在中国电科落地落实，牢牢把握党对人才工作的全面领导，结合中国电科工作实际，以构建新时代人才工作体系为总揽，以实施重大人才工程为抓手，以打造高层次人才队伍为重点，体系化推进人才队伍建设，加快建成信息科技重要人才中心和创新高地。

一要对接国家战略，抓好统筹谋划，明晰加快建设信息科技重要人才中心和创新高地的战略目标。找准服务支撑人才强国战略实施的坐标定位，直面空前激烈的科技和人才竞争，充分发挥国资央企的政治优势、组织优势，系统谋划、科学论证，在制度创新、环境营造、人才投入上协同发力、梯次推进，紧盯"卡脖子"关键核心技术集中攻关和应用迭代，紧贴打造信息技术原创技术策源地和现代产业链链长，明确打造信息科技重要人才中心和创新高地的方略步骤，始终做到与人才强国战略同频共振。

二要深化人才发展体制机制改革，健全完善电科人才治理机制和治理体系。探索建设具有国际吸引力和竞争力的电科人才制度体系，构建敏捷的人才资源配置机制，提高人才资源的利用效率；持续完善人才评价制度和标准，创新人才评价方法，优化人才评价环境；健全积极的人才激励制度，深化成果转化制度改革，充分调动人才积极性、主动性、创造性；大力弘扬科学家精神，培育爱国奉献、为国担重担难的电科人才文化，打造良好的人才工作生态。

三要加快建设国家战略人才力量，体系化打造电科高素质人才队伍。坚持"四个面向"的目标方向，把握"聚天下英才而用之"的基本要求，依托中国电科"四大板块引领工程"和重大项目，大力培养使用战略科学家，打造一流科技领军人才和创新团队，造就规模宏大的青年科技人才队伍，培养大批卓越工程师和高技能人才队伍，努力构建支撑集团高质量发展的一流人才方阵。

四要加强党对人才工作的全面领导，为推动中国电科人才工作高质量发展、加快建设世界一流企业提供坚强保证。把坚持党对人才工作的全面领导摆在中国电科改革发展的关键位置，坚持正确的政治方向，构建党委统一领导、组织部门牵头抓总、职能部门密切协作的人才工作格局，坚持"一把手"抓"第一资源"，强化人才意识，把握人才工作规律，切实履行好主体责任，推动中国电科人才工作取得全方位进步、整体性提升。

3. 中核集团：全力打造世界核工业重要人才中心和创新高地

2022年1月21日，中核集团召开2022年人才工作会议，全面贯彻落实党的十九大、十九届历次全会和中央人才工作会议精神，全面总结"两核"重组以来中核集团人才工作成绩，深入分析当前形势，部署下一步人才工作。中核集团党组书记、董事长余剑锋会上强调，核工业作为高科技战略性产业、国家安全的重要基石，要加快建设世界核工业重要人才中心和创新高地，支撑实现高水平核科技自立自强和集团公司"三位一体"奋斗目标，以强核报国新成绩迎接党的二十大胜利召开，为全面建设社会主义现代化强国、实现中华民族伟大复兴作出更大贡献。

余剑锋强调，核工业迎来的"两弹一艇"以来最为重要的战略机遇期，也是核工业人才发展的战略机遇期。落实习近平总书记重要指示批示精神和党中央决策部署，践行核工业使命责任，实现中核集团发展战略，关键在人，决胜在人。要把思想和行动统一到

人才强企 建设能源化工领域人才和创新高地

党中央的总体部署和要求上来，深刻认识新时代人才工作的新理念新战略新举措，深刻认识集团做好人才工作的特殊重要性，深刻认识集团人才工作存在的问题和差距；要牢固树立目标导向、问题导向、结果导向，以高度的责任感和使命感，以人才引领发展，以发展成就人才，推动中核集团高质量发展；要强化顶层设计，始终瞄准中核集团新时代人才工作总体目标，始终坚持人才引领发展战略地位，落实"人才优先"发展方针，持续做好人才工作战略考量。

就扎实推进中核集团人才工作，余剑锋要求：一是要系统部署，打开集团人才发展新局面；二是要聚焦重点，全面提升人才队伍建设水平；三是要强根铸魂，不断强化政治引领和弘扬科学家精神；四是要拓展舞台，充分释放人才发展的活力和动力；五是要引领价值导向，进一步完善考评激励保障体系；六是要加强党的领导，更好推动各项部署落地生效。

4. 中国兵器工业集团：打造成国防科技领域的人才高地和创新中心

在中国兵器工业集团2021年人才工作会议上，中国兵器工业集团党组书记、董事长焦开河强调要准确把握人才需求，科学谋划中国兵器工业集团人才工作未来长远目标。要坚持需求导向，紧紧围绕中国兵器工业集团"十四五"发展的重点目标、重点领域、重点任务，聚焦中国兵器工业集团和各单位的主责主业、行业地位、创新需求，科学谋划、精准发力、扎实推进。要把握政策机遇，把握趋势、抓住机遇，积极用好从中央到地方的各类人才政策红利，努力赢得未来人才竞争优势。要科学确定目标，按照党中央关于建成人才强国"三步走"战略部署，科学谋划好新时代中国兵器工业集团人才工作，加快建设国家战略科技力量，把中国兵器工业集团打造成国防科技领域的人才高地和创新中心。

焦开河指出，当前和今后一段时期，要突出抓好六个方面的重点任务，一是着力建设一批兵器战略科学家、一流科技领军人才和创新团队；二是着力建设一批优秀的青年科技人才和卓越工程师；三是着力建设一批知识型、技能型、创新型技能人才；四是着力建设更富竞争力的人才机制；五是着力构建人力资源管理体系；六是着力营造风清气正求真务实的科技创新氛围。

5. 中国航空工业集团：加快建设航空工业人才中心和创新高地

2021年中国航空工业集团人才工作会议强调，中国航空工业集团要把行动统一到党中央决策部署上来，加快建设航空工业人才中心和创新高地。要持续深化人才发展体制机制改革，大力培养使用航空领域战略科学家，打造大批一流科技领军人才和创新团队，下大力气全方位培养、引进、用好人才，走好人才自主培养之路，切实发挥党对人才工作举旗定向、掌舵领航的作用，履行好人才的服务支持和保障职责。同时，要继续支持青年人挑大梁，不断培育青年科技人员。

6. 南方电网：全面推进人才强企战略，加快建设创新企业和人才高地

2021年9月29日，南方电网党组召开会议，学习贯彻中央人才工作会议精神。南方电网董事长、党组书记孟振平主持会议并讲话，公司领导班子成员出席会议。会议强调要全面推进人才强企战略，加快建设创新企业和人才高地。

会议指出，习近平总书记在中央人才工作会议上的重要讲话从统筹"两个大局"的战略高度，全面回顾了党的十八大以来人才工作取得的历史性成就、发生的历史性变革，深入分析了人才工作面临的新形势新任务新挑战，科学回答了新时代人才工作的一系列重大理论和实践问题，明确了指导思想、战略目标、重点任务、政策

举措，指明了前进方向，提供了根本遵循，具有很强的政治性、思想性、理论性，是指导新时代人才工作的纲领性文献。

会议强调，要坚决贯彻落实中央人才工作会议部署要求，从七方面推进公司人才工作。一是深入学习领会习近平总书记关于新时代人才工作的新理念新战略新举措，增强做好人才工作的政治自觉、思想自觉、行动自觉。二是深入学习领会习近平总书记关于"我国人才工作站在一个新的历史起点上"的重要论述，全面推进人才强企战略实施，把加快建设人才强国的决策部署落到实处。三是深入学习领会习近平总书记关于"加快建设世界重要人才中心和创新高地"的战略布局，把握"近、中、远"目标，把公司建设成为创新型企业和人才高地。四是深入学习领会习近平总书记关于"坚持深化人才发展体制机制改革"的重要论述，建立既有中国特色又有国际竞争比较优势的人才发展体制机制。五是坚持"四个面向"，加快培养一流科技领域人才队伍和创新团队，培养具有国际竞争力的青年科技人才和卓越工程师队伍。六是深入学习领会习近平总书记"全方位培养、引进、用好人才"的重要部署，立足自主培养，加大开放力度，用好用活各类人才。七是深入学习领会习近平总书记对企业人才工作的具体要求，认真落实主体责任，以更有效的思路、更有力的举措推动公司人才工作高质量发展。

7. 中国中化：推动人力资源工作高质量发展，打造综合性化工领域人才高地

2022年2月25日，中国中化2022年人力资源工作会议在京召开。会议以"推动人力资源工作高质量发展，打造综合性化工领域人才高地"为主题，以习近平新时代中国特色社会主义思想为指导，全面贯彻落实新时代党的组织路线，深入学习贯彻党的十九届六中全会、中央人才工作会议、全国组织部长会议精神及中央对干部人

才工作的新要求，围绕公司改革发展中心任务，总结2021年人力资源工作，研讨谋划2022年重点任务。

一是提高站位、狠抓落实，坚持不懈贯彻中央部署要求；二是锐意进取、改革创新，坚定不移推动人力资源工作高质量发展；三是奋力攻坚、担当作为，全力以赴完成年度重点工作任务。特别是结合两化重组实际情况，从国际化、科技化和市场化三个维度，聚焦支撑服务公司战略发展，从"加快提升人力资源工作国际化水平""持续提升人力资源工作科技化水平""进一步提升人力资源工作市场化水平"三项任务，针对性地作出重点部署安排。

8. 华润集团：深入实施新时代人才强企战略，打造华润人才和创新高地

2021年10月22日至23日，华润集团在深圳召开了以"深入实施新时代人才强企战略，打造华润人才和创新高地"为主题的人才大会。华润集团董事长王祥明发表了《重视人才、成就人才，开创重塑华润人才工作新格局》的主题讲话，总结回顾83年来华润集团人才的时代特征和历史成就，深入分析当前及今后一个时期华润集团人才工作肩负的重要使命、面临的新形势新挑战新机遇，部署新时期华润人才工作。

同时，华润集团董事王崔军在会上强调，各单位要推动华润集团关于新时代人才工作各项决策部署落地生效。

王祥明提出，华润人在红色华润、贸易华润、转型华润、产业华润4个不同历史时期都作出了卓越贡献。新时期要强化做好华润人才工作的历史使命和责任担当。同时，他结合国际国内形势和集团实际，提出了新时期华润集团人才工作的总要求以及2025年、2030年、2035年的人才工作远景目标。

此外，王祥明还对华润集团人才工作提出了四点要求：一是

树立华润新的人才观，凸显"非平衡""科创基因""更加开放"的特性，特别是要通过打造科技创新平台、大力招揽科技人才尤其是科技领军人才，将科创基因文化逐渐融入华润基因；二是要深刻把握各类人才队伍建设特点和规律，着力建强经营管理人才、科技人才、技能人才和香港人才四支人才队伍；三是深化人才发展体制机制改革，优化完善人才工作选育留用、容错、监督三大工作机制；四是要坚持党管人才原则，完善党委统一领导，组织部门牵头抓总，有关部门各司其职、密切配合，用人单位发挥主体作用、人才个体积极参与的协调运转机制。

9.中铝集团：全力以赴打造人才高地，积极开创中铝集团人才工作新局面

为深入贯彻落实中央人才工作会议精神和国务院国资委中央企业人才工作会议精神，2022年6月30日，中铝集团在京召开人才工作会议，系统总结中铝集团人才工作成效和经验，研究部署中铝集团新时期人才工作任务，纵深推进新时代人才强企战略。中铝集团党组书记、董事长姚林出席会议并做题为《实施新时代人才强企战略 全力开创集团人才工作新格局》的讲话。中铝集团总经理、党组副书记刘祥民主持会议并做总结讲话。中铝集团党组副书记、董事刘建平传达中央人才工作会议精神和国务院国资委中央企业人才工作会议精神，解读中铝集团《关于落实中央人才工作会议精神 进一步加强科技人才队伍建设的工作方案》。中铝集团党组领导陈琪、叶国华、董建雄、皇甫莹出席会议。

姚林指出，近年，中铝集团牢固树立"人才是第一资源"理念，人才工作取得显著成效：党对人才工作的领导全面加强，人才引领发展地位更加巩固；人才队伍建设取得积极成效，人力资源配置更加优化；人才开发培训力度持续增强，人才培养体系更加完善；人

才发展体制机制持续优化，集团高端人才高地加快形成；激励保障举措全面加强，人才效能持续释放。

姚林强调，中铝集团深刻领会中央人才工作会议精神和国务院国资委中央企业人才工作会议精神，把人才工作摆在更加突出的位置，立足自身实际找差距、锚定战略目标谋发展，把握好中铝集团人才工作的正确方向，增强开创中铝集团人才工作新格局的思想自觉、政治自觉和行动自觉。中铝集团高度重视人才工作的问题和差距，拿出务实举措，集中力量补短板、强弱项、填空白，用一流人才更好促进一流企业建设。

姚林提出，人才是企业发展的第一资源，是中铝集团做强做优的根本动力和坚强保证。要建成世界一流企业，就必须培养造就一流人才队伍，创新人才发展思路，紧紧围绕中铝集团"排头兵、主力军、引领者"的战略定位，突出价值创造、市场竞争两个导向，持续深化劳动、人事和分配三项制度改革，统筹推进经营管理、专业技术和技能人员三支队伍建设，全力以赴打造人才高地，积极开创中铝集团人才工作新局面。

针对中铝集团下一步人才工作，姚林要求，中铝集团实施新时代人才强企战略，建设行业人才中心和创新高地。

一是坚定不移树牢系统观念，建强有色金属人才创新高地。要服务支撑国家战略大局，打造科技创新的"策源地"，特别是各战略单元要大力培养造就战略科技人才，为成为各自领域原创技术"策源地"、现代产业链"链长"提供人才支撑。

二是坚定不移优化体制机制，全面打造良好创新生态。要完善科技人才职业发展通道，完善充分授权赋能的组织体系，完善切实松绑减负的保障制度，完善价值创造引领的人才评价机制。

三是坚定不移走好自主培养之路，建设高水平专业人才队伍。

要整合资源培育高精尖缺人才，紧扣需求培育高潜力人才，建立健全人才培养机制。

四是坚定不移广聚天下英才，抢占未来发展制高点。要着力引进顶尖技术攻关人才，靶向引进急需紧缺人才，发挥政策优势集聚人才。

五是坚定不移强化人才激励，充分释放人才创新的动力活力。要建立以价值创造为导向的绩效激励机制，进一步加大奖励和精准激励力度。

六是坚定不移加强党的全面领导，推动人才工作各项部署落地生效。要把党管人才原则贯穿人才工作始终，强化人才服务保障，营造识才爱才敬才良好环境。要统筹推进经营管理人才、技能人才队伍建设，培养造就一支可堪大用、能担重任的高素质专业化管理人才队伍，培养造就一支爱岗敬业、技艺精湛、善于创造性解决工艺难题、推动技术革新的技能人才队伍。

刘祥民就贯彻落实此次会议精神、进一步做好集团人才工作提出三点要求。

一要提高政治站位，迅速传达学习落实会议精神。中铝集团上下要清醒认识中央企业在建设人才强国时代中所担负的职责使命，持续深入学习关于做好新时代人才工作的重要思想，认真贯彻落实中央人才工作会议精神、国务院国资委中央企业人才工作会议精神和集团人才工作会议精神。各单位要通过党委中心组学习、专题研讨、座谈会等方式抓好会议精神的学习宣传和贯彻落实，把会议精神转化为做好人才工作的强大动力，转化为推动人才工作高质量发展的思路举措，转化为加快建设人才强企的生动实践，不断开创中铝集团人才工作新局面。

二要把准战略定位，认真落实中铝集团人才工作重点任务。深入实施新时代人才强企战略是一项长期而艰巨的任务。各单位要紧密围绕中铝集团战略部署和"十四五"规划目标，把人才工作放到党和国家事业的全局中，放到新时代人才强企战略的大局中，放到加快建设世界一流企业的新局中来认识、来谋划、来部署、来推动。要严格对照姚林书记讲话要求，深入剖析人才工作存在的问题、差距与挑战，制定有效的人才工作策略。各战略单元、企业党委要切实扛起人才工作主体责任，加强党对人才工作的全面领导，确保本单位人才工作由"一把手"亲自抓，定期研究人才工作，特别是对于人才引进、培训培养、激励保障等重点难点问题，要主动探索、勇于创新，推动人才工作不断取得新成绩。

三要狠抓落实，为人才干事创业营造良好氛围。中铝集团关于科技人才的激励政策已经是能出尽出、能给尽给，关键要落实，关键要到位，关键要让广大科技工作者感受到集团各级党组织对于创新工作的重视，对于创新工作的急迫心情。各级党委要带着使命、带着感情抓落实；各级人力资源部门要带着情怀抓落实，特别是要善于把各项政策和生动实践具体结合起来，努力让政策向实践靠拢；各级科技管理部门要带着温度为广大科技工作者服务，为其创造良好的创新环境。要通过大家的共同努力，营造中铝集团识才、爱才、敬才、用才的环境，大力弘扬科学家精神，推动形成尊重人才、人尽其才、人人成才的良好局面。

在2021年11月召开的国家科学技术奖励大会上，习近平总书记发表重要讲话，强调"要深化科技体制改革，充分激发人才创新活力""改革科技奖励制度，让原创水平高、应用价值大的成果获得应有激励"。这充分体现了党中央对科技人才的亲切关怀和对科技奖励工作的高度重视。习近平总书记的重要讲话，在中铝集团引起强烈反响，也引发了集团党组尊重人才、依靠人才的强烈共鸣。

人才强企 建设能源化工领域人才和创新高地

成立21年来，中铝集团始终高度重视科技人才工作，始终坚持"科技人才是实现创新发展的第一资源，是推动科技成果向现实生产力转化的核心力量，是企业赢得完全市场竞争的关键优势"。特别是近年来，集团党组紧紧围绕"排头兵、主力军、引领者"的战略定位，牢牢坚持科技兴企、人才强企的工作方针，大力培育了重视科技、尊重人才的浓厚氛围，打造了接续奋斗的科技人才梯队，塑造了集团实现高质量发展的核心竞争力。

2021年，面对持续深化改革实现转型升级的内在需求，面对引领我国有色金属行业高质量发展的责任需要，中铝集团隆重召开第四届科技创新大会，吹响了"打造科技创新人才高地"的进军号。为实现宏伟蓝图，中铝集团党组进行了全面系统谋划，多次召开专题会议深入研究，出台了一揽子政策举措，打响了催动科技人才工作的一系列攻坚战。通过优化科技人才激励政策，发挥科技成果转化激励作用，激发科技人才创新动能，培养造就一流创新人才和一流科学家，营造识才爱才敬才用才的良好发展环境，加快将科技人才数量优势转化为科技成果产出优势。

中铝集团科技系统和全体科技工作者踏着催征的鼓点，深切感受着科技创新和科技人才工作发生的深刻变化。为全面准确落实好集团党组的决策部署和集团科技创新大会、年度工作会议精神，集团科技工作完善顶层设计，改革工作机制，优化工作方法，推动科技人才工作从"小步快跑"到"大踏步前进"。

创新了激励方式。围绕如何发现人才、如何培育人才、如何奖励人才，集团对现行的科学技术奖励管理办法进行了全面修订，在集团历史上首次设立集团科技创新大会奖，分设科技创新项目团队杰出成就奖、科技创新杰出贡献者奖和科技创新标兵奖3个奖项，奖励标准高、奖励类型全、奖励定位准、涵盖范围广，以前所未有的奖励分量彰显了集团对于科技人才工作的重视与投入，激发了广大科技工作者的干事创业激情。

增强了激励力度。坚持激励人才既要重视形式，更要重视力度，让科技人才享受到有分量的实惠。集团翻倍调增了国际标准、国家级奖项和省部级一等奖的奖励标准，扩展了国家级和省部级奖项的可受奖完成单位及省部级奖项的奖励范畴，提高了国外专利和软著的奖励额度，增加了确保奖励政策落地的保障条款，让知识真正体现价值。鼓励各单位制定切合实际的奖励政策，坚持既对获得重大科技创新成果进行奖励，又对在科技成果保护和奖项中作出突出贡献的员工给予激励，让"创新不问出身、英雄不论出处"的风气深入车间班组，扎根基层一线。随着奖励制度的递进深化，集团逐步建立了涵盖科技创新成果获得及产业化全过程的科技激励机制，为激发科技人才创新活力提供了强有力的制度保障。

厚植了培育土壤。让知识和创新被充分尊重，让科研岗位更享有职业尊荣，让科技人才荣誉感和获得感实现双丰收，是让科研人员安心安业，做出更大价值创造的重要保证。集团全方位构建充分体现知识、技术等创新要素价值的收益分配机制，有效激发了科研人员投身创新事业的积极性和主动性，搭建了尊重科研、重视人才、鼓励追梦的广阔舞台。为此，中铝集团在赋予科研人员和科研单位更大科研自主权的同时，建立了培育科研人员的专属职业通道，五级工程师和首席工程师体系畅通科技人才的职业路径。尝试多元化的科技成果兑现模式，试点探索科技成果转化股权激励，并在科技奖励工资总额上给予政策倾斜，让"听得到的荣誉"和"摸得到的实际"成为驱动创新的两驾马车。

"水积而鱼聚，木茂而鸟集。"在中铝集团党组的高度重视和领导下，随着科技工作不断优化创新和一系列政策的出台实施，"尊重劳动、尊重知识、尊重人才、尊重创造"在集团上下蔚然成风。中铝集团将始终牢记"国之大者",坚守科技创新"国家队""主力军"的使命,持续深化科技人才发展体制机制改革,聚焦行业高质量发展重点问题,坚决打好关键核心技术攻坚战,为保障国家产业安全、引领行业高质量发展、支撑集团建设成为一流企业作出新的更大贡献。

10. 宝武钢铁:全力打造宝武人才高地,加快建设世界一流伟大企业

2022年7月15日上午,宝武钢铁召开人才工作会议,认真学习、贯彻落实中央人才工作会议和中央企业人才工作会议精神。会议强调,守正创新、奋楫前行,不断开创人才工作新局面,全力打造宝武人才高地、加快建设世界一流伟大企业。宝武党委书记、董事长陈德荣出席会议并讲话。宝武总经理、党委副书记胡望明主持会议。

2021年9月27日至28日,党中央召开了中央人才工作会议,习近平总书记出席并发表重要讲话,站在党和国家事业发展的高度,强调要坚持党管人才,深入实施新时代人才强国战略,聚焦高水平科技自立自强,作出全方位培养、引进、用好人才的重大部署,为宝武做好新时代人才工作提供了根本遵循。今年5月30日,国务院国资委召开了中央企业人才工作会议,国资委党委书记、主任郝鹏出席会议并讲话,强调国资央企要以科技人才队伍建设为重点,以更大力度、更实举措深化新时代人才强企战略,切实当好国家战略人才力量、国家战略科技力量的主力军。本次宝武人才工作会议既是贯彻落实习近平总书记关于人才工作重要指示精神一次统领性的部署大会,也是创建世界一流伟大企业实施新时代人才战略的总动员、新起点。

陈德荣围绕宝武钢铁人才工作，讲了三点意见。他首先回顾了宝武钢铁130年发展史，为宝武人点赞。他指出，宝武钢铁130年发展史就是一部人才成长史和成就史。一代代宝武人薪火相传、接续奋进、披荆斩棘、攻坚克难，使得宝武钢铁问鼎世界钢铁之冠，为中国近现代钢铁工业从无到有、由弱到强作出了重大贡献。宝武钢铁因产业报国而生，以产业报国而荣，为产业报国而兴，这是宝武人的基因，也是宝武人的品质。钢铁救国、产业报国是宝武人矢志不渝的初心使命。宝武大家庭中的一代代追梦人、创业者，以无畏的勇气、坚忍的精神、卓越的智慧，铸造了近现代中国的钢铁脊梁，构建了宝武钢铁坚守理想、践行初心、担当使命的精神谱系。创新突破、争创一流是宝武人坚定不移的精神追求。"宝武出品，必是精品"早已成为宝武人的基因。从生产"大路货"到生产国家急需的、可以替代进口并可供出口的卓越产品，过程中涌现了一批响当当的技术人才和怀有独门绝技的能工巧匠。他们是宝武大家庭共同的荣耀和最宝贵的财富。砥砺奋进、务实笃行是宝武人一以贯之的拼搏本色。宝武全体干部员工从事业全局找定位、抓落实、谋发展，践行"功成不必在我、功成必定有我"，只为成功想办法，不为失败找理由，大力开疆拓土，实现国有资产保值增值。

陈德荣接着指出，要高度重视人才高地建设，加快打造世界一流伟大企业。人才高地就是在人才的数量规模、整体素质、结构比例、产出效能、政策环境等方面具有比较优势的区域。宝武钢铁在引进人才、聚集人才、使用人才中，要更多发挥总部在上海，以及中央研究院等优势，聚天下英才而用之。人才兴则企业兴，人才强则企业强。对立志成为世界一流伟大企业的宝武而言，人才高地建设非常重要，我们比任何时候都更加渴望人才、更加依赖人才。世界一流企业一定是蕴含高科技含量的企业，我们要着力优化高科技人才队伍建设。宝武钢铁坚持科技创新引领，以高水平研发投入加快科技创新效益提升。新的战略规划提出，宝武钢铁定位于高科技公司，未来的研发投入强度要达到5%。近期正在研究制定创新指数，这些就是为了牵引各单位加大高科技人才队伍建设。世界一流企业一定是走出国门的企业，我们要大力提升宝武钢铁人才国际化水平。唯有培养一批熟知国际法规政策的国际化人才，才能确保宝武钢铁"三年内实现海外钢铁基地重大突破，十年内初步形成全球化布局"目标落地，宝武钢铁才能称得上是真正的国际化公司。世界一流企业一定是令青年人心之向往且能展其所长的企业，我们要加速青年人才培养。青年科技人才"短缺""挑大梁"，当主角作用不明显等短板都亟待解决。

陈德荣强调，要全力以赴创造条件，抓好宝武钢铁人才高地建设。一是充分发挥党管干部党管人才政治优势，筑牢人才工作组织保证。坚持党管干部，要按照习近平总书记提出的"对党忠诚、勇于创新、治企有方、兴企有为、清正廉洁"二十字好干部标准，大力培育新时代治企兴企的行家里手。包括新时代国有企业家、战略科技领军人才和团队、卓越工程师和高技能人才、国际化人才和青年人才，以及党外高中级知识分子，特别是各界有代表性、有影响的统战人士。因岗选人，因材用人，让合适的人做合适的事，同时注重发挥团队力量，科学组合多种人才，彼此间取长补短、相得益彰，推动宝武事业不断向前。

二是创新机制，营造惜才用才的良好氛围。要以公开透明增强人才公平感，强化顶层设计，分层培养，统一调度，形成宝武人才"一盘棋"工作格局。以事业激励增加人才成就感，破除求全责备、论资排辈观念，全面推广实施"揭榜挂帅""赛马"等机制。以物质激励增强人才获得感，创新完善初次分配、再分配、三次分配协调配套机制，用好用足现有激励政策，探索创新更多精准有效的激励方式，通过风险共担、利益共享，增强获得感。以精神激励增强人才荣誉感，加大选树和宣传先进典型力度，定期表彰先进。用好人才评价机制。要关注人才干了什么、干成了什么、正在干什么、对企业的贡献是什么。

三是强化赋能授权，落实落细人才服务保障。要深化改革，为科技人才培育注入活力。要研究赋予科技人才更大技术路线决定权、更大经费支配权、更大资源调度权，同步建立健全"军令状"责任制，加强过程跟踪评估，确保"授得准，接得住，用得好"。关心青年人才，尤其是为青年科技人才创造更好条件。要优先研究解决青年科技人才后顾之忧，强化吸引青年人才投身宝武事业的政策机制。深化联系专家工作机制。充分发挥专家的作用，把专家的观点聚合起来，相互启发、互相借鉴，在碰撞交流中为宝武发展提供有价值的输出。要一视同仁，抓好专业协作员工队伍建设。

11. 中国能建：加快打造绿色低碳人才高地、"七网融合创新高地"两大高地

2022年7月27日—28日，中国能建召开人才工作会议。会议以习近平新时代中国特色社会主义思想为指导，深入贯彻中央人才工作会、中央企业人才工作会精神，总结工作、表彰先进、交流经验、部署任务，纵深推进人才强企战略，为建设世界一流企业提供更加坚强的人才保障。

会议指出，中国能建始终坚持以习近平新时代中国特色社会主义思想为指导，坚决贯彻党中央、国务院决策部署，认真落实国务院国资委工作安排，"十三五"时期，特别是新一届领导班子组建以来，锚定高质量发展、建设一流企业目标，高站位高目标高标准实施人才强企战略，人才发展战略更加凸显、人才发展蓝图更加清

人才强企 建设能源化工领域人才和创新高地

晰、组织整体效能有效提升、人才发展通道系统构建、人才发展体制机制持续优化。

会议明确了当前和今后一段时期中国能建人才工作的基本原则、主要目标和时间安排。要以系统深化三项制度改革，推动新一轮思想再解放、改革再破冰。要坚持面向服务国家大战略、面向能源和基础设施建设主战场、面向再造高质量发展新能建目标"三个面向"基本原则。要打造"政治过硬型、价值创造型、创新引领型、拼搏奉献型、务实担当型"五型人才队伍。到2025年，要实现人才管理"334"基础全面夯实，人才竞争优势取得明显成效；到2030年，人才综合实力位居同行业前列，人才引领企业发展的作用更加突出。

会议强调，要锚定目标任务，大力实施"4223"人才强企战略，全面提升人才的核心竞争力。"42"即4个"两大"：加快打造绿色低碳人才高地、"七网融合创新高地"两大高地；试点建设"粤港澳大湾区人才特区""长三角地区人才特区"两大特区；着力培养以院士为代表的国家战略人才力量、国家战略科技力量"两大力量"；大力锻造企业家人才队伍、创新家人才队伍"两大队伍"。"2"即把握"两个重点"：重点建设高水平人才发展梯队，构建高端引领有力度、中坚支持有强度、基础人才有厚度的"人才雁阵"格局；重点建设高质量人才发展通道，构建经营管理、项目管理、专业技术、技能人才"四通道四层级"人才成长路径。"3"即聚焦"三个关键"：聚焦人才培育提质，打造"四位一体"培养体系；聚焦人才引进提速，着力引进高端人才、海外高层次人才、重点领域人才和高质量毕业生人才；聚焦人才使用提效，突出价值创造、落实能进能出，提升人力资本效率效能。

二、结论性认识

结合不同区域和组织人才工作会议精神，提出对人才中心和创新高地建设的结论性认识。

（一）把人才建设作为"一把手"工程

人才工作是各省（自治区、直辖市）党政主要负责人必抓的重点工作。

人才工作涉及方方面面，需要统筹协调各方资源，因此需要"一把手"做好顶层规划，狠抓责任落实，各部门协调配合共同发力，才能实现人才工作各环节的闭环落实。

人才建设是"一把手"工程，人才强企战略能否落实好，关键在于"一把手"能否事不避难、义不逃责，确保人才工作与企业发展战略、转型升级同步谋划、同步推进。

（二）努力实现人才供给自主可控

广东：实施人才培养强基工程，全面提升人才供给自主可控能力。

浙江：打造自主可控的人才全供应链，壮大高校人才培养主阵地、青年科技人才生力军、人才队伍基本盘，进一步推动人才培育提质。

（三）着力推动人才高度对外开放

山东：全面加大人才引进力度，推进人才对外开放，扩大国内人才合作，提高人才来鲁便利化。

黑龙江：坚持以开放视野引才，优化人才政策，建立柔性引才机制，打造良好人才生态，吸引更多优秀人才汇聚龙江、扎根龙江、建设龙江。

江苏：聚焦扩大人才开放，更宽视野集聚全球智慧资源，让江苏成为天下英才向往的创新创业之地。

青海：要以开放激荡人才活水，以三江源的胸怀、昆仑山的厚重识才爱才敬才用才，真正做到信任人才、尊重人才、善待人才、包容人才，以更加开放、更加开明的姿态拥抱人才。

新疆：要加大开放力度，不断提高引才质量和效率。

（四）发挥企业创新主体促进产才深度融合

广东：发挥高校人才培养主阵地作用、企业承载创新人才主体作用、重大人才工程牵引作用，推动各类人才如雨后春笋般竞相破土、茁壮成长。

新疆：注重自主培养，充分发挥高校、职业院校主阵地作用，突出企业主体地位，源源不断培养造就大批优秀人才。

广西：要切实增强人才对高质量发展的引领力，聚焦产业布局优化人才布局，以人才集聚整合创新要素和资源，突出企业承载创新人才的主体地位，让企业真正成为创新的盟主。

吉林：突出抓好企业主体，健全完善政府支持企业创新的投入机制，加快建立以企业为主体、市场为导向、政产学孵金相结合的技术创新体系，让更多创新成果在吉林落地生根、形成配套、兑现价值。

江苏：聚焦江苏长远发展，突出高校人才培养主阵地作用、企业承载创新人才主体作用、重大人才工程牵引作用，更高水平推进人才自主培养，让各类人才在江苏现代化建设中各尽其才、各美其美。

（五）打造升级人才干事创业的平台

安徽：全面升级人才平台，做强做优做大创新平台、企业平台、开放平台、高校院所平台，积极承接高端人才资源和创新要素外溢，着力形成集聚人才的强磁场。

山东：全力打造一流人才载体平台。要全力推进高水平大学和高水平学科建设，布局一流科研创新平台，培育一流创新型领军企业。

新疆：紧密结合新疆实际，着力建设吸引和集聚人才的平台，充分发挥重大人才工程牵引作用。

海南：要营造一流人才环境，搭建具有标志性、显示度、影响力、吸引力的发展平台。

（六）为人才提供全周期全方位服务，营造人才发展良好生态

海南：构建有利于人才发展的产业环境、创新环境，突出人才社会地位，提高经济收益和政治待遇，当好为人才服务的"红娘""保姆""店小二"，提升广大人才扎根海南、建设海南的认同感和归属感。

湖北：要为人才提供全周期全方位服务，统筹人才荣誉和奖励制度，当好服务人才的"店小二"。

浙江：强化全周期全要素保障，做精增值服务、做优服务质量，加快产权激励，给人才吃下定心丸，让尊重人才、崇尚科学成为社会风尚，进一步推进人才生态提优。

吉林：突出抓好生态优化，进一步创新人才政策，不断完善人才服务体系，为人才心无旁骛钻研业务创造良好条件。

山西：用心用情服务，强化政策执行和落地，使人才找政策有权威统一的清单、要认定有明确具体的标准、想创新有开放合作的平台、谋发展有多元向上的通道、出成果有名利双收的激励、去兑现有便利快捷的窗口、需服务有专业精准的代办、遇困难有周到暖心的回应，让人才发展生态全面优起来。

三、对中国石油建设人才和创新高地的启示

结合各地方政府、国资委、各中央企业及其他组织对人才中心和创新高地建设中的做法，对中国石油"双高地建设"具有重要的启示作用。

一是要充分用好用活各省（自治区、直辖市）及国资委相关人才政策，大力引进高精尖缺人才，形成聚天下英才而用之的引才机制。要根据企业的发展需要积极吸引紧缺人才。对符合产业结构调整方向、有利于高新技术成果转化和高新技术产业化的各类人才，要不拘一格、千方百计引进来。引进人才一定要注重质量和效益，要把引进人才与引进智力结合起来，积极引进国内外高层次人才，同时也要为人才提供施展才华的舞台和一定的发展空间，才能留住人才。

二是要将中国石油业务发展方向与地方政府着力发展的"关键领域"有机结合，共同发力，促进政产学研金深度融合。

三是要将中国石油的人才政策与各地方及国资委的政策做到相互嵌套，有机呼应，互为补充。共同为人才提供双倍服务和保障，达到1+1>2的效果，既做到地方留人，又做到企业留人。

四是要紧紧抓住各地方政府"充分发挥企业创新主体"的相关政策举措。在当地打造人才干事创业的优质平台，为当地政府更好地吸引人才，同时也能获得当地政府更多政策支持。

五是把人才引进、培养、使用、考核、分配等环节有机联系起来并形成制度。其中，要建立能体现人才价值的、公平合理的收入分配制度。从横向说，应根据经营业务的不同和岗位系列的不同，建立若干系列的工资体系；从纵向说，根据工作任务和技能划分若干层次。要打破平均主义，拉开分配档次。对优秀的人才在报酬分配上要给予倾斜，以体现人才的价值，做到待遇同责任、贡献相匹配。

六是建立一流的企业文化。企业文化是一个企业精神的载体，不可缺少。愈是成功的企业愈是重视企业文化的建设。它具有导向、凝聚和规范的作用。企业要有一流的人才，一流的人才要有一流的工作环境。要营造良好的企业文化氛围，造就令人心情舒畅、有助于激发和释放创新能力的宽松环境，增加企业员工对企业的归属感、成就感和责任感，才能发挥人才的积极性和创造性。中国石油大力倡导并积极培育以人为本的优秀企业文化，并在各项活动中奉行以下基本准则：人的价值高于物的价值；整体价值高于局部和个体价值；社会价值高于利润价值；顾客价值高于生产价值。

七是加强人才资源管理的现代化，结合企业和人才双方的需要，建立企业人才资源库。全面收集人才信息，既要有业务纪录，又要有心理、家庭、特长和性格特点的反映，并对信息进行必要的分析和加工，确保信息的全面性和同一性，使其成为人才资源决策的依据和优化人力资源配置的重要手段。要有计划地引进、储备、培养、调剂企业人才资源并进行动态管理，既要防止人才流失，造成人员结构断层，又要避免人浮于事，造成人才浪费。

人才是第一资源，要舍得出价舍得投入，事业激励人才，人才成就事业。只有做好全方位培养、引进、使用人才的重大部署，才能应对企业未来的能源转型和数字化转型，在全球行业竞争中铸就科技人才高地，形成技术和人才方面的巨大优势，为服务国家能源战略、保障国家能源安全作出重要贡献。

人才强企 建设能源化工领域人才和创新高地

附录二 国际先进企业人才战略的经验借鉴

他山之石，可以攻玉。学习先进企业建设人才队伍的成功做法对中国石油建设能源化工领域人才和创新高地具有现实指导价值。本书选取了在人才工作方面比较有特点、且对中国石油有借鉴可能的相关单位进行深入研究，系统总结了他们在人才工作中的主要做法。通过对巴斯夫、壳牌、霍尼韦尔UOP、斯伦贝谢、国家电网、中国石化、中国兵器、中国移动等8家典型企业人才战略措施的系统梳理，形成了五条对中国石油建设人才和创新高地的经验启示。

一、国内外先进企业人才战略介绍

（一）巴斯夫

巴斯夫非常重视科技研发，公司强调有效和高效的研究和开发是创新的先决条件，也是巴斯夫重要的增长引擎。对于巴斯夫，创新是在充满挑战的市场环境中脱颖而出的关键。巴斯夫的创新实力基于一支由高素质员工组成的全球团队，他们遍布全球、各有专长，是巴斯夫创新实力的坚实基础。

1. 前瞻性的招聘策略

（1）基于胜任力的招聘

通过战略与原则确定巴斯夫的胜任力模型，以胜任力构成面试、评估及测试的基础，围绕推动创新、协力成功、包容多元化、进行有效的沟通、引领可持续发展解决方案、发展自我和他人、以企业家精神行事、展现客户导向"八项胜任能力"和职位所需技能、素质、工作经验，综合考量应聘者与巴斯夫的双向匹配性。

（2）员工推荐计划

巴斯夫对于已得到批准的空缺职位，在内部职位信息公告或招聘广告已开始招聘后，全体员工均可以进行推荐，当应聘者通过面试及试用期后，推荐人可以获得一定程度的现金奖励。

（3）统一招聘机制

巴斯夫招聘的一大的特点是在大中华区总部所在的上海地区成立了专门的招聘中心，由这个部门统一负责整个中国的招聘。这样做的好处是资源共享，将合适的人才放在合适的位置。

（4）人工智能技术应用

充分使用数字化工具进一步提升效率，优化人力资源所提供的服务。聊天机器人可以和候选人进行互动，同时也能帮助候选人解答日常事务性问题，从而提高人力资源工作效率，提高候选人满意体验，也提升其对巴斯夫的兴趣。

2. 多元化人才培养体系

（1）对人才的培养从校园开始

巴斯夫"成长毕业生计划"为公司提供源源不断的新鲜血液。该计划在全国范围内挑选、培训和发展具有潜质、充满热情的年轻人，并通过量身打造的培训和轮岗项目，帮助他们为未来职业的发展打下坚实的基础。

（2）多元化的毕业生培养计划

巴斯夫为毕业生提供业务、生产与技术、职能部门3大类的职业方向选择，并安排了3个月的"红地毯"在岗培训和学习。在整个2年的计划期间，安排了相应的岗位主管予以"带帮教"，还有一位高级经理会以"导师身份"为毕业生提供职业发展建议。"成长毕业生"轮岗结束后,巴斯夫根据其所积累的技能、专业知识、工作表现,以及公司的业务需求,帮助其正式选定工作岗位。

(3)丰富的自学资源

在人才培养方面巴斯夫有全面又系统化的机制,不仅有在职培训、课堂培训,还有丰富的网上自学资源。比如根据员工不同的岗位、职业背景、表现、需求等情况提供个性化的业务培训;对一些比较软性的技能如领导力等,巴斯夫不仅提供有针对性的管理课程培训,也会通过不同形式把来自不同公司、拥有不同背景的员工聚在一起,这样他们能有更多机会和不同的人结识、分享经验。

(4)提供多种机会和职业发展模式帮助员工实现职业目标

公司通过问卷调查和指导原则帮助员工进行个人思考,评估自身兴趣、优势与当前工作创造的价值,探索个人职业方案与巴斯夫提供岗位的发展方向;随后,通过与管理者沟通以及管理者之间的沟通评估制定发展计划;最后,管理者至少每年回顾1次,跟进员工的发展方向,按需调整,形成持续性的员工发展计划。

3. 多样化及高度透明的发展机会

(1)给员工分配的工作要适合他们的工作能力和工作量

不同的人有不同的工作能力,不同的工作也同样要求有不同的工作能力的人。企业家的任务在于尽可能地保证所分配的工作适合每一位职员的兴趣和工作能力。巴斯夫采取4种方法做好这方面的工作:

①数名高级经理人员共同接见每一位新雇员,以对他的兴趣、工作能力有确切的了解;

②除公司定期评价工作表现外,公司内部应有正确的工作说明和要求规范;

③利用电子数据库贮存了有关工作要求和员工能力的资料和数据；

④利用"委任状"，由高级经理人员小组向董事会推荐提升到领导职务的候选人。

（2）论功行赏

每位员工都对公司的一些成就做出了自己的贡献，这些贡献与许多因素有关，如他的教育水平、工作经验、工作成绩等，但最主要的因素是员工的个人工作表现。

巴斯夫的原则是：员工的工资收入必须看他的工作表现而定。他们认为，一个公平的薪酬制度是高度刺激劳动力的先决条件，工作表现得越好，报酬也就越多。因此，为了激发个人的工作表现，工资差异是必要的。另外，公司还根据员工表现提供不同的福利，例如膳食补助金、住房、公司股票等。

（3）通过基本和高级的训练计划，提高员工的工作能力，并从公司内部选拔有资格担任领导工作的人才

除了适当的工资和薪酬之外，巴斯夫还提供广泛的训练计划，由专门的部门负责管理，为公司内部人员提供本公司和其他公司的课程。公司的组织结构十分明确，员工们可以获得关于升职的可能途径的资料，而且每个人都了解自己站在哪个岗位。巴斯夫习惯于从公司内部选拔经理人员，这就保护了有才能的员工，使他们消除了因公司从外部聘请人员而影响他们升职的顾虑。因此，员工保持很高的积极性，而且明白有真正的升职机会。

（4）高度对外开放的人才发展平台

巴斯夫正大幅拓展在中国的研发团队规模，需要更多科学家。巴斯夫和中国等亚太区国家的顶尖高校及科研院所联合发起了先进材料开放研究网络（NAO）。20多位硕士、博士和博士后参与了由

知名教授和巴斯夫导师带领的科研项目,巴斯夫还为他们每个人量身定制职业发展项目。

巴斯夫还和中国的顶尖高校一起推出了新的研发见习生项目"实验·源"计划,旨在招募合格的化学专业毕业生,通过整合巴斯夫全球资源,自主开发相关教材,培养扎实稳定的实验技术人员。

4. 前瞻性的战略人力资源管理体系

(1) 基于战略的人力资源管理

巴斯夫人力资源管理做到3个层面:从人才层面对公司的战略目标负责并确保相关利益方之间的平衡;致力于提供卓越的人力资源服务运营;设计和实现符合业务需求的个性化解决方案。

首先要从战略的高度去思考,有一定的前瞻性,人力资源可以为实现公司战略做什么、为公司带来哪些价值。其次人力资源不能闭门造车,要将公司里各层面的经理人、高管都培养成"人力资源经理"。很多人力资源政策、项目,不是关起门来自己做,要结合公司的战略、各个部门的需求,要有他们的参与和支持。最后不管企业战略是什么,只有重视人的影响才可能实现并获得成功,人力资源部门的责任就是从这一角度去帮助实现公司的战略目标。正在巴斯夫工作的员工,巴斯夫潜在的员工、候选人,巴斯夫以外的人员,巴斯夫对他们都负有责任。人力资源专业人士需要有战略性的思维,要把公司层面或商业层面的战略转换成为人力资本管理上的战略,比如如何在中国这样竞争激烈的、有活力的市场上吸引巴斯夫需要的人才。

人力资源需要超越一个跟随者、项目管理者、行政管理者的角色,在某种程度上领航业务实现公司战略目标。这就是巴斯夫从人才层面对公司的战略目标负责并确保相关利益方直接的平衡。

(2) 一个人力资源的概念

在巴斯夫,整个大中华区的人力资源分布在不同区域,但他们着力打造"OneHR（一个人力资源）"的概念，在这一概念下，人力资源部有共同明确的目标。这有三方面的好处：一是资源共享，统一安排不同公司的人才调配和派遣；二是经验共享，不同员工每天面对的内部客户不同，也面临着不同的挑战，大家可以互授经验、提高效率；三是节省人力资源成本。

（3）基于业务伙伴式的人力资源管理

设计和实现符合业务需求的个性化解决方案意味着人力资源管理者首先必须要具备一定的业务专业性，在了解现有业务的同时还应了解最新最前沿的资讯，这样才能为客户和业务针对其痛点提供有效的解决方案。在巴斯夫，这是人力资源管理者非常重要的一个职能构成，去理解内部客户，了解他们的问题、需求，真正地成为业务伙伴，创造出适合客户的解决方案——特定的人力资源解决方案、人才发展计划、薪酬调整体系等，而不是使用一成不变的策略。比如人力资源专业人士要能通过分析市场动因、竞争者动向及业务团队现状判断实行某项激励项目是否合适。

（4）人工智能等新技术的支持

利用新的技术手段成为巴斯夫实现战略管理的重要工具。员工劳动力分析（Workforce Analytics）是巴斯夫人力资源4.0全球化战略中的一个例子，通过对数据进行分析来关注人员流动，预判员工离职风险等数字化手段成为巴斯夫关注的重点之一。而通过聊天机器人和候选人进行互动，帮助员工解决日常事务性的问题从而提高人力资源工作效率及提升候选人和员工的体验也是巴斯夫感兴趣的方向。数字化意味着需要准备好去了解、使用这些工具，提高效率，为更有价值的事情节约时间，从而优化人力资源所提供的服务。这是很好的机会，巴斯夫希望成为这方面的领跑者。

（二）壳牌

1."去中心化"的多维立体式组织架构支撑了壳牌的全球高效运作

壳牌业务遍及全球130多个国家，面对这样庞大而复杂的管理挑战，壳牌不断调整其组织架构，通过加强业务线条、地理区域和职能管理的有机结合，在矩阵式组织架构的基础上，逐渐形成了一套相互交织、互为制约、相互协同的多维立体式管理架构。壳牌推行"去中心化"，总部人员在各地区兼职工作，同时壳牌淡化总部职能，依托完善的信息化建设控制流程，总部不断"瘦身"，突出和加强其管理职能，使得总部更加关注全局性的战略掌控。壳牌管理趋于扁平化，实行集团总部—业务单元—运营单元三级管理。总部主要负责股东回报和战略发展；各业务单元和运营单元主要负责本业务的发展规划、年度计划、经营策略和绩效考核，管理重心为效率性管理和资源配置。在业务流程化、标准化、系统化、数字化的基础上，壳牌通过相应的授权、考核和监督机制，最大限度地下放了运营管理权，并得以高效管理和控制全球业务。

以人力资源管理系统为例，壳牌设人力资源的副总裁，作为公司重大经营管理活动的主要参与者和决策者，其在公司重大经营决策中具有重要的话语权，并具有人力资源的一票否决权。总部人力资源部的部门边界十分弱化，推行人力资源业务伙伴，将HR人员派驻到各业务板块，参与业务，并为业务提供专业支持和服务，突破了地理概念，HR业务管理更为垂直化、虚拟化。壳牌在欧洲、北美、中东、亚太、非洲等业务较为集中的地区或国家都设有人力资源经理，为当地业务发展提供专业的支持和服务。壳牌某一地区或国家的人力资源经理同时会兼任总部的能力评估经理；该经理在管理和协调所在地区或国家日常人事业务的同时，还负责有关壳牌全球人员能力评估的事务。尤其是在对一些涉及壳牌集团层面人力资源的政策制定或项目研究时，分布在全球不同地区相关的人力资源人员（甚至包括其他相关业务领域的人员）将参与其中，这大大拓宽并平衡了政策研究的视野及决策的科学性。

2. 突出人才先行，高度重视战略人力资源管理

壳牌人力资源的战略性不仅体现在人力资源管理与公司使命、战略的高度契合，使人力资源成为公司战略的重要贡献者和公司获得并保持长期竞争优势的根本手段；同时在人力资源规划、招聘、配置、绩效考核、薪酬、员工发展等各个环节中充分体现出人的资源特性，对人力资源的优化始终优先于对实物资产的优化。

壳牌将人才培养和开发作为公司一项重要投资。例如，根据对全球油气行业未来发展趋势的研判，壳牌决定将深海业务作为公司未来业务发展增长点，20世纪80年代中期就着手培养深海油气勘探开发的专业技术人才。壳牌通过第三方运作，选派50名毕业生员工赴美国学习深海技术，及至1994年壳牌成功获得墨西哥湾深海项目时，壳牌已拥有一支深海技术过硬、经验丰富的技术人员队伍，项目实现了顺利接管和成功运作。

无论是在观念还是从实践活动方面，壳牌通过富有人性的柔性管理，表现出对员工这一"活的资源"的重视，努力为员工营造一个舒心的工作和生活环境。在日常管理上壳牌本着相信和善待员工的原则，提倡员工的开拓和创新精神，强调全体壳牌人平等坦诚的沟通交流。壳牌始终将员工视为公司获得并保持核心竞争力的生命线。每年董事会都会用相当多的时间专题讨论员工培训计划、奖金分配方案、工资调整等与员工切身利益相关的议题。

3. 积极转变人力资源角色定位，增强业务影响力

20世纪末至21世纪初，为应对业务发展对人力资源管理的要

求，壳牌开始变革人力资源管理模式。在强大IT系统及业务外包体系的支持下，通过推行人力资源业务伙伴（HR-BP），壳牌成功实现了人力资源管理重心由日常事务性工作向为业务单元提供支持和服务转变。转变后，一方面，壳牌将人力资源管理人员派驻到全球各业务单元，HR-BP按照业务线逐级汇报，在从组织层面确保HR-BP立场客观公允的同时，使得人力资源政策、流程和标准在壳牌各业务单元得以充分地推行和落实；另一方面，在深入了解业务的基础上，HR-BP针对业务部门的特殊战略要求，通过对员工安置、员工发展、薪酬、绩效、员工及组织关系等多方面问题提出专业建议和有效解决方案，协助业务单元完善人力资源管理工作，帮助培养各级人员的人力资源管理能力，有效地将HR-BP的人力资源专业积累与公司业务需求结合起来，有力地支持了公司业务发展和推进公司变革。

通过多年的探索和实践，壳牌人力资源管理人员不仅具备了对业务的敏锐度和战略思考力，还将其自身的价值真正内嵌到各业务单元的价值模块中，建立了在业务单元中的信任与专业权威，成为专业、客观、中立、增值的伙伴角色，在业务发展中的地位和影响力大为增强，同时人力资源管理和服务的效率得到了大幅提高。目前，壳牌人力资源管理人员占全公司员工的比例为1∶200。

4.建立了以潜质评估为重点的人员招聘管理体系

根据简政放权对各级管理人员领导力的要求，壳牌本着"发现未来老板"的原则，提出了基于分析力、成就力和关系力（Capacity-Achievement-Relation，CAR）的潜质招聘模型。因此，壳牌更看重应聘者的领导潜质，而非学历、专业或其他现有技能。招聘不一定以落实岗位为前提，而是在全球任何地点发现符合标准的人才就立即录用，并由总部统一协调人员安置；其目的就是储备人才，建立壳牌未来领导的蓄水池。

壳牌的招聘主要有三个环节。第一步是初步筛选应聘者。应聘者通过公司网站提交应聘申请表，壳牌在48小时内发送申请收讫确认函，在申请筛选基础上，通过电话访谈，重点对应聘者个性风格、资质及在关键领域的能力和特长进行初判。第二步是结构化面试。通过初选的应聘者在申请提交后大约2周内参加面试。面试官通过有关交通、环保等预先确定的问题进行提问，根据应聘者回答问题的广度和深度，重点对分析力进行评判。第三步是综合领导力评价。通过面试的应聘者在壳牌评估中心接受测试，包括为期1天的壳牌招聘日或格拉美（Gourami）商业项目挑战，或为期8周至1年的实习生计划。壳牌招聘日内容涵盖了公文处理演练、选题陈述、小组讨论，着重考察应聘者从混乱中实现有序的分析力，设法完成工作的成就力和团结各方力量的关系力。格拉美商业项目的主要目的是通过参与团队合作来开发中长期的商业计划，进一步考察应聘者领导潜质。通过实习生计划，高校应届毕业生得以展示和证明自己的能力，并获得在壳牌的工作经验。上述招聘环节的面试和评估工作均由经过专业培训并取得认证的第三方资深人员担任。

领导力潜质模型（CAR）贯穿于壳牌整个招聘流程，分析力、成就力和关系力相辅相成、互为促进，并赋予了具体而翔实的内涵。分析力包括对数据的快速分析，在信息不完整、不对称的情况下提炼主要议题，分析并弄清内外部环境，明晰潜在的影响和联系，并提出创造性的解决方案。成就力就是能否给自己和他人设立清晰而富有挑战性的目标，然后有的放矢完成任务；面对压力是否能够坚持，灵活应对不断变化的外部环境，勇于并果断处理不熟悉的事务和问题，在必要时反对大多数人的意见等。关系力不单纯指与人如何相处，更在于能不能与人产生1+1>2的效果。壳牌的关系力是指真诚、毫无偏见地尊重和关心他人；主动、诚恳地寻求具有不同背景人的各种意见，以热情的态度和清晰的论证，感染、说服和激励他人；在一个小团队里是不是能够赢得信任并自然成为领导者；通过坦率直接地沟通，建立富有成效的工作关系。

5. 建立了以能力为基础的、多元化的员工职业发展通道

以毕业生员工为例，壳牌提出了"毕业生发展计划"，旨在使每一名具有潜质的毕业生成长为一名优秀的管理者。为此，壳牌为每位毕业生员工制定了师带徒计划，并由高绩效资深员工担任其职业发展顾问，即Coach或Mentor。3年后经评估认证，毕业生员工即可成为壳牌工程师（包括根据当地法律要求拿到特定资格，若5年内仍没有达到要求的将被解雇），再经过2~3年的锻炼和培养成为高级工程师。担任2~3年的高级工程师后，员工会有专业、管理和跨职能3个职业发展通道可供选择。可以说，毕业生员工进入壳牌最初的8~9年中，公司为其提供了一系列的职位锻炼机会，使其尽可能积累多方面工作经验。在上述3个职业发展通道中，跨职能通道主要是为商业敏感度高、沟通能力强的少部分人员提供的职业发展空间，为公司培养新业务开发人员和战略规划人员等。"毕业生发展计划"不仅是一种有效的领导力培养计划，更是"发现未来领导者"招聘工作的延伸。壳牌鼓励员工将个人发展与公司需要相结合，通过员工岗位不断调整，实现人力资源的动态最优配置。

在进入上述3个职业发展通道上，一般员工在同一岗位上最多工作3年。在3年即将期满时，壳牌的每个岗位将在人力资源管理系统上作为空缺岗位面向全公司进行招聘，每位员工可随时根据个人发展意愿及能力申请相关空缺岗位。岗位申请原则上可跨职位序列申请。为确保员工能够事先知悉拟申请岗位的任职要求及自身差距，壳牌建立了全球统一的岗位能力模型。按照知道、熟练和掌握

3个层次对每一个岗位各项任职条件予以明确。每年员工对照岗位能力模型进行一次评估，确定能力差距。根据差距确定个人能力发展计划，并纳入绩效管理流程。岗位能力模型的建立不仅促进了员工明确自己的发展方向，更有效地增强了员工学习的自主性，在公司营造了良好的学习交流氛围。

6. 与员工职业发展相辅相成的培训体系

壳牌将培训作为员工能力提升、促进个人发展的重要保障，在课程设计、师资选配、授课组织等环节无不体现了学以致用、用以促学、学用相长的理念。通过将专业培训与个人发展紧密结合，壳牌营造了一个自发学习、乐于分享的学习氛围。在年度培训计划编制方面：壳牌十分重视培训需求摸底、调研及沟通反馈工作，整个计划制定经历由下而上、由上而下多次反复，贯穿全年。每年5月壳牌各区域公司根据次年业务发展计划拟订年度培训课程计划，8月交集团总部审查，10月交股东会审议。11月至次年1月，壳牌总部汇总统计拟参加各培训项目的人数，各培训中心根据上年培训工作完成情况、员工能力差距、新技术研发计划、同业对标等因素，制订初步的培训计划和整体预算。总部在1月至2月初审后，征求各单位意见。各单位依据个人能力评估、个人发展计划、个人绩效考核结果提出反馈意见，批准后，在3月形成正式的年度培训计划。

在培训课程设置和师资配备方面：壳牌的课程大致可分为3类。一是基础通用类培训。主要包括基础理论、通用知识和技能、HSSE、外语等方面的9000余门课程。壳牌通过其强大的e-learning系统，使全体员工（包括壳牌合资项目中伙伴的员工）可根据自己的时间灵活安排自学。二是核心及前沿技术、企业文化培训。具体由休斯敦、海牙、莫斯科、尼日利亚、马斯喀特和美里6个培训中心负责组织实施，每年平均每个中心为约2000人次的壳牌员工提供

100门左右的课程。此类课程由经考核认证过的壳牌内部专家负责设计和讲授，主要形式为经验分享与交流、研讨等。三是领导力培训。壳牌针对高级管理人员和后备领导人，以提升领导力为目标，一对一地制定培训方案，从思考力、影响力等方面重点进行培训讨论和后续指导。

在培训组织与预算管理方面：基于"最好的学习场所不是培训中心，而是工作岗位"的假设，壳牌的培训以在职学习为主。每位员工必须完成所在岗位要求的必修课的学习，并通过考试，同时员工还需根据个人发展计划，按照拟轮换或晋升岗位的能力素质要求，学习相关课程。壳牌新进员工前3年每人每年有3万美元的培训预算，老员工每人每年的培训预算为5000美元，这些预算主要用于各培训中心组织的相关培训及外包类培训项目。此外，壳牌的每位员工可无偿使用上述e-learning培训课程，不占用个人年度培训预算。凡是在已获批年度培训计划内的课程，员工可直接按时到指定的地点参加培训，无须再履行报批手续。

7. 得人"心"的薪酬福利体系

壳牌的薪酬管理体系简单而统一，并充分体现了"为尽心尽力工作的员工带来合理薪酬"的付薪理念。在量上，壳牌以75分位来确定员工工资水平，不属市场最高；但壳牌更多地关注员工薪酬的质，使每项薪酬福利都深入人心，起到有效激励人和留用人的作用。

壳牌对员工工作业绩的奖励主要通过员工薪酬等级的提高或晋升予以体现，基本工资在员工总报酬中的比例较高，并根据每年市场调查结果和员工业绩表现确定调增幅度。基于"在壳牌，每个人都是荷兰人"的理念，以北欧的生活标准为基础，壳牌采用"因国制宜"的原则来计发外籍雇员薪酬。这不仅确保了遍布全球的壳牌员工薪酬在当地具有较强的竞争力，同时也拉开了不同项目因环境差异而产生的差距，有效地发挥了薪酬的导向作用。例如，为吸引和鼓励员工到艰苦项目工作，被派往尼日利亚项目工作的员工其收入为美国同级人员的3倍。对部分特殊或紧缺人才，壳牌最高按同级岗位人员薪酬上浮40%进行确定，上浮部分在服务满3年后支付。

壳牌的员工福利也极具吸引力，其福利一般包括商业医疗保险、房屋津贴、补充退休金计划、额外假日、礼券等，对于绩效优秀者还可享有壳牌的"奖励绩效股份计划"。对股权、期权等长期激励项目员工需要满3年后才能兑现，逐年循环授予而"套牢"员工。壳牌还为员工提供对等储蓄基金，储蓄比例依工作年限累进，相应的所得税由公司负担。在此基础上，壳牌还十分注重员工工作与生活的平衡，通过建立"外援之家"等隐性福利措施，积极解决家属陪同、子女就学、养老等员工的后顾之忧。壳牌的福利还充分体现了其民主文化，全体员工一视同仁，不与职级挂钩。例如，凡是连续飞行时间超过4小时的航班，员工无论职级均可乘坐公务舱。同时，壳牌绩效考评体系有力地支撑了内部分配的公平性。员工的年度奖金实行总额控制、零和分配，且无强制分布。个人奖金数额在基本工资的基础上，由公司业绩、绩效兑现系数和业绩奖金额3个因素共同决定。其中，绩效兑现系数（IPF）在壳牌内网实时更新，员工不仅随时可掌握公司经营状况，同时也使员工日常行为能更多地从公司的整体利益出发。

8. 强大统一的业务服务支持后台，确保了壳牌人力资源系统的高效运作

在对全球标准和流程统一、规范的基础上，壳牌将所有人力资源管理的流程IT化、网络化，搭建了一个简洁、高效、无纸化操作的人力资源管理系统（ShellPeople），最大限度地减少了人为因素的影响。该系统为壳牌全球化人力资源配置、内外部招聘、员工培训、能力评估、绩效考核等管理提供了强大的共享平台。通过这一系统，每名员工都可以在全球任何一个地方进行培训课程的选择和学习；每名直线经理人也可以通过该系统对不同地域的下属进行日常考核评估。员工的能力提升、绩效考核、学习发展等信息均及时记录在员工的个人报告当中，并按照权限在全球范围内共享。此外，ShellPeople 系统也为壳牌的文化建设增益不少，在 ShellPeople 中员工更有"一个公司"的感觉，增强了公司的凝聚力及员工的归属感。为确保人力资源业务伙伴能够更加专注于公司的战略性人力资源管理和公司的转型与变革管理，将人力资源管理从日常大量操作性事务中解脱出来。在 ShellPeople 系统的强力支持下，壳牌大力推行非核心业务外包，大大提高了管理运行效率。为此，壳牌成立了人力资源共享服务中心。该中心在招聘、薪酬福利、差旅费用报销、工资发放等事务性工作方面为全公司员工提供全方位、统一高效的服务。就差旅后勤服务项目来说，考虑到时差，壳牌在全球 3 地设立了服务中心，壳牌员工在全球任何一个地方随时可拨打统一的免费电话，全天 24 小时均可以获得服务中心的帮助和支持。在壳牌的外包业务中，培训业务外包具有典型性，目前壳牌大部分通用类、成熟类培训课程的研发和讲授均由第三方承担。例如，20 多年前，壳牌为满足自身 SHE 培训的需要，通过向银行担保，为当地一家培训机构提供资金扶持，帮助其发展壮大。在壳牌的指导和帮助下，该机构已经由一家马来西亚当地企业发展成为全球知名的 HSSE 培训公司，并成为壳牌的长期战略合作伙伴。

（三）斯伦贝谢

1. 梯队式人才培养制度

斯伦贝谢将人力资源归入战略资产，建立了梯队式的培养制度。公司实施人力资源"动态优化配置",在人才培养初期不区分个体的管理或技术的分类属性,采用统一的方式进行培养和使用,避免入职初期就固化职业生涯,经过5~10年的培养和使用之后,双方协商选择人才的未来走向。在人才培训方面,公司建立"基于业务的专业技术人才培训模式",由业务部门主导并实施培训,最终培训效果由独立的第三方机构设计和实施。

2. 灵活的人才流动机制

斯伦贝谢建立了市场化、国际化的人才流动机制。全球员工无论身在何处,实行全球统一标准培训和薪酬制度,员工全球轮调,充分利用各国优秀人才,实行国际化团队合作。公司把人才内部流动作为培养人才的重要方式之一,通过在不同地区、不同岗位上的锻炼,培养人才国际化视野,积累丰富工作经验,促进员工创造性地开展工作。斯伦贝谢还制定了完善的岗位轮换制度,每位员工尤其是公司管理层人员和工程师平均每3年流动1次,公司管理人员和技术人员可以顺畅转换,员工可以自主选择从事何种工作。

3. 高度合作化的科技研发平台体系

斯伦贝谢深知自己并不能够垄断油服行业的创新思路,只有将外部创新资源和内部科研能力相结合才能够创造更多机会。斯伦贝谢将大学和科研机构、科技并购、油气行业客户和其他行业企业作为扩展公司科技创新网络的4个主要合作伙伴。

(1)保持与全球80多个国家的300所顶级大学的招聘和科研合作

斯伦贝谢每年招收约200名大学毕业生进入科技创新体系,3年内能够留住其中的90%。斯伦贝谢与科研机构的合作集中于石油与地球科学技术、信息科学与软件、认知科学与用户体验3个领域。

(2)持续通过战略性早期投资、并购重组及合资合作来扩大技术组合

斯伦贝谢在早期投资项目筛选方面,选择致力于新型技术研发的初创型公司,作为小股东投入资金并给予帮助,寻求技术能够快速应用于油服行业的机会;在并购目标选择方面,吸收细分专业市场内的佼佼者,迅速占领技术制高点;在并购重组实施方面,采取先合资合作熟悉业务,再并购整合扩大规模的策略,在并购后持续推进业务重组,完善技术组合。

(3)联合油气行业十大主要客户开展技术研发

例如,斯伦贝谢与沙特阿美联合研发完井系统,有效解决水平多分支井生产优化问题;斯伦贝谢与雪佛龙、道达尔联合研发INTERSECT高分辨率油藏模拟程序,自2011年推出至今应用于近200个油田,约占全世界大型生产油田的1/3。

(4)携手其他行业企业扩展科技创新网络

斯伦贝谢与约400家油气行业之外的技术企业进行合作,积极引进其他行业的先进技术和创新性突破。近期,斯伦贝谢注重与数字化技术企业合作。

4. 激发人才活力实现全面创新

斯伦贝谢从员工管理、职业培训和企业文化3个方面入手,有效激发人才活力,使全公司各业务链条、各地域组织的全体员工都保持着高涨的科技创新热情。

(1)员工管理方面

重视个人事业发展,严格执行绩效考核;有效拓宽员工发展空间。斯伦贝谢每名员工都可以在公司内部的"员工中心网络"上找到自己所处的位置、工作目标、责任义务以及未来发展方向;公司定期进行业绩考核评价,提升业绩合格或突出的员工。建立大规模

人才流动机制，中层管理人员每2～3年进行全球范围内的岗位轮换，既防止员工出现惰性和其他可能的不当行为，又为员工积累更多的工作经验。

（2）职业培训方面

建立内外部一体化NExT培训网络，实现员工技能提升与客户技术推介同步进行。从2000年开始，斯伦贝谢与美国得州农机大学、俄克拉荷马大学和英国赫瑞—瓦特大学联合组建NExT培训网络，并于近期收购了NExT的全部商业权益。目前，斯伦贝谢通过11个学科的3000名专家导师每年能够培训15000名内部员工、客户石油公司员工以及其他油服公司员工。

（3）企业文化方面

设计尤里卡技术职业成长方案（Schlumberger Eureka Technical Career，SETC），指导技术人员全面成长，营造全员技术进步氛围。

（四）国家电网

1. 科学系统的人才选拔培养体系

建立四级、四类、四种称号人才选拔培养体系（其中：四级人才分国家、公司、省公司、地市公司4个层级；四类人才分经营、管理、技术和技能4个类别；四种称号人才分科技领军人才、专业领军人才、优秀专家人才和优秀专家人才后备4种称号），明确人才逐级选拔培养原则，构建各级各类人才发展通道。

科技领军人才指在公司重点工程建设、核心技术研发、关键设备研制中做出突出贡献，取得重大成就，在行业内有较大影响，具有发展潜力的科技带头人，作为院士后备人选重点培养；专业领军人才指在公司专业领域内精通业务、具有国际视野和战略思维的复合型、权威型专业带头人；优秀专家人才指具有深厚理论知识、丰富实践经验，在专业领域有较高专业水平和知名度的优秀专家；优秀专家人才后备指具有一定工作经验，业绩成果突出，有培养和发展潜质的优秀青年员工。

2. 优化专家人才体系

中国电力科学研究院相继成立周孝信院士研究中心、郭剑波院士研究中心、陈维江院士研究中心和黄其励院士研究中心，并设立院士支撑办公室，给予自筹研发经费配套支持，充分发挥顶级专家的"传帮带"作用；国网能源研究院持续深化三项制度改革，对领导人员实行任期制，实现领导人员"能上能下"；全球能源互联网研究院以成果转化为导向，实施项目收益分红，建立"三步走"中长期激励机制。

构建"三类五级"人才序列（三类指科技研发类、生产技能类和专业管理类；五级指公司级设中国电科院院士、首席专家，省公司级设高级专家，地市公司级设优秀专家，县公司级设专家），建立学术聘任制度和津补贴制度，不断加大科研支持力度，着力打造素质优良、作风过硬的人才队伍，形成领导职务、职员职级、专家人才三通道并行、员工多元发展的职业成长体系。

建立中国电科院院士制度，创新专家人才体系，是推动公司高质量发展的重大战略举措，必将充分激发各级各类人才立足岗位、创新创造的潜力动力，对加快建设具有中国特色国际领先的能源互联网企业，意义重大、影响深远。

3. 系统完善的科研创新体系

目前，国家电网初步建成了以直属科研产业单位、省级电力公司、基层创新力量为主体的三级创新体系，如图1所示。

国家电网不断加强与国内外知名高校、企业和科研机构、院士团队等外部优势研发资源的合作，联合成立研究机构，提高对外发布科技项目比例，提升创新活力和效率，提高公司社会影响力，营造良好的外部环境。与清华大学、西安交通大学、华中科技大学、华北电力大学分别成立了联合研究院，发挥高校科研优势，加快能源互联网关键技术攻关，如图2所示。

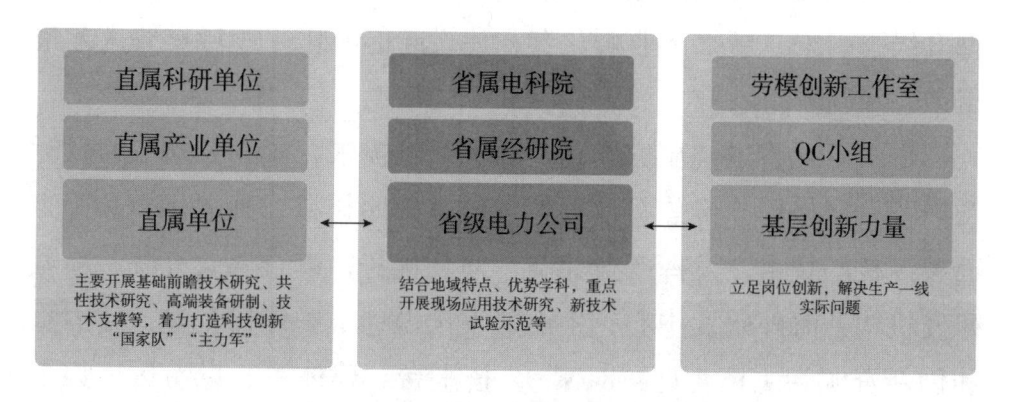

图1 国家电网科技创新体系示意图

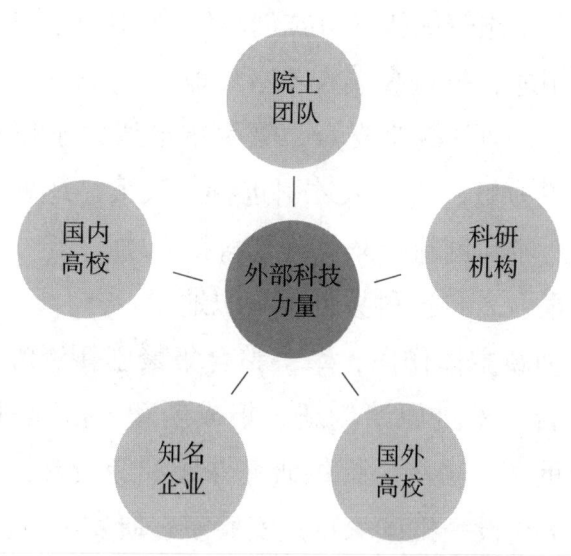

图2 国家电网外部科技力量示意图

（五）中国石化

中国石化召开人才工作会议，部署"十四五"期间及中长期人才工作，擘画打造能源化工领域重要人才集聚中心和创新高地的新蓝图。

1. 聚焦创新

打造高端人才富集地、科技创新策源地、体制机制示范区、转型升级强引擎、新兴产业孵化器，建设起能源化工领域重要人才集聚中心和创新高地。

中国石化将围绕国家紧迫需要和长远需求，紧扣公司战略目标和产业发展格局，聚焦石油天然气、基础原材料、高端化学品等方面关键核心技术，发挥产业化与一体化优势，以直属研究院、新型研发机构、海外研发中心、生产研发（设计）一体化企业人才力量和创新资源为主体（即"8+N"），搭平台、建体系、设特区，集聚各方人才智力，推动高水平协作创新攻关，在能源化工领域打造形成世界领先的人才比较优势、科技创新优势和产业发展优势。

（1）聚才用才，打造高端人才富集地

加快建设"8+N"战略支点，吸引集聚致力于技术先导型公司建设的各类精锐力量，给予人才引进特殊政策，造就一批战略科学家、科技领军人才和创新团队及青年科技人才。

（2）搭建平台，打造科技创新策源地

充分发挥创新主体作用，牵头整合集聚创新资源，面向全球构建开放创新平台，推进原始创新、集成创新。搭建科研项目平台，依托国家科技重大专项等，提供研究课题和经费支持。搭建国家实验室平台，申报建设一批国家重点实验室、研发中心。

（3）深化改革，打造体制机制示范区

建立权责清单制度，以"正面赋权+负面清单"方式，赋予项目团队技术路线决定、科研经费支配、业绩奖金分配、人员物资调配等更大自主权。给予松绑减负特殊政策，营造宽松自由的学术氛围。

（4）开放创新，打造转型升级强引擎

巩固扩大传统优势，加快引领新能源、新材料、新经济布局，抢占发展先机和科技制高点。搭建对外合作交流平台，谋划实施更多面向全球的跨界大联合、大攻关，全方位打造高开放性、强协同性的创新联合体系。

（5）转化成果，打造新兴产业孵化器

组建科技创新联合体，构建"源头创新—技术开发—成果转化—新兴产业"全链条创新体系，不断孵化培育优质产业资源。探索搭建内部创业平台，设置"种子计划"专项经费，鼓励科技人才成为创始人、合伙人。

2. 队伍建设

人才队伍建设是人才工作的重要内容。近年来，中国石化建立了管理、专业技术、技能操作三支人才队伍成长发展通道，有效解决了"千军万马挤独木桥"问题，实现了人才管理工作的创新突破。时代在进步、形势在变化、战略在调整，对新时代人才队伍建设提出了新要求。

为适应建设世界领先企业、构建"一基两翼三新"产业格局需要，更好地遵循不同领域人才成长发展规律，中国石化进一步分层分类、聚焦细化，提出大力实施六大人才工程，全面建强六大人才方阵：聚焦关键少数，以头雁工程建强战略领军人才方阵；聚焦创新创造，以铸剑工程建强科技创新人才方阵；聚焦中坚力量，以赋能工程建强专业管理人才方阵；聚焦国际市场，以远航工程建强国际化人才方阵；聚焦业务拓展，以倍增工程建强新兴业务人才方阵；聚焦重要基础，以强基工程建强一线骨干人才方阵。

（1）头雁工程

将打造由数十名战略型企业家、战略科学家和千名科技领军人才组成的战略领军人才方阵。2022年1月13日，在中国石化年度工作会议上，首批3名首席科学家获颁聘书；在中国石化的人才工作会议上，首席科学家工作室揭牌，将进一步引领各领域创新发展。

（2）铸剑工程

将铸就"千名科研专家、万名青年科技人才、百个重量级科研团队"这把科技创新的利剑。淬炼科研专家人才，打造从专家到战略科学家的人才逐级培养链条。锤炼青年科技人才，深化实施"未来科学家培养计划"，强化战略科学家后备力量。熔炼科技创新团队，围绕国家重大战略、"卡脖子"关键核心技术、中国石化重点攻关项目，打造百个重量级科技创新团队。

（3）强基工程

将围绕建强一线骨干人才方阵，全面提升员工综合素质能力，保安全、促生产、拓市场，夯实公司高质量发展根基。特别是，要铸造技术一线卓越工程师队伍，突出战训结合，以油气生产、炼油化工、工程建设等技术一线骨干和班组长队伍为主要来源，铸造一批敬业奉献、精于实操、能够解决工程技术难题的卓越工程师。锻造生产一线技能人才队伍，以保障生产安全、稳定、优化运行为重点，提高规范操作能力和应急处置能力，实施全员技能提升计划。

3. 深化改革

聚焦全方位培养、引进、用好人才，加快完善具有石化特色和国际竞争力的人才发展机制。体制顺、机制活，则人才聚、事业兴。人才发展体制机制改革"破得够不够""立得够不够"，决定了人才队伍的活力足不足。中国石化将持续深化人才发展体制机制改革，加强党对人才工作的全面领导，坚持问题导向、目标导向、结果导向，立足全方位培养、引进、用好各类人才，加快完善具有石化特色和国际竞争力的人才发展机制。

（1）着力完善系统高效的培养机制，加快建立人才资源竞争优势

中国石化将强化人才精准培养，坚持战略导向、需求导向，分析研判各领域、各线条人才队伍素质能力现状，确定人才培养重点方向。同时，完善梯次培养链条，持续深化领导人员梯队培养，深入推进管理人才跨单位、跨部门、跨专业交流锻炼，形成完备的培养链条。

（2）着力完善开放灵活的引进机制，使来之者一见倾心、未至者心向往之

中国石化将构建立体化引才渠道，通过顶尖人才举荐、高校及科研院所合作等方式，及时发现引进人才；实行差异化引才策略，对"高精尖缺"人才实施"一人一策"等灵活引才方式。打造市场化引才品牌，全面盘点人才队伍状况，统筹制订计划，广纳天下英才。

（3）着力完善人尽其才的使用机制，让各类人才各得其所、尽展其才

中国石化将拓展发展空间，解放思想、大胆创新，"炸开"人才"金字塔"塔尖，构建更加宽阔的人才成长通道；丰富选用方式，全面推进管理序列任期制、契约化管理，完善科研任务"揭榜挂帅"制度，不拘一格选聘使用优秀人才。精准考评激励，健全分类评价标准体系，完善全员绩效考核体系，推动人才考核评价更加精准科学。

（六）有研集团

有研集团坚持创新驱动高质量发展战略，将人才队伍建设作为"第一工程"，特别是在科技人才队伍建设方面，大力引才、全力育

才、大胆用才，不断深化改革、持续探索实践。

1. 凝聚共识，树立强烈人才意识

习近平总书记指出，创新驱动本质上是人才驱动，立足新发展阶段、贯彻新发展理念、构建新发展格局、推动高质量发展，必须把人才资源开发放在最优先位置，大力建设战略人才力量，着力夯实创新发展人才基础。

有研集团党委始终坚持人才强企战略，将高质量人才队伍建设作为推进企业高质量发展的核心动力，不断凝聚尊才、重才、敬才、爱才的人才共识。2019年组织召开人才工作会，明确将人才队伍建设作为创新驱动高质量发展的"第一工程"，引领各级树立"人才是第一资源"的核心理念。对各类人才队伍建设提出明确目标，着力打造"战略科技人才、科技领军人才、优秀经营管理人才和高素质复合型人才"的集聚高地。压实各级人才队伍建设责任，突出强调"一把手"对人才队伍建设的第一责任，将人才队伍建设成效作为评价干部领导能力、履职业绩的重要标准。建立人才影响力指数评价体系，把人才培养发展作为所属公司经营业绩考核的重要组成部分。根据各公司战略发展需要，"一企一策"提出年度和任期人才考核目标，将人才建设"软指标"落实为公司发展"硬杠杠"。

人才队伍建设任务直接被逐级分解到各领域、各团队，确保考核层层落实、责任层层传递。形成上下一体、齐抓共管，全面重视人才、尊重人才、用好人才的良好工作局面，凝聚了人才培养成效是公司最大业绩的共识。

2. 集聚英才，提供不竭发展动力

（1）充实科技人才后备军

前移人才储备关口，将人才吸纳从"招聘"环节前置到"招生"

环节，充分利用硕博士研究生培养平台、博士后流动站、国家级创新平台等优质资源，吸引优质生源，对考生专业背景、科研经历及研究成果进行综合评价，选拔卓越人才。

（2）产学研一体协同培养

充分发挥科研院所办学优势，以5名工程院院士为引领的导师团队，均长期扎根于工程实践一线、承担国家重大科研攻关任务。"理论提升+工程实践"的培养理念，有效开拓了卓越工程师的培养路径。突出实践历练，70%的研究生在读期间直接参与各类国家攻关任务，在大项目中快速提升创新能力。在读研究生群体逐渐成为一支理论扎实、实践丰富的科技人才后备军，有研集团现有骨干及核心科技人员中，自主培养的研究生达40%以上。

（3）配强科技人才生力军

聚焦主责主业制定高质量毕业生招聘工作方案，公司高管参与面试，把好人才入口关。强化引才激励，通过提升毕业生起步薪酬、配套人才公寓等方式，加强对优秀毕业生的吸引力，为青年科技人才在大城市谋发展提供良好生活保障、解决后顾之忧，应届毕业生招聘质量和数量逐年提升。引入科技人才突击队。瞄准有研集团重大战略项目和新设领域，面向有研集团内外选聘科技领军人才和中青年科技领军潜质人才。2019年以来，引进2位外籍院士作为有研集团首席科学家，引进一批高校及科研院所优秀科研骨干，为有研集团拓展领域布局提供有力支撑。充分发挥柔性引才优势，与加拿大共建固态电池实验室，聘请多名国内外兼职导师提升人才队伍"硬实力"。

3. 精准识才，提升人才培育效能

（1）系统盘点精准识才

定期部署开展人才队伍专项调研，全面揽排青年人才队伍建设情况，通过访谈、"360度"潜力评价、绩效评估、"人才九宫格"等方法精准识别、筛选优质青年人才运用"DISC性格测试"等工具对人才进行生动画像，更加深入、形象地了解人才。通过对青年科技人才队伍的全面摸底，形成包含战略科技人才、科技领军人才、领军潜质人才的青年人才库，建立"一人一册"的职业发展档案，动态更新、跟踪培养。

（2）能力托举甄选优才

围绕青年科技人才素质提升，举办青年科技人才培训班，自2020年起每年从应届毕业生和年轻科研人员中选拔40名左右综合素质好、发展潜力大的青年科技人才进行专项脱产培训。邀请院士、行业专家讲授有色金属行业和有研集团业务所涉各领域的发展概况，邀请公司高管、总部职能管理负责人讲授项目管理、财务管理、人力资源管理等基本管理知识，聘请外部培训机构讲授创新思维、有效沟通等综合管理课程，采取"集中授课+项目实践"的方式开展全方位能力提升，为人才发展谋长远。

4. 系统育才，助力人才快速成长

（1）职业规划，跟踪培养

全面开展青年人才职业发展规划工作，运用自我评估、内外部环境分析、制定职业目标、制定行动计划、定期组织评估"五步法"，帮助青年科技人才做好个人职业生涯管理。基于青年科技人才的不同性格特质、知识技能水平和职业兴趣等，引导设立科学的近期职业发展目标和长期职业规划方向，及时提供组织资源支持，助力人才实现职业成长。

（2）畅通通道，引导发展

在职位体系中设立专业技术序列作为科技人才的发展晋升通道，T1—T13级贯通研究助理、研究主管、研究员直至首席专家、首席科学家,薪酬待遇优于同级别管理岗,打破"研而优则仕"的晋升路径,鼓励青年科技人才潜心钻研。以"通用素质+必备条件+选择性条件"构建专业技术任职资格体系,明确各岗级胜任力标准、行为标准、贡献标准,建立健全以创新价值、能力、贡献为导向的人才评价体系,引导青年科技人才自驱发展。

(3)实践历练,争当主角

破除论资排辈、平衡照顾的老观念,支持青年科技人才在重大科研任务中"挑大梁",支持青年科技人才担任项目主要负责人,有意识地提升青年科技人才科研本领。加大创新引导基金支持力度,提高青年基金资助额度,重点支持处于职业生涯初期的青年科技人才开展自由探索类、拓展研究类、技术革新类和管理创新类项目;设立科技创新基金,聚焦支持中青年科技骨干开展重大科技战略研究、应用基础研究、前沿和前瞻技术开发。

(4)事业激励人才,人才成就事业

通过加强人才队伍建设顶层设计,深化人才发展体制机制改革,有研集团在激发人才活力动力、优化人才队伍结构、提升人才工作质量方面取得显著成效。营业收入和利润总额大幅提升,科技收入和科技奖项创历史新高,高质量完成国家动力电池创新中心、国家新材料测试评价主中心建设等国家级平台建设任务,承担的多项核心关键技术攻关项目取得积极进展。

(七)中国兵器

中国兵器坚持把海外引才作为重要政治任务、作为打造国家战略人才力量的重要内容,树立全球视野、强化战略眼光、坚持系统观念,实施更加积极有效的引才措施,大力吸引海外优秀人才加入兵器大家庭。

人才强企 建设能源化工领域人才和创新高地

1. 坚持需求牵引，拓展海外人才来源渠道

聚焦国家重大战略，瞄准"需处"发力，多措并举引进海外人才。

（1）突出"高精尖缺"精准引才

围绕部队备战打仗急需，瞄准高效毁伤、车辆动力、网络信息、红外夜视、人工智能等重大工程建设以及兵器科技创新重点领域，全面梳理大领域、分领域、关键子领域的兵器科技专业体系人才需求，精准绘制"引才地图"，构建了海外高层次人才的专家库。

（2）运用资源优势常态化引才

坚持四面引才、持续揽才，充分发挥兵器科技创新的资源优势，积极运用"人才+工程"模式，主动与目标人选建立长期联系、持续沟通、争取信任；综合运用人才猎聘、以才引才、以会引才等多种方式，用好用活师承、同学关系、海外学会、行业协会等各类资源，在全球范围内延揽人才。

（3）创新模式探索人才共引共享

国家实施新一轮海外引才计划以来，创新采用"军工央企+高校联合"引才模式，借助高校在海外的学术平台优势，联合引进海外人才入选国家人才计划，签订"一人一策"契约协议，约定在企业全职工作3年以上，并逐项约定合作模式、成果目标、解约退出等内容。

2. 提供事业平台，推动海外人才才尽其用

坚持以用为本、重在使用，围绕加强战略性引领性颠覆性原始创新能力建设，搭建干事创业的广阔舞台。

（1）充分信任、放手使用

让海外引进人才在型号研制、基础研究、自主可控、央企攻坚工程中发挥关键作用，推动产出重大原创成果、促进生成新质战斗力。

（2）提供平台、全力支持

大力支持海外高层次人才创新创造，专门为基础理论水平高的科学研究型专家组建研究室、实验室，促进基础研究、前沿探索取得更多"从0到1"的突破；为掌握成熟产品技术的产业型专家提供孵化平台，推动成熟技术产业化规模化。

（3）用当其时、人尽其才

注重把掌握关键核心技术的技术攻关型专家，优先配置到重大项目攻关一线，着力攻克"卡脖子"技术难点。

3. 强化服务保障，促进海外人才安心安业

坚持"筑巢引凤"与"引凤筑巢"并举，着力创造能够充分发挥海外人才作用的环境，形成人才归心的生动局面。

（1）实施特殊政策

从政策制度、管理模式、工作方式、事业平台、项目工作机制、谈判工资制、专业团队、资金支持等方面实施特殊政策，赋予海外引进人才团队组建、团队成员调配、物资调配、考核建议等权力，让人才既引得来也留得住，潜心于科学研究，成就于国防事业。

（2）强化正向激励

在现有政策框架下，坚持应给尽给、能给尽给，对海外引进人才实施工资总额单列支持，同时灵活采用股权、期权或项目收益分红等方式，有效激发创新创造活力。

（3）加强联系服务

建立各级领导人员联系人才工作制度，及时了解人才思想、工作和生活状况，帮助解决住房、就医等"急难愁盼"问题。比如，通过提供周转房、人才公寓等方式保障有住房需求的专家，并对来华专家提供就医绿色通道等医疗保障。同时，认真做好安全保护工作，加强相关信息保密管理，为人才创造专心科研的良好环境。

（八）中国移动

中国移动持续深化人才发展体制机制改革，形成"党组统一领导、组织人事部门牵头抓总、各职能部门各司其职、各单位党组织分级负责"的人才工作格局，并以所属研究院人工智能领域创新团队——"九天团队"为试点，发扬"可上九天揽月"的敢为人先精神，在授权放权、梯队建设、管理机制等方面深入探索，打造了一批以"九天人才特区"为代表的人才高地示范区，有效激发了人才创新效能，取得了明显成效。

1. 科学授权放权，打造"政策特区"

深入实施给政策给资源、出成果出人才的"两给两出"机制，构建科学授权放权体系。一是注重体系化施策。结合不同科研团队功能定位，"一区一策"制定支持科技创新激励保障机制实施方案等文件。构建包含科技创新激励保障、成果转化、成果评估等支持政策的"1+N"授权体系，形成覆盖自主创新全流程的内部授权顶层设计。二是推进全方位授权。给予选人用人自主权，支持其自主决定团队人员招聘、任免和退出；给予完整考核分配权，允许其自行设计绩效管理制度、灵活分配薪酬资源；给予更大内部管理权，支持其在技术路线、经费支配、经营策略等方面自主决策。三是强化"军令状"管理。建立科研任务契约化管理机制，推动契约兑现与激励资源紧密挂钩。将国家重大科技任务攻关、高层次专家队伍建设、青年科技人才培养、人才国际影响力提升等纳入闭环考核体系，同时建立有效的外部监督机制，确保授出的权接得住、用得好。

（1）创新激励机制，提高科研动力

为了更好地激发科研人员的内生动力，"九天团队"强化市场化激励约束机制，创新建立了"岗位+绩效+角色激励+中长期激励"四维薪酬激励模式，打破原有价值分配格局及岗位绩效工资为主的薪酬方式，强化价值贡献导向，拉开激励差距，建立以创新能力、质量、贡献为导向的考核评价体系和体现增加知识价值的激励约束机制。

同时，团队针对职级晋升、年度绩效等情况开展精细化年度调薪工作，根据人员现有薪酬水平明确所处薪酬带宽、分位，通过绩效调薪、职级晋升调薪及个别调薪3种方式精细使用调薪资源。绩效调薪仅针对年度绩效为良好及以上级别进行调整，根据当前人员的薪酬分位值进行差异化调整；职级晋升调薪根据统一规则调整，加大低职级晋升人员调薪幅度；个别调薪参照实际人员工作表现及贡献、在"特区"内工作责任承担情况，在绩效调薪及职级晋升调薪基础上进行精细化个别调整。

（2）经营授权放权，管理快速决策

作为"特区"机制试验田，"九天团队"推行"成本包干""绩效对赌""授权放权"等创新制度，打破职级体系，实现灵活自主决策，有效激发了科研团队活力。

"特区"借鉴市场化创新孵化机制，充分放权，责权一致，以发挥其主观能动性为目标，实施项目"成本包干制"，除人工成本外，其他费用下放至团队自主支配。在权责划分上，强化"特区"团队自主经营管理权，如技术路线、团队组建、研发经费、考核分配等，并建立决策机制与报备机制，推动经营决策权向"贴近客户需求的组织"前移。

创新的项目管理制度有效激发了团队人员的主动性和积极性，打造了一支支合作无间的交付团队，培养出多名技术和业务骨干，挖掘了团队管理种子人才，为完成更多项目奠定了坚实基础。

（3）拓宽职业通道，创新人才计划

为了培养更多科创型人才，"特区"打破传统职级体系、打破论资排辈，建立业务经营单元（BU）体系，设置产品线CEO、产品团队长、能力团队长等关键角色，建立基于动态任务的、去职级化的、能上能下的角色体系，搭建"专业+管理+角色"三维职业发展通道，为优秀科技青年人才提供广阔的事业平台。

与此同时，"特区"加大高端人才引入力度，实施带头人引入和优秀博士生"英才"计划，同时，通过激发团队内部人才流动的"活水"计划，盘活组织及人力资源，推动科技创新人才"引得进、留得住、流得动、用得好"。

2. 做活管理机制，打造"创新高地"

树牢价值导向，破除体制机制障碍，促进创新源泉充分涌流。

（1）"高精度"优化科研组织模式

打破基于职能管理的组织模式，构建以科研为先导、以应用为目标的产学研用一体化科研组织模式。推行"角色"管理机制，设立业务单元、划小作战团队，设置产品线CEO、产品团队负责人、能力团队负责人等关键角色，形成纵向专业产品、横向核心能力的科研组织矩阵。

（2）"高效度"改革科研激励机制

对标头部人工智能企业确定整体薪酬水平，实行人工成本单列管理，适时开展专项奖励。针对核心骨干人才，丰富企业年金、股票期权等中长期激励举措，重奖顶尖人才。打破职级体系和"高水平大锅饭"，同职级员工收入拉开差距。

（3）"高密度"产出科技创新成果

引领科技前沿，构建网络智能化领域人工智能核心能力体系，推动网络与人工智能融合应用达到国际领先水平，填补业界空白。

二、对中国石油建设人才和创新高地的经验启示

上述企业的先进人才战略对中国石油建设人才和创新高地具有借鉴意义，中国石油需要在全球视野、特区建设、人才培养、人力资源战略管理、人才工作协调统筹等各方面充分借鉴吸收，为建设能源化工领域人才和创新高地注入活力。

（一）全球视野集聚人才，践行立足全球的开放式创新

当前，新一轮科技和产业变革正加速演进，技术更新加快，成果向生产力转化周期变短，创新资源要素全球流动，考验各企业和组织布局、聚集国际创新资源的能力。壳牌、巴斯夫、斯伦贝谢、中国石化等企业都在积极招揽全球优秀人才，用优厚的待遇、完善的科研平台、舒心的工作环境来吸引全球顶尖人才，让人才能够在企业施展才华，让企业为人才事业成功提供平台，达到人才和企业的相互成就。

我国深入实施创新驱动发展战略，无论是提升重大原创能力，在未来新兴产业发展中占有一席之地，还是突破基础软件、高端制造等关键核心技术，完成产业升级转型，都需要统筹利用全球科技资源。面向科技前沿和产业未来布局，中国石油需要以更开放的胸怀，更高的视野，在更高起点上推进自主创新，才能充分激发研发人员的创新潜能。

（二）设立"特区"试点改革，打造人才发展体制机制改革示范区

《国家中长期人才发展规划纲要（2010—2020）》（以下简称《纲要》）在体制机制创新方面提出，要改进人才管理方式，鼓励地方和行业结合自身实际建立与国际人才管理体系接轨的人才管理改革试验区。2016年，继《纲要》发布之后，中央出台了《关于深化人才

发展体制机制改革的意见》，提出到2020年，在人才发展体制机制的重要领域和环节上要取得突破性进展，人才管理体制应更加科学高效。人才管理改革试验区作为人才政策和体制机制创新的重要平台载体，在体制机制创新方面发挥了重要的作用。

在国家层面，目前国家级人才管理改革试验区有2个，分别是中关村人才管理改革试验区和广东粤港澳人才合作示范区。在省级层面，北京、上海、广东、江苏、湖北、山东等30个省（自治区、直辖市）都建立了典型的人才管理改革试验区。在中央企业层面，中国移动开展的"九天特区"政策为我们提供了很好的借鉴和启示。中国石油在迪拜、深圳和上海成立的3家新型研究院为打造"特区"提供了得天独厚的基础和条件。中国石油要充分发挥在新材料新能源领域的"后发优势"，打造"科技示范区"和"基础研究特区"，以最优质的人才资源和最先进的科技管理体制和科研平台直接抢占全球科技最高点，冲破传统体制机制的藩篱，为中国石油科技人才体制改革提供改革试验田，为中国石油直属科研院所和其他各级科研机构改革提供样本和借鉴。

（三）秉承贯穿价值链的可持续发展，打造系统化人才培养体系

中国石油拥有百万石油员工，想保证每个人都能时刻与公司同频共振，必须要有强大的人才培养体系力作为支撑。系统的人才培养体系是国际先进公司人才开发的重要环节，是保持企业可持续发展的坚强基石。

中国石油要充分借鉴壳牌、巴斯夫、国家电网、有研集团等先进企业的人才培养方案和体系，站在构建人才培养大格局的角度，切入员工选拔和激励机制的"面"，将人才培养作为推进企业发展的固本工程，抓平台、抓研发、抓投入，确保人才培养思路与中国石油战略目标和自身发展需要相吻合，培养进程与企业转型发展相同步，

培养路径与产业优化升级相合拍，进而外扩优秀人才增量，内增人才培养存量，形成培养快、使用好、待遇高的高技能人才培养格局。

（四）对人的管理充分体现资源性和战略性

壳牌、巴斯夫和斯伦贝谢等国际先进公司的人力资源管理都是紧紧围绕企业战略展开，从岗位评估到薪酬奖励、人员晋升的各个环节无不紧紧围绕着公司的发展战略，使人力资源管理有力地支撑和确保了公司战略的落地。同时，在对岗位评估、招聘、考核等各项工作精细化管理的基础上，公司将涉及人员的各相关要素价值加以科学有效地量化、评价和分析，将人真正作为一种"活的资源"来管理和配置。

中国石油的人力资源管理要充分学习借鉴国际公司的战略人力资源管理经验，将对人力资源的投资与开发优先于油气资源，树立培育人才投资站高一步、看远一步、抢先一步的优先理念。

（五）人力资源管理要注重各模块间的协同和体系整体功能的发挥

巴斯夫的人力资源管理体系中各子体系间环环相扣、彼此联系、相互作用，任何一个模块的健全与完善必须以其他模块为基础，其功能的变动或发挥将直接或间接地受制于或影响到其他模块功能的发挥。人力资源管理系统通过内在逻辑形成一个统一的有机整体，有效避免了管理的"盲点"，确保了整个体系运作的最优化和功能的最大化。人力资源管理标准和流程在全球范围内的标准化、流程化和体系化，不仅在最大程度上减少了工作中的人为干预，同时也为提高公司人力资源管理水平和效率提供了保障。

中国石油要充分借鉴吸收国际跨国公司的先进人力资源管理战略，将人力资源管理的全链条——干部管理、人才工作、薪酬考核、员工管理、组织机构等各环节统筹考虑，形成上下联动、左右协同、协调运行的保障、运行、评价格局。